中國史學基本典籍叢刊

契丹國志

〔宋〕葉隆禮 撰
賈敬顔 林榮貴 點校

中華書局

圖書在版編目(CIP)數據

契丹國志/賈敬顔,林榮貴點校.—北京:中華書局,
2014.1(2024.8 重印)
(中國史學基本典籍叢刊)
ISBN 978-7-101-09685-9

Ⅰ.契… Ⅱ.①賈…②林… Ⅲ.契丹-民族歷史-中國 Ⅳ.K289-49

中國版本圖書館 CIP 數據核字(2013)第 232441 號

責任編輯:胡 珂
封面設計:周 玉
責任印製:韓馨雨

中國史學基本典籍叢刊
契丹國志
賈敬顔 林榮貴 點校
*
中華書局出版發行
(北京市豐臺區太平橋西里 38 號 100073)
http://www.zhbc.com.cn
E-mail:zhbc@zhbc.com.cn
三河市鑫金馬印裝有限公司印刷
*
850×1168 毫米 1/32 · 11¼印張 · 2 插頁 · 200 千字
2014 年 1 月第 1 版 2024 年 8 月第 6 次印刷
印數:8301-9100 册 定價:58.00 元

ISBN 978-7-101-09685-9

目録

點校説明……一
經進契丹國志表……一
契丹國初興本末……三
契丹國九主年譜……七
卷之一
太祖大聖皇帝……一
卷之二
太宗嗣聖皇帝上……一三
卷之三
太宗嗣聖皇帝下……三三
卷之四
世宗天授皇帝……四九
卷之五
穆宗天順皇帝……五七
卷之六
景宗孝成皇帝……六五
卷之七
聖宗天輔皇帝……七一
卷之八
興宗文成皇帝……八五
卷之九
道宗天福皇帝

卷之十
天祚皇帝上……………………一二一
卷之十一
天祚皇帝中……………………一三三
卷之十二
天祚皇帝下……………………一四七
卷之十三
后妃傳……………………一五七
太祖述律皇后……………………一五七
太宗蕭皇后……………………一五九
世宗甄皇后……………………一六〇
穆宗蕭皇后……………………一六一
景宗蕭皇后……………………一六一
聖宗蕭皇后……………………一六三
興宗蕭皇后……………………一六五
道宗蕭皇后……………………一六五
海濱王蕭皇后……………………一六六
海濱王文妃……………………一六六
卷之十四
諸王傳……………………一七一
東丹王……………………一七一
恭順皇帝……………………一七三
孝文皇太弟……………………一七三
齊國王隆裕……………………一七四
魯王宗元……………………一七四
晉王宗懿……………………一七五
燕王洪道……………………一七五
梁王信寧……………………一七五
卷之十五
外戚傳……………………一七七
述律魯速……………………一七七
蕭延思……………………一七七

劉珂……一七八
蕭守興……一七八
蕭孝穆……一七九
蕭奥只……一七九
卷之十六
列傳……一八一
韓延徽……一八一
張礪……一八三
趙延壽……一八四
卷之十七
列傳……一八九
蕭翰……一八九
麻荅……一九〇
耶律郎五……一九二
卷之十八
列傳……一九五
盧文進……一九五
耶律隆運……一九七
劉六符……一九九
卷之十九
列傳……二〇三
馬保忠……二〇三
張琳……二〇四
蕭奉先……二〇五
李儼……二〇六
耶律余覩……二〇七
大實……二〇八
番將除授職名　漢官除授職名……二〇九
卷之二十
晉表……二一一
晉出帝降表……二一一
皇太后降表……二一三

澶淵誓書……二二三
宋真宗誓書……二二三
契丹聖宗誓書……二二四
關南誓書……二二五
契丹興宗致書……二二五
宋朝回契丹書……二二六
契丹回宋誓書……二二七
議割地界書……二二九
大遼求地界書……二二九
宋朝回書……二三〇

卷之二十一

南北朝饋獻禮物……二三五
契丹賀宋朝生日禮物……二三五
宋朝賀契丹生辰禮物……二三六
宋朝勞契丹人使物件……二三七
外國貢進禮物……二三八
新羅國貢進物件……二三八
橫進物件……二三九
契丹每次回賜物件……二三九
契丹賜奉使物件……二三九
西夏國貢進物件……二四〇
諸小國貢進禮物……二四〇
高昌國　龜茲國　于闐國　大食國　小食國　甘州　沙州　涼州　契丹回賜物件

卷之二十二

州縣載記……二四三
控制諸國……二四五
四至鄰國地里遠近……二四六
四京本末……二五〇

卷之二十三

族姓原始……二五七
國土風俗……二五七

併合部落……二四八
兵馬制度……二四九
建官制度……二五〇
宫室制度……二五一
衣服制度……二五二
漁獵時候……二五三
試士科制……二五三
卷之二十四
王沂公行程録……二五七
富鄭公行程録……二五九
余尚書北語詩……二六〇
刁奉使北語詩……二六〇
卷之二十五
胡嶠陷北記……二六五
張舜民使北記……二六九
卷之二十六
諸蕃記……二七三
奚國……二七三
古肅慎國……二七三
室韋國……二七三
新羅國……二七四
高昌國……二七五
女真國……二七五
黄頭女真……二七六
嗢熱國……二七六
渤海國……二七七
卷之二十七
歲時雜記……二八一
附録一　叙跋
契丹國志提要……二八九
契丹國志提要補正……胡玉縉　二九一

契丹國志提要辨證……余嘉錫　二九二
三史質疑節録……蘇天爵　二九六
焚椒録……王士禛　二九六
讀契丹國志表記……錢　曾　二九七
契丹國志跋……杭世駿　二九八
契丹國志跋……程晉芳　二九八
掃葉山房校刊本契丹國志序……席世臣　三〇〇
題元刻本契丹國志……黄丕烈　三〇一
題舊鈔本契丹國志二則……黄丕烈　三〇一
藏契丹國志記……瞿　鏞　三〇二
讀契丹國志跋記……周中孚　三〇三
契丹國志識記三則……章　鈺　三〇四
契丹國志題識……劉履芬　三〇六
善本契丹國志録……羅振常　三〇六
契丹國志跋記……王文進　三〇七
契丹國志……馮家昇　三〇八
契丹國志……楊家駱　三〇九
契丹國志通檢
序……中法漢學研究所通檢組　三〇九
藏明鈔本契丹國志題識……周叔弢　三一四
附録二　評論
葉隆禮和契丹國志……李錫厚　三一五
附録三　參考書目……三三三

點校説明

契丹國志二十七卷，題名宋葉隆禮撰，是迄今爲止記載遼代二百一十八年史事比較早、比較有系統的一部史書，它比元代官修的遼史約早百年，又是官修遼史的重要參考書之一。

契丹國志又稱契丹志或遼志，體裁不完備與遼史相同，卷首有一進書表，一初興本末，一世系圖，一九主年譜，一地理圖。正文計皇帝紀年（自阿保機至天祚皇帝）十二卷，各種人物傳記七卷（卷十三爲后妃，卷十四爲諸王，卷十五爲外戚，卷十六至十九爲文武大臣），卷二十編排遼與石晉、北宋往來文牘，卷二十一輯録遼與北宋、西夏及其他鄰國相通饋獻禮物，卷二十二爲地理方域，卷二十三爲政治制度，卷二十四至二十五節鈔宋人使遼行程録，卷二十六爲諸蕃雜記，卷二十七雜録歲時風俗。因此，契丹國志是囊括較廣的一部史書。

此書大部分撮鈔司馬光資治通鑑、李燾續資治通鑑長編、薛居正舊五代史、歐陽修新五代史，兼採徐夢莘三朝北盟會編、洪皓松漠記聞等書而成，也利用了宋人對遼的著述，如武圭燕北雜記、契丹疆宇圖等，而這些書流傳後世，至今有的尚有節本，有的全部散佚，通過契丹國志還能略窺其面目。

葉隆禮字士則，號漁林，嘉興人，宋理宗淳祐七年進士。十年十月，以承奉郎任建康西廳通判。十二年十月改除國子監簿。開慶元年十月調兩浙轉運判官，十一月一日以朝散郎直秘閣、兩浙運判除軍器少監，十一日再以兩浙轉運判官兼知臨安府。閏十一月三日磨勘，轉朝奉大夫。景定元年正月一日除軍器監，兼職如故。二月六日除直寶文閣，知紹興府。四月二十六日以次官離任。宋末謫居袁州。入元以後，聲蹟銷匿（參考本書附録）。

契丹國志現存者以北京圖書館藏黄丕烈題跋元刻本爲最古，以嘉慶二年席世臣校刻的掃葉山房本流傳最廣，此外還有乾隆五十八年承恩堂的刻本及一些明、清時代的傳鈔本、節鈔本和民國時代的重排印席刻本。這次的校點工作即以元刊本爲底本而參以永樂大典、古今逸史、古今説海、説郛所收節録本、復旦大學所藏明鈔本，及席本與承恩堂本等，並盡可能地尋求史源，翻檢資治通鑑、續資治通鑑長編和兩五代史、三朝北盟會編等書，校正了一些文字方面的舛訛，至於史實方面的錯誤，則留待學術界的同志們研究了。點校工作中不足之處，歡迎遼金史的專家和讀者悉心地指正。

另外，我們將有關契丹國志題跋、評論盡可能地搜集，輯爲附録，著於書後，以便專家和讀者的參考和閱讀。

賈敬顏　林榮貴

一九八三年十二月

經進契丹國志表

臣隆禮上言：伏惟契丹立國，强盛逾二百年；秘苑修書，鑑誡垂億千代。不量愚瞽，冒瀆淵聰，臣誠惶誠懼，頓首頓首。恭惟皇帝陛下天挺英奇，神資睿聖，縱觀前史，紆覽宏圖。印五帝三王之心，有意建極；陋三國六朝之事，奚取亂華。然道判汙隆〔一〕，載存爞惡。中朝不競，漠北方勇於争衡；五閏紛拏，氊廬遂安於徙宅。載觀大遼之紀號，其誰小朝以自居。八際洪流，頓起興亡之慨；九州重霧，忍無夷夏之嗟。其契丹國自阿保機初興，迄于天祚之亡，立統承家，凡二百餘載。臣奉勑命，謹採摭遺聞，删繁剔冗，緝爲契丹國志以進。淺短自慙，筆削莫措。尊王而黜霸，庶幾有備於將來；外陰而内陽，益宜永鑒於既往〔二〕。所有契丹國志隨表繕進以聞。臣誠惶誠懼，頓首頓首，百拜昧死謹言。

淳熙七年三月日，秘書丞臣葉隆禮上表。

校勘記

〔一〕道判汙隆　「道」原作「遭」，「汙」原作「紆」，據復旦大學藏契丹國志明鈔本（下稱明鈔本）、清乾隆五十八年承恩堂刊本（下稱承恩堂本）及嘉慶二年掃葉山房刊席世臣校本（下稱席本）改。

〔二〕益宜永鑒於既往　「永」原作「求」，據明鈔本、承恩堂本及席本改。

契丹國初興本末

契丹之始也，中國簡典所不載。遠夷草昧，復無書可考，其年代不可得而詳也。本其風物，地有二水。曰北乜里没里，復名陶猥思没里者，是其一也，其源出自中京西馬盂山，東北流，華言所謂土河是也。曰裊羅箇没里，復名女古没里者，又其一也，源出饒州西南平地松林，直東流，華言所謂潢河是也。至木葉山，合流爲一。古昔相傳：有男子乘白馬浮土河而下，復有一婦人乘小車駕灰色之牛，浮潢河而下，遇於木葉之山，顧合流之水，與爲夫婦，此其始祖也。是生八子，各居分地，號八部落：一曰祖皆利部，二曰乙室活部，三曰實活部，四曰納尾部，五曰頻没部，六曰内會雞部，七曰集解部，八曰奚嗢部。立遺像始祖及八子。于木葉山，後人祭之，必刑白馬殺灰牛，用其始來之物也。後有一主，號曰廼呵，此主特一髑髏，在穹廬中覆之以氈，人不得見。國有大事，則殺白馬灰牛以祭，始變人形，出視事，已，即入穹廬，復爲髑髏。因國人竊視之，失其所在。復有一主，號曰喎呵，戴野豬頭，披豬皮，居穹廬中，有事則出，退復隱入穹廬如故。後因其妻竊其豬皮，遂失其夫，莫知所如。次復一主，號曰晝里昏呵，惟養羊二十口，日食十九，留其一焉，次日復有二十口，日如之。是三主者，皆有治國之能名，餘無足稱焉。異矣哉！氊中枯骨，化形治事；戴豬服豕，罔測所終。當其隱入穹廬之時，不知其孰爲主也，孰爲之副貳也，荒唐怪誕，訛以傳訛，遂爲口實，其詳亦不可得而詰也。自時厥後，牛馬死損，詞訟龐淹，復遭風雨雪霜之害，中遂衰微。八部大人後稍整兵，三年一會，於各部内選雄勇有謀略者，立之爲主，舊主退位，例以爲常。至阿保機爲衆所立，後併七部而滅之，契丹始大。原其立國，興自阿保機，至耶律德光而寖張。遭五季之衰，天未厭亂，石郎胎釁，産禍諸華。毒痛四海，飛揚跋扈，貪殘僭擬，中國帝王名數，盡盜有之；冠屨倒植，薰蕕共染，干戈之慘極矣。迨宋真宗屈己和戎，不復以一矢相加遺，含容覆護，百有餘年。聖、興、道三主聖宗、興宗、道宗〔一〕。以來，天誘其衷，革心慕義，貪婪歲幣，顧惜盟好，銷烽寢柝，號稱無事，南北民不知兵，各保首領以没，兹非以德懷遠之明效歟？嗟夫，宋列聖之兼愛，其德可謂至哉！若遼之威服諸夷，奄有全燕，何其强也。天祚昏孱，女真生心，深入一呼，土崩瓦裂，何其弱也。且佳兵者，不祥之器也，天道好還，盛極而微，理固然也。故其興也勃焉，其亡也忽焉，悲夫！今摭舊聞，裒其本末，雖未能考其異而訂其同，要之大略，甚不相遠〔二〕，後之英主、忠臣、志士，游今泂古，可以鑒矣。

校勘記

〔一〕聖宗興宗道宗　此注原作聖宗、道宗、興宗，據明鈔本及正文三帝次序改。

〔三〕甚不相遠　明鈔本作「不甚相遠」。

契丹國九主年譜

太祖大聖皇帝，諱億，番名阿保機。梁均王貞明二年丙子稱帝，國號大契丹，改元神册〔一〕，辛巳改元天贊，至丙戌天贊六年後唐明宗天成元年〔二〕。秋七月崩，在位十一年。

太宗嗣聖皇帝，諱德光，元名耀屈之，太祖第二子。丙戌歲即位，丁亥改元天顯，丁酉改元會同，國號改大遼，丁未會同十一年北漢高祖天福元年。夏四月崩，在位二十二年。

世宗天授皇帝，諱阮，番名兀欲，太祖之孫，東丹王突欲之子。丁未歲即位，戊申改元天禄，北漢隱帝乾祐元年。辛亥天禄四年後周太祖廣順元年，北漢乾祐四年。秋九月爲燕王述軋等弑於新州火神淀，在位五年。

穆宗天順皇帝，諱璟，番名述律，太宗長子。辛亥歲即位，改元應曆，至戊辰應曆十八年宋太祖開寶元年。秋九月爲庖人弑于黑山下，在位一十八年。

景宗孝成皇帝，諱明記，更名賢，世宗之子。戊辰歲即位，改元保寧，甲戌改元乾亨，至壬午乾亨九年宋太宗太平興國七年。十二月崩，在位十五年。

聖宗天輔皇帝，諱隆緒，景宗之長子。癸未歲即位，改元統和，宋太平興國八年。癸丑統和三十一年改元開泰，復改國號大契丹〔三〕，壬戌改元太平，辛未太平十年宋仁宗天聖九年。六月崩於上京，在位四十九年。

興宗文成皇帝，諱宗真，番名木不孤，聖宗第八子。辛未歲即位，壬申改元景福，宋仁宗明道改元。癸酉改元重熙，至乙未重熙二十三年宋仁宗至和二年。八月崩，在位二十五年。

道宗天福皇帝，諱洪基，興宗之子。乙未改元清寧，乙巳改元咸雍，丙午咸雍二年復改國號大遼，乙亥改元壽昌，至庚辰壽昌六年宋哲宗元符三年。崩，在位四十六年。

天祚皇帝，諱延禧，道宗之孫，秦王元吉之子。辛巳歲即位，改元乾統，宋徽宗建中靖國元年。辛卯改元天慶，戊辰天慶八年宋徽宗政和八年，金太祖天輔元年。辛丑改元保大，至甲辰保大四年，宋徽宗宣和六年，金太宗天會二年。金太宗舉兵攻遼，天祚逃竄夾山，金國擒之，削封爲海濱王，送長白山東，築城居之，逾年乙巳而卒，遼國遂亡，在位二十四年。

契丹自太祖神册丙子稱帝，至天祚保大甲辰，計九主，在位首末二百一十五年，實歷二百丹九年〔四〕。

校勘記

〔一〕改元神册　原脱此四字，據明鈔本、承恩堂本及席本補。

〔二〕至丙戌天贊六年後唐明宗天成元年　案：阿保機卒於後唐明宗天成元年丙戌，適爲契丹天贊五年，司馬光資治通鑑（下稱通鑑）卷二百七十五及脱脱等遼史均有明載，此與明鈔本、席本等皆作「六年」，誤。

〔三〕癸丑統和三十一年改元開泰復改國號大契丹　按王稱東都事略（下簡稱事略）卷一百二十三附録一、國志卷七聖宗紀均作統和元年改大遼爲大契丹。此與本紀、事略異。

〔四〕實歷二百丹九年　「丹」，承恩堂本及席本均作「單」，而永樂大典（下稱大典）卷五千二百五十一引契丹國九主年譜仍作「丹」。

契丹國志卷之一

太祖大聖皇帝

太祖皇帝諱億，番名阿保機，乃斡里小子也。父斡里〔一〕，爲夷離巾，猶中國刺史。帝生而拓落多智，與衆不群。及壯，雄健勇武，有膽略〔二〕。好騎射，鐵厚一寸，射而洞之。所寢至夜曾有光，左右莫不驚怪。部落憚其雄勇，莫不畏而服之。

先是契丹部落分而爲八，以次相代。唐咸通末，有習爾者爲王，土宇始大。其後欽德爲王，乘中原多故，時入侵邊。及阿保機稱王〔三〕，崩，謚太祖。尤雄勇，五姓奚及七姓室韋咸服屬之。太祖擊黄頭室韋還，七部刼之於境上，求如約。太祖不得已，傳旗鼓〔四〕，且曰：「我爲王九年，得漢人多，請帥種落居古漢城，與漢人守之，自爲一部。」七部許之。其後，太祖擊滅七部，復併爲一。又北伐室韋、女真，西取突厥故地。擊奚，滅之，復立奚王，使契丹監其兵。東北諸夷皆畏服之。梁太祖開平元年，契丹遣其臣袍笏梅老之梁通好，梁遣太府少卿高頎、軍將郎公遠報聘。太祖嘗入攻雲州，衆共三十萬。晉王李存勗唐太祖李克用長子也。與之連和，面會東城，約爲兄弟，延之帳中，縱酒握手盡歡，約以今冬共擊梁。留旬日而去，晉王贈以金繒數萬。太祖留馬三千匹、雜畜萬計以酬之。太祖既歸國，更通好于梁。

丙子神册元年。梁均王貞明二年。是年，阿保機始自稱皇帝，國人謂之「天皇王」，以妻述律氏爲皇后，置百官，建元曰神册，國號契丹。

阿保機稱皇帝，建元立國。

初，唐末藩鎮驕横，互相併吞鄰藩，燕人軍士多亡歸契丹，契丹日益强大。又得燕人韓延徽，有智略，頗知屬文。與語悦之，遂以爲謀主，舉動訪焉。延徽始教契丹建牙開府，築城郭，立市里以處漢人，使各有配偶，墾藝荒田。由是漢人各安生業，逃亡者益少。契丹威服諸國，延徽有力焉。頃之，延徽逃奔於晉，晉王欲置之於幕府，而掌書記王緘疾之。延徽不自安，求歸省母，遂復入契丹，太祖待之益厚。至是以爲相，累官遷中書令、平章事。

丁丑神册二年梁貞明三年。春二月，晉王之弟威塞軍節度使李存矩在新州，驕惰不治，邊人嗟怨，爲小校宫彦璋謀殺〔五〕。其裨將盧文進，帥其衆奔契丹。

李存矩被殺，盧文進降契丹。

三月，盧文進引契丹兵馬攻晉新州〔六〕，刺史安金全棄城走。文進以其部將劉殷爲刺史守之。晉王使周德威合河東、鎮、定之兵攻之〔七〕，旬日不克。太祖帥三十萬衆救之，德威大敗奔歸。太祖乘勢進圍幽州，揚言有衆百萬，氈車毳幕彌漫山澤。盧文進教之攻城，爲地道，晝夜四面俱進〔八〕，城中穴地燃膏以邀之。又爲土山以臨城，城中鎔鐵汁以灑之，日死千計而攻城不止。周德威遣使告急于晉王。

太祖圍幽州。

四月，晉王命李嗣源、李存審、閻寶來援德威。契丹圍幽州且二百日，城中危困。晉李嗣源等步騎七萬，會于易州。自易州北行，逾大房嶺，循澗而東。距幽州六十里，與太祖遇。太祖行山上，晉師行澗下，每至谷口，太祖以萬餘騎遮其前，晉師失色。嗣源以百餘騎先進，免冑揚鞭，胡語謂曰：「汝無故犯我疆埸，晉王命我將百萬衆直抵西樓，滅汝族類。」因躍馬奮檛，三入陣中，斬酋長一人，後軍齊進，太祖兵卻，晉師始得出。李存審命步兵伐木爲鹿角，人持一枝，止則成寨〔九〕。太祖騎環寨而過，寨中發萬弩射之，流矢蔽日，人馬死傷塞路。將至幽州，太祖兵列陣待之。存審命步兵陣於後，先令羸兵曳柴燃草而進，煙塵漲天，鼓譟合戰，乃趣後陣起乘之。太祖大敗，席卷其衆自北山歸，委棄車

太祖兵與晉李嗣源會戰。

太祖兵敗。

帳、鎧仗、羊馬滿野。晉師入于幽州。太祖以盧文進爲盧龍節度使，居平州，歲入北邊，殺掠吏民，盧龍巡屬，爲之殘弊。

先是，幽州北七百里有渝關〔一〇〕，下有渝水通海。自關東北循海有道，道狹處纔數尺，旁皆亂山，高峻不可越。北至進牛口，中國嘗置八防禦軍，募土兵守之，田租皆供軍食，歲致繒纊以供衣。每歲早穫，清野以待，契丹兵至，則堅壁不戰，俟其去，則選驍勇據隘邀之，契丹常失利，不能輕入。及周德威鎮盧龍，恃勇不修邊備，遂失渝關之險，契丹始芻牧於營、平之間。盧文進來歸，常居平州，帥奚騎歲入北邊，殺掠吏民，盧龍巡屬，爲之殘弊。

戊寅神册三年。梁貞明四年。太祖弟撒剌阿潑，號北大王，謀亂。事覺，太祖數之曰：「汝爲吾手足，而汝興此心，吾若殺汝，則與汝何異？」乃囚之，期年而釋之。撒剌阿潑帥其衆奔晉，晉王厚遇之，養爲假子，任爲刺史。

太祖弟北大王謀亂。

己卯神册四年。梁貞明五年。

庚辰神册五年。梁貞明六年。

辛巳天贊元年。神册六年改元〔一一〕，時梁均王龍德元年也。夏六月朔，日食。

十二月，晉王圍鎮州，討張文禮。時義武節度使王處直在定州，以鎮、定爲

晉王圍鎮州。

脣齒，恐鎮亡而定孤，乃潛遣人語其子王郁，使賂契丹，令犯塞以解鎮州之圍。乃說太祖曰：「鎮州美女如雲，金帛如山，天皇王速往，則皆爲己物也，不然，爲晉王所有矣！」太祖以爲然，悉衆而南。述律后曰：「吾有西樓羊馬之富，其樂不可勝窮也，何必勞師遠出，以乘危徼利乎〔一二〕？吾聞晉王用兵，天下莫敵，設有危敗，悔之何及！」太祖不聽。遂長驅而南，圍涿州，旬日拔之，擒刺史李嗣弼，進攻定州。王處直之子王都告急于晉王。

太祖攻定州。

壬午天贊二年。梁龍德二年。春正月，晉王親率鐵騎五千來攻，先進新城北，半出桑林，太祖見之稍卻。晉王之軍來，遂獲太祖之子。契丹兵遂退保望都。晉王至定州，王都迎謁馬前，請以愛女妻王之子繼岌。晉王趨望都，遇奚酋禿餒契丹將名。五千騎，爲其所困，力戰，出入數四，不解。李嗣昭引三百騎橫擊之，乃退，晉王始得出。因縱兵奮擊，太祖兵敗，遂北至易州〔一三〕。會大雪彌旬，平地數尺，人馬死者相屬，太祖乃歸。晉王引兵躡之，隨其行止，見其野宿之所，布藁於地，回環方正，皆如編翦，雖去，無一枝亂者，歎曰：「契丹法嚴，乃能如是，中國所不及也。」晉王至幽州，使二百騎躡契丹之後，曰：「如出境即還。」晉騎恃勇追擊之，悉爲所擒。太祖責王郁，縶之以歸，自是不聽其謀。

晉王親率兵援定州。

太祖兵敗。

癸未天贊三年。梁龍德二年，唐莊宗李存勗同光元年。夏四月己巳，晉王李存勗稱皇帝於魏州牙城之南，國號大唐。是爲莊宗。以魏州爲興唐府，建東京，又於太原府建西京，又以鎮州爲真定府，建北都。時唐國所有，凡十三節度、五十州。

晉李存勗稱帝，國號大唐，爲莊宗。

冬十月朔，日食。彗星見，出輿鬼，長丈餘。

是月，梁主均王自殺死。

契丹日益强盛，遣使就唐求幽州以處盧文進。時東北諸夷皆服屬，惟渤海未服。太祖謀南征，恐渤海掎其後，乃先舉兵擊渤海之遼東，遣其將禿餒及盧文進據平、營等州，以擾燕地。師攻渤海，無功而退。

甲申天贊四年。後唐同光二年。春正月，契丹攻幽州。

十二月，攻蔚州，唐遣李嗣源禦之。

乙酉天贊五年。後唐同光三年。夏四月朔，日食。

丙戌天贊六年。後唐同光四年四月，明宗立，改元天成。夏四月朔，唐莊宗如汜水，嚴辦將發，從馬直指揮使郭從謙叛，帥所部兵攻興教門，緣城而入，近臣宿將皆釋甲潛遁，莊宗爲流矢所中而崩，年四十三。左右皆散，善友斂樂器覆尸而焚之。是月，李嗣源自嚳子谷而入洛陽，拾莊宗骨於灰燼而葬之河南新縣。百官

唐莊宗中流矢崩。

勸請嗣源監國，嗣源，乃太祖李克用之養子也。既而即位，是爲明宗。

唐遣姚坤告哀契丹。

七月，唐遣姚坤如契丹告哀。太祖聞之慟哭曰：「我朝定兒也。朝定猶華言朋友也。吾方欲救之，以渤海未下，不果往，致吾兒及此。」哭不已。又曰：「今天子聞洛陽有急，何不救？」坤對曰：「地遠不能及。」曰：「何故自立？」坤曰：「新天子將兵二十年，所領精兵三十萬，天時人事，其可得違？」其子突欲在側，曰：「使者毋多言。蹊田奪牛，豈不爲過？」坤曰：「應天順人，豈比匹夫之事。」太祖即慰勞坤曰：「理正當如是。」又曰：「聞吾兒專好聲色遊畋，不恤軍民，宜其及此。我自聞之，舉家不飲酒，散遣伶人，解縱鷹犬。若亦效吾兒所爲，行自亡矣！」又曰：「我於今天子無怨，足以修好。若與我大河之北，吾不復南侵矣！」坤曰：「此非使臣所得專也。」太祖怒，囚之。旬餘復召之，曰：「河北恐難得，得鎮、定、幽州亦可也。」〔一四〕給紙札筆趣爲狀，坤不可，欲殺之，用韓延徽之諫，乃復囚之。

契丹囚唐使姚坤需河北之地。

太祖攻渤海，拔其夫餘城，更命曰東丹國，命長子突欲鎮之，號人皇王。一曰東丹王。以其次子德光元名耀屈之。守西樓自隨，號「元帥太子」。

先是，渤海國王大諲譔本與奚、契丹爲唇齒國。太祖初興，併吞八部，繼而用師，併吞奚國。大諲譔深憚之，陰與新羅諸國結援，太祖知之，集議未決。後因遊獵，彌旬不止，有黃龍在其氈屋上，連發二矢，殪之，龍墜其前。後太子德光於其地建州，黃龍府即其地也。太祖曰：「吾欲伐渤海國，衆計未定而龍見吾前，吾能殺之，是滅渤海之勝兆也。」遂平其國，擄其主。

平渤海國，擄其主。

紀異録曰：阿保機居西樓氈帳中，晨起，見黑龍長十餘丈，蜿蜒其上，引弓射之，即騰空夭矯而逝，墜于黃龍府之西，相去已千五百里，纔長數尺。其後女真滅遼，尚藏其骸於內庫，金酋悟室長子源嘗見之，尾鬣肢體皆全，雙角已爲人所截，與水龍畫絕相似。蓋其背上鬣不作魚鬣也。正文謂「射黃龍」，此謂「射黑龍」。黃黑色雖不可知，而符兆所先，抑何彰彰若是歟！

渤海既平，乃製契丹文字三千餘言。因於所居大部落置寺，名曰天雄寺。今寺內有契丹太祖遺像。又於木葉山置樓，謂之南樓；大部落東一千里，謂之東樓；大部落北三百里置樓〔一五〕，謂之北樓，後立唐州，今廢爲村；大部落之內置樓，謂之西樓，今上京是。其城與宮殿之正門，皆向東闢之。四季遊獵，往來四樓之間。

製契丹大字。

建四樓於木葉山。

是月，太祖於夫餘城崩。

太祖崩。

述律后召諸酋長妻，謂曰：「我今寡居，汝不可不傚我。」又集其夫泣問曰：「汝思先帝乎？」對曰：「受先帝恩，豈得不思？」后曰：「果思之，宜往見之。」遂殺之。

述律后殺親臣。

八月朔，日食。

九月，葬太祖於木葉山。置州壙側，名曰祖州。今有廟，其靴尚在，長四五尺許。謚曰大聖皇帝，廟號太祖。

述律后左右有桀黠者，后輒謂曰：「爲我達語於先帝。」至墓所，則殺之。前後所殺者以百數。最後，平州人趙思温當往，不肯行，后曰：「汝事先帝常親近，何故不行？」對曰：「親近莫如后，后行，臣則繼之。」后曰：「吾非不欲從先帝於地下，顧嗣子幼弱，國家無主，不得往耳。」乃斷其一腕，令置墓中。思温亦得免。

是月，述律后中子德光立。

論曰：契丹之興，本自東胡。然人外而獸内，窺覺中原，未若有太祖其盛者也。唐末諸藩霧晴，五嶽塵雰，赤縣成墟，紫宸遷宅。太祖奮自荒陬，馳驅中夏，漲幽、燕而胡塵，吞八部以高嘯，雄亦盛矣。豈天未厭亂，而淫名越號，亦可帖服諸人歟？不然，何以若斯其鋒也。五胡雲擾，聖鼎終移：拓拔鯨吞，南宇分割。雖曰人事，亦有運數存焉。

校勘記

〔一〕乃斡里小子也父斡里　資治通鑑卷二百六十六梁太祖開平元年（九〇七）五月紀事胡三省注引趙志忠虜廷雜記：太祖諱億，番名阿保謹，又諱斡里。遼史太祖紀上：德祖皇帝長子。按德祖皇帝名撒剌的。此言太祖皇帝乃斡里小子也，父斡里云云，與雜記、遼史等有異。

〔二〕雄健勇武有膽略　「勇」字從席世臣本補。

〔三〕及阿保機稱王　「及」原作「乃」，據席本及通鑑卷二百六十六改。

〔四〕傳旗鼓　「傳」原作「專」，據席本及通鑑卷二百六十六改。

〔五〕爲小校宫彦璋謀殺　「宫」原作「宦」，據通鑑卷二百六十九改。

〔六〕盧文進引契丹兵馬攻晉新州　「引」原作「分」，據通鑑卷二百六十九改。

〔七〕晉王使周德威合河東鎮定之兵攻之　「合」原作「令」，據席本及通鑑卷二百六十九改。

〔八〕晝夜四面俱進　「進」原作「起」，據通鑑卷二百六十九改。

〔九〕止則成寨　「止」字從通鑑卷二百七十補。

〔一〇〕幽州北七百里有渝關　「北」字從通鑑卷二百六十九補。

〔一一〕神册六年改元　遼史太祖紀下載神册六年無改元事，而於天贊元年二月下稱「詔改元」。故自天贊元年始，國志與遼史干支相錯一年。

〔一二〕以乘危徼利乎　原作「以乘徼危利乎」，據通鑑卷二百七十一改。

〔一三〕遂北至易州　「遂」原作「逐」，據席本改。

〔一四〕得鎮定幽州亦可也　原作「鎮定幽州亦得也」，據通鑑卷二百七十五改。

〔一五〕大部落北三百里置樓　「北」原作「西」，據通鑑卷二百七十五胡注改。

契丹國志卷之二

太宗嗣聖皇帝上

太宗諱德光，太祖第二子也。母曰述律氏。帝誕於大部落東一千里之牙帳。生時黑雲覆帳，火光照耀，有聲如雷。及長，美姿貌，雄傑有大志，精於騎射。平奚、渤海二國，太祖愛之，立爲元帥太子。嘗從太祖至西樓，有赤光紫氣蓋其上，左右異之。述律后尤所鍾愛。太祖崩於夫餘，后欲立之，至西樓，命帝與突欲太祖長子。俱乘馬立帳前，謂諸酋長曰：「二子吾皆愛之，莫知所立，汝曹擇可立者執其轡。」酋長知其意，争執帝轡。后曰：「衆之所欲，吾安敢違？」遂立爲天皇王，稱帝，即位。明年，改元天顯。突欲愠，欲奔于唐，后乃遣歸東丹。帝立，尊后爲太后，國事皆決焉。太后復納其姪爲帝后。帝性孝謹，母病不食亦不食，嘗侍於母前，應對或不稱旨，母揚眉而視之，輒懼而趨避，非復召不敢見也。以韓延徽爲政事令。聽唐告哀使姚坤歸國復命，阿思、没骨餒往唐告哀，時唐明宗之初年也。

丙戌天贊六年。後唐明宗天成元年。九月，帝即位，猶稱天贊六年。

冬十月，盧龍節度使盧文進守平州，唐遣人説之，以易代之後，無復嫌怨，而文進所部華人皆思歸，乃帥其衆十萬歸唐。

盧文進帥衆歸唐。

丁亥天顯元年。後唐天成二年。春正月，唐主嗣源更名亶。

八月朔，日食。契丹遣使如唐修好。

戊子天顯二年。後唐天成三年。春二月朔，日食。

夏四月，唐義武節度使王都在鎮州謀反，詔招討使王晏球等，發諸道兵會討定州。晏球攻拔其北關城，王都以重賂求救於奚酋禿餒。將名。

唐王都叛，求救奚酋。

五月，禿餒以萬騎突入定州，晏球退保曲陽，王都與禿餒就攻之。晏球與戰，破之。契丹亦發兵救定州，王都悉衆與契丹五千騎合萬餘人邀戰。晏球集諸將校，誓以報國：「悉去弓矢，以短兵擊之，回顧者斬！」於是騎兵先進，奮檛揮劍，直衝其陣，大破之，僵尸蔽野。契丹兵死者過半，餘衆北走。王都與禿餒得數騎，僅免。契丹退師，又爲盧龍節度使趙德鈞邀擊，殆無孑遺。

王晏球敗契丹兵於定州。

七月，契丹復遣其酋長惕隱救定州，爲王晏球逆戰，破之；追至易州，俘斬溺死者，不可勝數。趙德鈞遣牙將武從諫邀擊，擒惕隱等數百人，餘衆散投村落，村人以白挺擊之，其得脱者不過數十人。自是契丹爲之沮氣，更不犯塞。

八月，契丹遣使如唐。

己丑天顯三年。後唐天成四年。春二月，唐王晏球克定州。王都、秃餒欲突圍走〔一〕，不能出。定州都指揮使馬讓能開門納官軍，王都舉族自焚，擒秃餒，送大梁斬之。

唐王晏球出定州。

庚寅天顯四年。後唐明宗長興改元。夏六月朔，日食。

十一月，契丹東丹王突欲失職怨望，帥其部曲四十人越海奔唐。唐賜姓東丹，名慕華，明年，改賜姓李，名贊華。以爲懷化節度使。

東丹王奔唐。

辛卯天顯五年。後唐長興二年。十一月朔，日食。

壬辰天顯六年。後唐長興三年。春三月，契丹遣使如唐，請歸擒去舍利萴剌與惕隱。唐乃遣萴骨舍利與契丹使者俱歸〔二〕。契丹以不得萴剌，自是數攻雲州及振武。

契丹遣使如唐。

冬十一月，唐以石敬瑭敬瑭娶明宗女永寧公主。爲河東節度使。蔚州刺史張彥超與敬瑭有隙，聞其爲節度使，遂叛降契丹。

唐明宗崩。

癸巳天顯七年。後唐長興四年。冬十一月，唐主明宗崩，年六十七。明宗性不猜忌，與物無競，登極以來，每夕於宮中焚香祝天曰：「某胡人，因亂爲衆所推；願天早生聖人，爲生民主。」在位年穀屢豐，兵革罕用，較之五代，粗爲小康。

胡文定公曰：明宗美善，頗多過舉，亦不至甚求于漢、唐之間，蓋亦賢主也。其尤足稱者，内無聲色，外無遊畋；不任宦者，廢内藏庫，賞廉吏，治贓蠹。若輔相得賢，則其過舉當又損矣。其焚香祝天之言，發于誠心。天既厭亂，遂生聖人。由是觀之，天人交感之理，不可誣矣。

十二月，唐主從厚立。是爲愍帝。葬明帝于河南洛陽縣〔三〕。

唐潞王叛。

甲午天顯八年。後唐愍帝從厚應順元年四月，以後唐主潞王從珂立，改清泰元年。春正月，唐潞王從珂叛，至長安。唐遣康義誠爲招討使，將兵拒之。潞王所至，唐諸將及康義誠等皆降。愍帝憂駭不知所爲，領五十騎自隨，出奔。至衛州東數里，遇石敬瑭，問以大計。敬瑭聞康義誠等叛降，俛首長嘆。未幾，敬瑭命牙内指揮使劉知遠引兵，盡殺愍帝從兵，獨置愍帝于驛，遂趣洛陽。

夏四月，唐潞王從珂入洛陽，至蔣橋，馮道率百官班迎，傳教以未拜梓宫，未可相見。入謁太后、太妃，詣西宫，伏梓宫慟哭，自陳詣闕之由。馮道帥百官太后令潞王即位，廢愍帝爲鄂王，遣王巒鴆殺之。

班見，拜，潞王答拜。道等上牋勸進，潞王曰：「予之此行，事非獲已。俟皇帝歸闕，園寢禮終，當還守藩服。」明日，太后下令廢少帝爲鄂王，以潞王知軍國事。又明日，太后令潞王即位於柩前。遣王弘贄遷愍帝於衛州廨内，隨遣弘贄之子王巒往鴆之。愍帝不飲，巒縊殺之。帝之在衛州，惟磁州刺史宋令詢遣使問起居，聞其遇害，慟哭半日，自縊死。

胡文定公曰：歐陽公五代史取死節者三人，死事者十人，而不及宋令詢，豈以其君微，其事略，故遺之歟？夫潞王非明宗之子也，愍帝真其國矣。所以不終者，身乏股肱，朝無楨幹，非其罪也。令詢不以其微而廢君臣之義，雖王彦章、裴約何以加焉，是以表而出之。

十一月，唐葬鄂王于徽陵城南，徽陵，明宗墓也。封纔數尺，觀者悲之。

石敬瑭斬軍士三十六人。

乙未天顯九年。後唐清泰二年。夏六月，契丹屢攻北邊。時石敬瑭將大兵屯忻州，潞王遣使賜軍士夏衣，傳詔撫諭，軍士呼萬歲者數四。敬瑭懼，幕僚段希堯請誅其倡者，敬瑭命劉知遠斬三十六人以徇。潞王聞，益疑之。

唐石敬瑭叛，稱臣契丹。

丙申天顯十年。後唐清泰三年。十一月以後晉高祖石敬瑭天福元年。夏五月，唐以石敬瑭爲天平節度使。敬瑭拒命謀叛，唐發兵討之。

秋七月，唐殺石敬瑭子弟四人。敬瑭令掌書記桑維翰草表稱臣於契丹帝，且請以父禮事之，約事捷之日，割盧龍一道及雁門關以北諸州爲獻。表至，契丹大喜。復書許俟仲秋，傾國赴援。

契丹主將兵南至晉陽。

九月，契丹帝將兵五萬騎，自揚武谷而南。至晉陽，陣於汾北之虎北口。先遣人謂石敬瑭曰：「吾欲今日即戰，可乎？」敬瑭遣人馳告曰：「南軍甚厚，請俟明日。」使者未至，契丹已與唐騎將高行周、符彦卿合戰，敬瑭遣劉知遠將兵助之。唐張敬達、楊光遠、安審琦以步兵陣于城西北山下，契丹遣輕騎三千，不被甲，直犯其陣。唐兵逐之，至汾曲〔四〕，契丹伏兵起，衝唐兵斷而爲二，縱兵乘之，唐兵大敗，死者數萬人。敬達等收餘衆保晉安，契丹亦引兵歸虎北口。敬瑭得唐降兵千餘人，劉知遠勸敬瑭盡殺之。是夕，敬瑭出見契丹帝，問曰：「皇帝遠來，士馬疲倦，遽與唐戰而大勝，何也？」帝曰：「始吾謂唐必斷雁門諸路，伏兵險要，不可得進。使人偵視，皆無之，是以長驅而深入。我氣方鋭，乘此擊之，是以勝也。」敬瑭歎伏。

契丹兵與唐兵戰，大勝。

引兵會圍晉安寨，置營於晉安之南，長百餘里，厚五十里，多設鈴索吠犬，人跬步不能過。敬達等士卒猶五萬人，馬萬匹，四顧無所之，遣使告敗。

唐潞王下詔親征。

唐潞王大懼，下詔親征。潞王至懷州，以晉安爲憂，問策於群臣。吏部侍郎龍敏請立李贊華爲契丹主，令天雄、盧龍二鎮分兵送之，自幽州趣西樓，朝廷露檄言之，契丹必有内顧之憂，然後選募精鋭以擊之，此亦解圍之一策也。潞王深以爲然，而執政恐其無成，議竟不決。潞王憂沮，日夕酣飲悲歌。群臣或勸其北行，則曰：「卿勿言，石郎使我心膽墮地。」

胡文定公曰：龍敏之策必可解晉安之圍，而唐之君臣不能用，豈天固亡之，先褫其魄乎？

冬十月，唐詔大括天下將吏及民間馬，又發民爲兵，每七户出征夫一人，自備鎧仗，謂之「義軍」。凡得馬二千餘匹，征夫五千人，民間大擾。

發民爲義兵。

十一月，契丹帝謂石敬瑭曰：「吾三千里來赴難，必有成功。觀汝器貌識量，真中原之主，吾欲立汝爲天子。」敬瑭辭讓數四，將吏復勸進，乃許之。契丹帝作策書，命敬瑭爲大晉皇帝〔五〕，是爲高祖。自解衣冠授之，築壇即位。割幽、薊、瀛、莫、涿、檀、順、新、嬀、儒、武、雲、應、寰、朔、蔚十六州以獻契丹，仍許歲輸帛三十萬匹。制改長興七年爲天福元年。敕命法制，皆遵明宗之舊。以趙瑩爲翰林學士承旨，桑維翰爲翰林學士、權知樞密使事，劉知遠爲侍衛馬軍都指揮使，客將景延廣爲步軍都指揮使。立晉國長公主爲皇后。

石敬瑭稱帝，國號大晉，割十六州獻契丹。

胡文定公曰：石敬瑭之罪在不助愍帝。苟以愍帝失國，則當尊奉許王，不爲衛州之事，而歸奪國弑君之惡於從珂，兵以義舉，名實皆正，則其德美矣。乃急於近利，稱臣契丹，割棄土壤，以父事之，其利不能以再世，其害乃及於無窮。故以功利謀國而不本於禮義，未有不旋中其禍也。

唐將殺張敬達，降契丹。

契丹圍晉安數月，糧竭馬死，援兵不至。唐將楊光遠、安審琦勸招討使張敬達降，敬達曰：「吾受明宗及今上厚恩，爲元帥而敗軍，其罪已大，況降敵乎？今援兵早晚至，且當俟之。若力盡勢窮，諸軍斬我，出降未晚也。」後諸將畢集，光遠殺敬達，以其首帥諸將出降。契丹主嘉敬達之忠，命收葬而祭之，謂其下及晉諸將曰：「汝曹爲人臣，當傚敬達也。」契丹帝與晉高祖將引兵而南，高祖以齊王重貴重貴，乃高祖兄敬儒之子，以爲養子。爲北京留守，以契丹將高謨翰爲先鋒，與降卒偕進。至團柏，與唐兵戰，唐兵大潰，死者萬計。

晉高祖與唐兵戰，大潰。

晉高祖將發潞州，契丹帝舉酒相屬之，曰：「我若南向，河南之人必大驚駭。汝宜自引漢兵南下，我令大相温將五千騎衛送汝至河梁。余且留此，俟汝音問，有急，則下山救汝。若洛陽既定，吾即北返矣。」因執手而泣別，解白貂裘

契丹主與晉高祖別。

以衣晉高祖，并贈良馬二十匹〔六〕，戰馬一千二百匹，曰：「世世子孫勿相忘。」又曰：「劉知遠、桑維翰、趙瑩皆創業功臣，無大故，勿相棄也。」

晉高祖自太原入洛陽，帝親送至潞州。唐樞密使趙德鈞及子趙延壽（延壽尚明宗女。）出降。先是德鈞陰遣人聘契丹，求立爲帝，帝乃指穹廬前巨石謂德鈞使者曰：「吾已許石郎矣，石爛，可改也。」帝至潞州，鎖德鈞父子而去。述律太后見之，問曰：「汝父子自求爲天子，何耶？」德鈞慙不能對，悉以田宅之籍爲獻，后問何在？曰：「幽州。」后笑曰：「幽州屬我也，何獻之爲？」德鈞益慙。自是鬱鬱不多食，逾年而死。德鈞既卒，國主釋延壽而用之。

紀異録曰：契丹主德光嘗晝寢，夢一神人，花冠，美姿容，輜軿甚盛，忽自天而下，衣白衣，佩金帶，執骨朵，有異獸十二隨其後，内一黑色兔入德光懷而失之。神人語德光曰：「石郎使人喚汝，汝須去。」覺，告其母，忽之不以爲異。後復夢，即前神人也，衣冠儀貌，宛然如故。曰：「石郎已使人來喚汝。」既覺而驚，復以告母。母曰：「可命筮之。」乃召胡巫筮，言：「太祖從西樓來，言中國將立天王，要你爲助，你須去。」未浹旬，唐石敬瑭反於河東，爲後唐張敬達所敗，亟遣趙瑩持表重賂，許割燕、雲，求兵爲援。契丹帝曰：「我非爲石趙德鈞父子降。

郎興師，乃奉天帝敕使也。」率兵十萬，直抵太原，唐師遂衂，立石敬瑭爲晉帝。後至幽州城中，見大悲菩薩佛相，驚告其母曰：「此即向來夢中神人。冠冕如故，但服色不同耳。」因立祠木葉山，名菩薩堂。德光生於癸卯年，黑兔入懷，此其兆也。中原喪亂，視淵、勒過之。豈陰山之北，天亦固兆冥符而啟嘉瑞歟？

唐主潞王命河陽節度使萇從簡與趙州刺史劉在明守河陽南城，遂斷浮梁，歸洛陽。殺東丹王李贊華。潞王殺東丹王。

晉高祖至河陽，萇從簡迎降，舟楫已具。

潞王議復向河陽，將校皆已飛狀迎晉高祖。高祖慮潞王西奔，遣契丹千騎扼澠池。潞王與曹太后、劉皇后并子雍王重美及宋審虔等攜傳國寶登玄武樓。潞王自焚死，年五十一。劉皇后欲燒宮室，重美諫曰：「新天子至，必不露居，他日重勞民力，死而遺怨。」乃止。后與重美俱死。是日晚，晉高祖入洛陽，唐兵皆解甲待罪。高祖命知遠部署京城，知遠分漢軍使還營，館契丹軍於天宮寺，城中肅然，無敢犯令。

十二月，晉追廢潞王爲庶人。以馮道同平章事。

丁酉會同元年。晉天福二年。春正月，日食。

改元會同。國號大遼。

是年，改元會同，國號大遼。公卿百官皆倣中國，參用中國人，以趙延壽爲樞密使，尋兼政事令。後封燕王。遼帝遣使如洛陽，取延壽妻唐燕國長公主以歸〔七〕。

吳巒、郭崇威恥臣契丹。

二月，遼帝歸，北過雲州，節度使沙彦珣出迎降，遼帝留之。判官吳巒在城中，謂其衆曰：「吾屬禮義之俗，安可臣事夷狄乎？」衆推巒領州事，閉城不受命，攻之不克。應州郭崇威亦恥臣契丹，挺身南歸。張礪逃歸，爲追騎所獲，遼帝責之，對曰：「臣華人，飲食衣服皆不與此同，生不如死，願蚤就戮。」遼帝顧通事高彦英曰：「吾常戒汝善遇此人，何故使之失所而亡？若失之，安可復得耶？」笞彦英而謝之〔八〕。礪甚忠直，遇事輒言無隱，遼帝甚重之。

三月，晉得潞王骨及髀骨，詔以王禮葬於徽陵南。即明宗陵寢處。

夏四月，晉遷都汴州。

吳將徐誥稱帝，國號南唐。

五月，吳徐誥欲結遼取中國，遣使以美女、珍玩泛海修好，遼帝亦遣使報之。

秋七月，吳徐誥稱帝，國號南唐。後復姓名李昪。

遼以幽州爲南京，大都爲上京，渤海夫餘城爲東京。

戊戌會同二年。晉天福三年。春正月朔，日食。

秋七月，晉作受命寶，以「受天明命，惟德允昌」爲文。

八月，晉上尊號於遼帝及太后。以同平章事馮道、左僕射劉昫爲册禮使，遼帝大悦。晉帝事遼甚謹，奉表稱臣，謂遼帝爲「父皇帝」；每遼使至，即於別殿拜受詔敕。每歲輸金帛三十萬之外，吉凶慶弔，歲時贈遺，相繼於道。乃至太后、元帥太子、諸王、大臣皆有賂遺。然所輸金帛，不過數縣租賦。其後，遼帝屢止晉帝上表稱臣，但令爲書稱「兒皇帝」，如家人禮。

晉事遼稱臣。

冬十月，遼帝遣使奉寶册，加高祖尊號曰英武明義皇帝。

己亥會同三年。晉天福四年。秋七月朔，日食。

遼遣使加晉主尊號。

八月，晉以故唐明宗子許王從益爲郇國公，以奉唐祀。

庚子會同四年。晉天福五年。初，晉割雁門之北賂遼，由是吐谷渾皆屬于遼，苦其貪虐，思歸中國，晉成德節度使安重榮復誘之，春正月，吐谷渾使其部落千餘帳奔晉。遼帝大怒，遣使讓晉高祖。遣兵逐之，使還故土。

安重榮等謀攻遼。

辛丑會同五年晉天福六年。夏六月，晉安重榮恥臣事遼，見其使者至，必箕踞慢罵，或潛遣人殺之；遼以爲讓，晉高祖爲之遜謝。後重榮執遼使拽剌，遣輕騎掠幽州南境，上表稱：「吐谷渾、兩突厥、渾、契苾、沙陀各帥部衆歸附。党項國名。等亦納遼告牒，言爲遼所陵暴，願自備十萬衆，與晉共擊遼〔九〕。」高祖不許。

晉高祖崩，齊王重貴即位。

壬寅會同六年晉天福七年。夏六月，遼以晉招納吐谷渾，遣使來責讓。晉高祖憂悒成疾。一日，馮道獨對。高祖命幼子重睿出拜之，又令宦者抱置道懷中，蓋欲馮道輔立之。是月，高祖崩，年五十一。馮道與侍衛馬步都虞候景延廣議，以國家多難，宜立長君，乃奉齊王重貴爲嗣，是日即位。是爲出帝。

胡文定公曰：晉高祖以幼子委馮道，道不可，盍明言之，乃含糊不對。死肉未寒，乃背顧命，其視苟息爲如何？

晉高祖崩，大臣議奉表稱臣，告哀於遼，景延廣請致書稱孫而不稱臣。時李崧曰：「陛下如此，他日必躬擐甲胄與遼戰，於時悔無益矣。」延廣固爭，馮道依違其間〔一〇〕，晉出帝卒從延廣議。遼帝大怒，遣使來責讓，延廣復以不遜語答之。

趙延壽欲爲中國主。

盧龍節度使趙延壽欲代晉帝中國，屢説遼擊晉，遼帝頗然之。

癸卯會同七年。晉天福八年。春二月，晉聞遼將入攻，遂還東京。然問遺相往來，無虛月。

胡文定公曰：即事而論，景延廣亡晉之罪無可贖者；即情而論，則以晉父事虜，中外人心皆不能平。故慨然欲一洒之而不思輕背信好，自生釁端。公卿不同謀，將帥有異志，君德荒穢，民力困竭，乃與虜鬭，何能善終？狹中淺謀，一朝之忿，忘其身以及其君。嗟夫，使景延廣知「慮善以動，動惟厥時」之義，姑守前約而内修政事，不越三、四年，可以得志于北狄矣！

是月，南唐主昪殂，齊王璟立。

夏四月朔，日食。

秋九月，先是河陽牙將喬榮從趙延壽入遼，遼帝以爲回圖使，（晉遼二國往來販易。）往來販易於晉，置邸大梁。至是景延廣説晉帝囚榮於獄，凡遼國販易在晉境者，皆殺之，奪其貨。大臣皆言遼國不可負。乃釋榮，慰賜而歸之。榮辭延廣，延廣大言曰：「歸語而主，先帝爲北朝所立，故稱臣奉表；今上乃中國所立，所以降志於北朝者，正以不敢忘先帝盟約故耳。爲鄰稱孫，足矣，無稱臣之理。翁怒則來戰，孫有十萬横磨劍，足以相待。他日爲孫所敗，取笑天下，毋悔也。」榮乃曰：

「公所言頗多，恐有遺忘，願記之紙墨。」延廣命吏書其語以授之，榮具以白遼帝。遼帝大怒，入攻之志始決。晉使如遼者，皆縶之。桑維翰屢請遜辭謝遼，每爲延廣所沮。晉帝以延廣爲有定策功，又總宿衛兵，故大臣莫能與之爭。河東節度使劉知遠知延廣必致遼來攻，而不敢言，但益募兵，增置十餘軍以備。

晉不稱臣于遼。

十二月，晉平盧節度使楊光遠遣騎密告遼，以晉境大饑，乘此攻之，一舉可取：趙延壽亦勸之。遼帝乃集兵五萬，使延壽將之，經略中國，曰：「若得之，當立汝爲帝。」延壽信之，爲盡力。晉帝頗聞其謀，遣使徵近道兵以備之。

遼兵攻晉，許趙延壽爲中國帝。

甲辰會同八年。晉出帝開運改元。春正月，遼用趙延壽、趙延照爲前鋒，將兵入攻，逼晉貝州。先是，晉朝以貝州水陸要衝，多聚芻粟，爲大軍數年之儲。軍校邵珂性兇悖，節度使王令溫黜之。珂怨望，密遣人亡入遼，言貝州易取。會令溫入朝，執政以吳巒權知州事。遼帝親攻貝州，巒悉力拒之，燒其攻具殆盡。珂引遼兵自南門入，巒赴井死。遂陷貝州，所殺且萬人。晉以高行周爲都部署，與符彥卿、皇甫遇等將兵禦之。

權貝州吳巒赴井死。

晉帝遣使齎書遺遼帝，時遼帝已屯鄴都，不得通而返。晉帝至澶州。遼帝屯元城，別將攻太原，晉詔劉知遠、杜威、馬全節、張彥澤等將兵拒之於黎陽。復遣譯者孟守忠致書於遼帝，求修舊好。遼帝復書曰：「已成之勢，不可改也。」會遼偉王在秀容失利，遼帝兵自鵶鳴谷歸〔二〕。博州刺史周儒叛降〔三〕。

二月，周儒引麻荅太宗從弟。自馬家口濟河，營於東岸，攻鄆州北津。晉帝自將兵，及遣李守貞等分道擊之，遼師敗績。

三月，遼帝僞棄元城去，伏精騎於古頓丘城，以俟晉軍與恒、定之兵合而來擊。大軍欲進追之，會霖雨而止。遼兵人馬饑疲。趙延壽曰：「晉軍悉在河上，畏我鋒鋭，必不敢前，不如即其城下，四合攻之，奪其浮梁，則天下定矣。」遼帝從之，親將兵十餘萬，陣於澶州城北，與晉高行周合戰，自午至晡，互有勝負。遼帝以精兵當中軍而來，晉帝亦出陣待之。遼帝望見晉軍之盛，謂左右曰：「楊光遠言晉兵半已餒死，今何其多也？」以精騎左右掠陣，晉軍不動，萬弩齊發，飛矢蔽地，遼帝稱卻，兩軍死者不可勝數。昏後，各引去。遼帝自澶州北分爲兩軍，一出滄、德，一出深、冀而歸。時遼帝帳中有小校亡來，云遼帝已傳木書，收軍北去。景延廣疑有詐，閉壁不敢追。遼帝北歸，所過焚掠，民物殆盡。

晉遣使分括民財。　夏四月，晉因遼國入侵，國用逾竭，遣使三十六人，分道括率民財，各封劍晉楊光遠叛。

以授之。使者多從吏卒，攜鎖械、刀杖入民家，小大驚懼，求死無地。州縣吏復因緣爲姦。先是，晉楊光遠叛，命兗州修守備。節度使安審信亦以治樓堞爲名，率民財以實私藏，民力大困。

晉遣李守貞討楊光遠於青州，遼救之，不克。

九月朔，日食。

遼師攻遂城、樂壽。代州刺史白文珂戰于七里烽，遼師敗績。

十二月，晉師圍青州，經時，城中食盡，餓死者大半。遼援兵不至，楊光遠遥稽首於遼曰：「皇帝，皇帝，誤光遠矣！」其子承勳勸光遠降，冀全其族，光遠不許。承勳乃斬勸其父反者判官丘濤，送其首於守貞，縱火大譟，刼其父出居私第，上表待罪，開城納官軍。

閏月，晉以楊光遠罪大，而諸子歸命，難於顯誅，命守貞便宜從事。守貞遣人拉殺光遠，以病死聞〔一三〕。起復其子承勳，除汝州防禦使。

胡文定公曰：光遠不肯臣事于契丹是也，既而舉兵與遼合，則其情實歹矣。承勳以義迫其父開門納官軍，變而不失正，亦可矣。父既被殺，而已乃受賞，于心何安？無乃被圍之時，自虞及禍，故爲刼降之計歟！

是月，遼復大舉攻晉，趙延壽引兵先進，至邢州。

校勘記

〔一〕王都禿餒欲突圍走　原作「王都禿餒突欲被圍走」，據席本及通鑑卷二百七十六改。

〔二〕請歸擒去舍利莿剌與惕隱唐乃遣莿骨舍利與契丹使者俱歸　「舍利莿剌」，席本誤「骨舍利莿剌」。「莿骨舍利」，席本誤「前骨舍利」。按舊五代史卷四十二、四十三「莿剌」作「則剌」，「莿骨舍利」作「則骨舍利」。通鑑卷二百七十七不誤。

〔三〕葬明帝于河南洛陽縣　「明帝」當作「明宗」。

〔四〕至汾曲　「汾曲」原作「汾西」，從通鑑卷二百八十改。胡注：汾曲，汾水之曲也。

〔五〕大晉皇帝　「晉」原作「聖」，從通鑑卷二百八十改。

〔六〕良馬二十四　「十」原作「千」，據通鑑卷二百八十改。

〔七〕唐燕國長公主　「燕」字原脱，據通鑑卷二百八十一補。

〔八〕通事高彦英至答彦英而謝之　兩「彦英」原均作「唐英」，據通鑑卷二百八十一改。

〔九〕與晉共擊遼　「擊」下原衍一「于」字，依席本及通鑑卷二百八十二删。

〔一〇〕馮道依違其間　「其」原作「之」，據通鑑卷二百八十三改。

〔一〕遼帝兵自鵶鳴谷歸　「鵶鳴谷」原闕「鳴」字，據通鑑卷二百八十三補。「鵶」原作「雅」，亦據通鑑卷二百八十三改。

〔二〕博州刺史周儒叛降　「博」原作「傅」，據通鑑卷二百八十三改。

〔三〕以病死聞　「聞」字原脱，今據席本及通鑑卷二百八十四補。

契丹國志卷之三

太宗嗣聖皇帝下

乙巳會同九年。晉開運二年。春正月，遼師至邢、洺、磁三州，至於安陽河〔一〕。千里之内，焚剽迨盡。遼主見大桑木，罵曰：「吾知紫披襖出自汝身，吾豈容汝活耶？」束薪於木而焚之。

時晉出帝病不能征，遣張從恩、馬全節、安審琦、皇甫遇，悉兵陣于相州安陽水之南。皇甫遇與濮州刺史慕容彦超將數千騎前覘，至鄴都，遇遼師數萬，遇等且戰且卻，至榆林店，遼師大至，二將死戰，自午至未，百餘合，殺傷甚衆。日暮，安陽諸將怪覘兵不還，安審琦即引騎兵出。遼師自相驚曰：「晉軍悉至矣。」遂引兵退。時遼帝在邯鄲，聞之即時北去。

二月，遼發羸兵驅牛羊，過祁州城下，晉刺史沈斌出兵擊之，遼以精兵奪其門，州兵不得還。趙延壽引兵急攻之。斌在城上，延壽語之曰：「使君何不早降？」斌曰：「侍中父子失計，陷身虜廷，忍帥犬羊以殘父母之邦，不自愧恥，更有驕色，何哉？沈斌弓折矢盡，寧爲國家死耳，終不傚公所爲！」明日城陷，斌自殺。

祁州刺史沈斌守節自殺。

三月，遼師還軍，南下晉都，排陣使符彥卿等來擊，遼師敗走。

遼、晉二兵合戰，遼兵敗走。

夏四月，晉杜威等諸軍會于定州。攻遼泰州，降之。取滿城〔二〕，獲遼二千人。取遂城。趙延壽部曲有降者言：「遼帝還至虎北口，聞晉取泰州，復擁八萬餘騎南向，計來夕當至。」威等懼，退至陽城。遼師大至，晉師與戰，逐北十餘里，遼師逾白溝而去。晉師結陣而南，胡騎四合如山，諸軍力戰拒之，人馬饑渴。至白團村，埋鹿角爲行寨。遼師圍之數重，奇兵出寨後，斷糧道。是夕，東北風大起。營中人馬俱渴，掘井輒崩。至曙，風甚。遼帝坐奚車中，命鐵鷂四面下馬，拔鹿角而入，奮短兵以擊晉兵，又順風縱火揚塵以助其勢。諸將憤怒，皆願出一戰。符彥卿等引精兵出西門，諸將繼至。遼師卻數百步。風勢益甚，昏晦如夜。彥卿等擁萬餘騎橫擊遼師，號呼聲動天地，大敗而走，勢如崩山。至幽州，散兵稍集。帝以軍失利，杖其酋長各數百。諸軍引歸。出帝亦還大梁。

六月，晉遣使如遼。

遼連歲入侵，中國疲於奔命，邊民塗地；人畜多死，國人厭苦之。述律太后謂帝曰：「使漢人爲胡主，可乎？」曰：「不可。」太后曰：「然則汝何故欲爲漢帝？」曰：「石氏負恩，不可容。」后曰：「汝今雖得漢地，不能居也；萬一蹉跌，悔所不及。」又謂群下曰：「漢兒何得一餉眠？自古但聞漢和番，不聞番和漢。漢兒果能回意，我亦何惜與和。」

述律后勸遼主議和。

晉桑維翰屢勸出帝復請和，以紓國患。遣供奉官張暉奉表稱臣〔三〕，詣遼謝過。帝曰：「使景延廣、桑維翰自來，仍割鎮、定兩道隸我，則可和。」出帝以遼語忿，謂其無和意，乃止。及帝入大梁，謂李崧等曰：「向使晉使再來，則南北不戰矣。」

晉奉表詣遼謝過。

八月朔，日食。

丙午會同十年。晉開運三年。春二月朔，日食。

夏四月，晉定州指揮使孫方簡叛降。

六月，遼攻定州，晉遣李守貞爲都部署，將兵禦之。

八月，晉張彦澤敗遼師於定州北。

晉兵攻遼。

冬十月，晉遣杜威、李守貞將兵攻遼。

十一月，晉帥杜威、李守貞會兵至嬴州，城門洞啟，寂若無人，威等不敢進。聞遼將高謨翰先已引兵潛出，威遣梁漢璋將二千騎追之〔四〕，漢璋敗死，威等遂引兵而南。

十二月，遼師大舉入攻，趨恒州。杜威等聞之，將自冀、貝而南。張彥澤時在恒州，引兵會之，言遼兵可破之狀，威等乃復趨恒州，以彥澤爲前鋒，與遼兵夾滹沱而軍。遼兵恐晉軍渡河與恒州合勢，議引兵還；及聞晉軍築壘爲持久計，遂不去。

絶晉糧道。

磁州刺史李穀説杜威及李守貞曰：「今大軍去恒州咫尺，煙火相望。若多以三股木置水中，積薪布土其上，橋可立成；密約城中舉火相應，夜募壯士斫虜營而入，表裏合勢，逃遁必矣。」諸將皆以爲然，獨杜威以爲不可，遣李穀出督懷、孟軍糧。遼以大兵當晉軍之前，潛遣蕭翰將百騎出晉軍之後，斷晉糧道及歸路。樵採者遇之，悉爲所掠，有逸歸者，皆稱遼師之盛。又獲晉民，皆黥其面，曰「奉敕不殺」，縱之南走，運夫在道遇之，皆棄車驚潰。

李穀請晉帝幸滑州。

李穀密奏出帝，具言遼兵危急之勢，請幸滑州及發兵守澶州、河陽，以備奔衢。杜威亦奏請益兵，晉詔悉發守宫禁者數百人赴之。威又遣使告急，還爲遼兵所獲，自是出帝與軍前聲問兩不相通。開封府尹桑維翰以國家危在旦夕，求見言事，出帝方在苑中調鷹，辭不見；又詣執政言之，執政不以爲然，退謂所親曰：「晉氏不血食矣。」

胡文定公曰：史載維翰請見言事而不知其所欲言，讀之者皆有遺恨。以愚度之，維翰非有他策，不過勸帝稱臣謝過、割關南以增賂耳。此可以救目前之危，終不足以彌異日之禍。蓋與夷狄共事，勢均力敵，猶且見圖，況爲之下乎？

晉出帝欲自將北征，李彦韜諫而止。

晉奉國都指揮使王清戰死。

杜威與李守貞、宋彦筠等謀降，威潛遣腹心詣遼，邀求重賞。遼帝紿云：「許以中國，與之爲帝。」威喜，遂定降計。召諸將，出降表使署名。乃命軍士出陳於外，軍士皆踊躍，決爲一戰，及告以出降，令其釋甲，軍士大哭，聲振原野。

杜威等率衆降。

遼帝遣趙延壽衣赭袍至晉營，慰撫士卒；亦以赭袍衣杜威，其實皆戲之耳。

威引遼帝至恒州城下，順國節度使王周降。

帝引兵南向，自易、定趣恒州，威將降兵以從。遣張彦澤將二千騎先取大梁，以通事傳住兒爲都監。杜威之降也，皇甫遇初不預謀，帝欲遣遇先入大梁，遇辭，退謂所親曰：「吾位爲將相，敗不能死，何面目復南行。」至平棘，遂扼吭而死。

晉皇甫遇扼吭而死。

胡文定公曰：五代史稱杜重威召諸將示以降表，皇甫遇等愕然不能對，遂以次署名，摩其下解甲，與張彦澤先入京師。遇行至平棘，絶吭而死。歐陽子譏之曰：「使遇奮然攘袂而起，殺杜威於坐上，雖不幸而不免，猶爲得其死矣，其義烈豈不凜然哉！既俛首聽命，相與亡人之國，雖死不能贖也，豈足貴哉？」遇一人爾，如晉史則鄙夫也，如通鑑則節士也，其相去遠矣，尚論取予，可不慎哉！

是月，張彦澤倍道疾驅，夜渡白馬津。晉出帝召李崧、馮玉、李彦韜入禁計事，欲詔劉知遠發兵入援。明日，彦澤自封丘門斬關而入，城中大擾。出帝於宫中起火，自攜劍驅後宫十餘人將赴火，爲嬖臣薛超所持。俄而彦澤自寬仁門傳遼帝與太后書慰撫之，乃命滅火，與后妃聚泣，召范質草降表，自稱「孫男臣重貴禍至神惑，運盡天亡。今與太后及妻馮氏，舉族面縛待罪。遣男延煦、延寶奉國寶出迎」。太后亦上表稱「晉室皇太后李氏妾」。傳住兒入宣遼帝遺解里命，出帝脱黄袍，衣素袍，再拜受宣，曰：「孫無憂，管取一喫飯處。」〔五〕又詰以所獻傳國寶非真。出帝奏：「頃唐潞王從珂自焚，舊傳國寶不知所在。此先帝所爲，群臣備知。」乃止。有司欲使啣璧牽羊，大臣輿櫬，迎於郊外。遼帝曰：「吾遣奇兵取大梁，非受降也。」不許。又詔晉文武群僚，一切如故；朝廷制度，並用漢禮。出帝使人召彦澤，彦澤笑而不答。且召桑維翰、景延廣。或勸維翰逃去，維翰曰：「吾大臣，逃將安之？」坐而俟命。彦澤以出帝命召之，維翰至天街遇李崧，駐馬語未畢，有軍吏於馬前揖維翰赴侍衛司。維翰知不免，顧謂李崧曰：「侍中當國，今日國亡，反令維翰死之，何也？」崧有愧色。彦澤倨坐見維翰，維翰切責之曰：「去年拔公於罪人之中，復領大鎮，授以兵權，何乃負恩至此？」彦澤無以應，遣兵守之。

晉帝及李后上表迎降。

彦澤縱兵大掠二日，都城爲之一空。彦澤自謂有功於遼，旗幟皆題「赤心爲主」，見者笑之。彦澤迫遷出帝於開封府，頃刻不得留，見者流涕。帝與太后、皇后肩輿，宫嬪、宦者十餘人皆步從，以内庫金珠自隨。彦澤曰：「此物不

彦澤迫遷出帝於開封府。

可匿也。」帝悉歸之，彥澤悉輦以歸私第。彥澤遣控鶴指揮使李筠以兵守出帝，内外不通。所上遼表章，皆先示彥澤乃敢上。遣使取内庫帛，主者不與，曰：「非帝之物也。」求酒於李崧，崧曰：「臣家有酒，非敢惜，慮陛下憂躁，飲之有不測之虞，所以不敢進。」欲見李彥韜，彥韜亦不往。出帝姑烏氏公主私賂守門者，得入與帝訣，歸第，自經死。

帝初渡河，出帝欲郊迎，彥澤不聽，遣白遼帝，報曰：「天無二日，豈有兩天子相見於道路耶？」乃止。

晉皇子延煦母楚國夫人丁氏，有美色，彥澤使人劫取之。

殺桑維翰。

彥澤殺桑維翰，以帶加頸，白帝，云其自經。帝命厚撫其家。

高行周、符彥卿皆詣降，帝以陽城之敗責之。彥卿曰：「臣當時惟知爲晉主竭力，今日死生惟命。」帝笑而釋之。

帝又遣兵趣河陽捕景延廣。延廣見帝於封丘。帝責之曰：「致兩主失歡，皆汝所爲也，十萬横磨劍安在？」召喬榮，使相辯證，榮出衣襟所藏書，乃以十事責延廣，每服一事，授一牙籌，授至八籌，帝叱鎖之。後命押送歸本國。宿陳橋，夜分扼吭而死。

丁未會同十一年。晉開運四年。是歲晉亡。二月，劉知遠立，六月，改號漢，稱高祖。春正月朔，晉文武百官遥辭出帝於都城北，素服紗帽迎降，俯伏路側請罪。帝命起，改服，撫諭之。出帝、太后迎於封丘門外，帝辭不見，館于封禪寺，遣其將崔廷勳以兵守之。是時雨雪連旬，外無供億，上下凍餒，太后使人謂寺僧曰：「吾嘗於此飯僧數萬，今日豈不相憫邪？」僧辭以遼帝之意難測，不敢獻食。出帝陰祈守者，乃稍得食。

晉帝、太后及百官迎降。

帝初入門，民皆驚走，遣通事諭之曰：「我亦人也，汝曹勿懼，會當使汝曹蘇息。我無心南來，漢兵引我至此耳。」至明德門，下馬拜而後入晉宫中，嬪妃迎謁，皆不顧。日暮，復出，屯於赤崗。執楊承勳，責其劫父楊光遠叛，臠而食之。

遼帝入晉門。

先是，張彦澤與閤門使高勳有隙，乘醉入其家，殺其叔父及弟而去。後帝至京師，聞彦澤劫掠，怒而鎖之。高勳與百姓亦争投牒疏其惡，乃命高勳監刑。彦澤前所殺士大夫子孫，皆絰杖哭隨詬駡，以杖撲之，彦澤俛首無一言。行至北市，斷腕出鎖，然後用刑。勳命剖其心祭死者〔六〕，市人争破其腦取髓，臠其肉而食之。

斬張彦澤。

胡文定公曰：興晉者桑維翰也，亡晉者景延廣也，二人用心異而受禍同，何也？歐陽子曰：「本末不順而與夷狄共事者，常見其禍，未見其福也。」

帝初入宫，諸門皆用兵守衛。磔犬於門，以竿懸羊皮於庭，爲厭勝法。謂晉群臣曰：「自今不修甲兵，不市戰馬，輕賦省役，天下太平矣。」改服中國，百官皆如舊制。以李崧爲太子太師，充樞密使；馮道守太傅，於樞密院祗候。及分遣使，詔賜晉之藩鎮，藩鎮大臣争上表稱臣，惟彰義節度使史匡威據涇州拒遼，而雄武節度使何重建以秦、階、成州降蜀。

中國百官皆如舊制。

諸鎮上表稱臣。

帝悉收晉降卒鎧仗貯恒州，驅馬歸北國。以胡騎擁降卒而納之河流，趙延壽勸分以戍邊，由是得免，散遣還營。

遼降出帝爲光禄大夫、檢校太尉，封負義侯，遷於黄龍府。即慕容氏和龍城也。帝使人謂太后曰：「吾聞爾子重貴不從母教而至于此，可求自便，勿與俱行。」太后答曰：「重貴事妾甚謹。所失者，違先君之志，絶兩國之歡，然重貴此去，幸蒙大惠，全生保家，母不隨子，欲何所歸？」於是太后與馮后、皇弟重睿，子延煦、延寶舉族從晉侯而北。以宫女五十，宦者三十，東西班五十，醫官一，控鶴官四，御廚七，茶酒司三，儀鑾司三，六軍士二十人從，衛以騎兵三百。又遣趙

降晉出帝爲負義侯。

晉侯合營遷北。

瑩、馮玉、李彥韜與之俱。所經州縣，皆故晉將吏，有所供饋，不得通。路傍父老爭持羊酒爲獻，衛兵擁隔，不使得見，皆涕泣而去。舊臣亦無敢進謁者，獨磁州刺史李穀迎謁於路，傾貲以獻。晉侯至中度橋見杜威寨，嘆曰：「天乎！我家何負於汝，爲此賊所破。」慟哭而去。

廣受四方貢獻。縱兵剽掠「打草穀」。

帝廣受四方貢獻，大縱酒作樂。趙延壽請給上國兵食。帝曰：「吾國無此法。」乃縱胡騎四出剽掠，謂之「打草穀」。丁壯斃於鋒刃，老弱委於溝壑，自東、西兩畿及鄭、滑、曹、濮數百里間，財畜殆盡。

晉北面行營都統劉知遠遣客將王峻奉表稱臣。帝賜詔褒美，親加「兒」字於知遠姓名之上，仍賜以木拐。胡法以優禮大臣，如漢賜几杖之比。

荊南節度使高從誨遣使入貢。

唐主遣使賀帝滅晉，且請詣長安修復諸陵，帝不從。

遼主易服視朝。

二月朔，帝冠通天冠、絳紗袍，執大圭視朝。華人皆法服，北人仍胡服，立於文武班，百官朝賀。帝問百官曰：「中國之俗異於吾國，吾欲擇一人君之，何如？」皆曰：「夷夏之心，皆願推戴皇帝。」於是下制，以晉國稱大遼，大赦天下〔七〕。

趙延壽乞爲皇太子。

燕王趙延壽以遼帝負約，心常怏怏，乞爲皇太子。帝曰：「吾於燕王無所愛惜，雖我皮肉可爲燕王用者，吾亦割也。吾聞皇太子當以天子兒爲之，燕王豈得爲之？」因令延壽遷官。張礪奏擬爲中京留守、大丞相、録尚書事、都督中外諸軍事。帝塗去「録尚書事都督中外諸軍事」而行之。

劉知遠稱帝。

晉劉知遠稱帝於晉陽，自言未忍改晉國，又惡開運之名，乃更稱天福十二年〔八〕。詔諸道爲遼國括率錢帛者，皆罷之。

劉知遠自將東迎晉侯，至壽陽，聞已經數日，乃留兵戍承天軍而還。

晉侯自幽州十餘里，過平州，沿途無供給，飢不得食，遣宮女、從官採木實、野蔬而食。又行七八日，至錦州，衛兵迫拜太祖畫像，不勝屈辱而呼曰：「薛超悮我，不令我死。」馮后求毒藥，欲與晉侯俱自死，不果。又行五六日，過海北州，至東丹王墓，遣延煦拜之。又行十餘日，渡遼水，至渤海國鐵州。又行七八日，過南海府，遂至黄龍府。

賊帥梁暉、王瓊殺遼兵。

帝聞劉知遠即位，遣耿崇美守澤、潞，高唐英守相州，崔廷勳守河陽，以控扼要害。滏陽賊帥梁暉夜遣壯士逾相州城，啟關納衆，殺遼兵數百，據州自稱留後。

鎮寧節度使耶律郎五性殘虐，澶州人苦之。賊帥王瓊率其徒千餘人，圍郎五於牙城。帝聞之懼，遣兵救之，瓊敗死。帝自是無久留河南之意矣。

遼述律后賜主脯菓。

述律太后遣使，以其國中酒饌脯菓賜帝，賀平晉國。帝與群臣宴於永福殿，每舉酒，立而飲之，曰：「太后所賜，不敢坐飲。」

三月朔，帝服赭袍，坐崇元殿，百官行入閤禮。

胡文定公曰：衛宣公淫亂，遂爲狄所滅。晉室三綱絶，遂召五胡之亂。唐世家法不正，又好結戎狄，非獨當其世數，因於猾夏，流及五代，更其傳其甚，則至此而天下之亂極矣。堯、舜修德而建士師，三王自治而立司寇，謹華、夷之辨，禁侵亂之階，所以深抉人理，慮末流之若此，使斯人與禽獸雜處而罹其凶害也。

遼主歸省太后。

帝謂晉百官曰：「天時向暑，吾難久留，欲暫至上國省太后。」乃以汴州爲宣武軍，以蕭翰爲節度使。翰，述律太后之兄子，其妹復爲帝后。始以蕭爲姓，自是遼之后族，皆稱蕭氏。

帝發大梁，晉文武諸司、諸軍吏卒從者皆數千人，宮女、宦官數百人，盡載府庫之實以行。謂宣徽使高勳曰：「吾在上國，以射獵爲樂，至此令人悒悒。

今得歸，死無恨矣。」

夏四月，遼帝攻相州，克之，悉殺城中男子，驅其婦人而北，留高唐英守，城中遺民僅七百人，而髑髏十餘萬。

帝自大梁北歸，行至欒城，得疾，崩于殺狐林。國人剖其腹，實以鹽數斗，載之北去，晉人謂之「帝羓」。喪車至國，述律太后不哭，曰：「待諸部寧一如故，則葬汝矣。」明年八月，葬於木葉山。

遼太宗崩於欒城。

遼帝在位凡二十餘年，謚曰嗣聖皇帝，廟號太宗。

紀異録曰：遼帝太宗在欒城病時，上京西八十里山，有獵人見太宗容貌如故，乘白馬追奔一白狐，因射殺之。獵人驚國主南征未回，何忽至此？因獲其死狐並箭，失國主所在。不浹旬而凶問至，驗其日，乃得疾之日；驗其箭，則國主南征所帶之箭失其一矣。國人於其地置堂，塑白狐形，并箭在焉，名曰白狐堂。今其陵之側，創置懷州是也。茫茫中原，紅塵暗之。殺狐讖應，白狐祟之。斯豈天道好還，而運數亦爲之冥合歟？

論曰：太祖之興，燎灰灼原矣！太宗繼之，承祖父遺基，擅遐陬英氣，遂登大寶，誕受鴻名。然石郎之消息，乃中原之大禍。幽、燕諸州，蓋天造地設以分番、漢之限，誠一夫當關，萬夫莫前也。石晉輕以畀之，則關内之地，彼扼其吭，是猶飽虎狼之吻，而欲其不搏且噬，難矣。遂乃控弦鳴鏑，徑入中原，斬馘華人，肆其窮黷。卷京、洛而無敵，空四海以成墟。謀夫虓將，卒莫敢睨，而神州分裂，强諸侯代起爲帝，亦莫之究矣。

五月，永康王兀欲立。

校勘記

〔一〕至於安陽河　「陽」原作「洛」，據席本及通鑑卷二百八十四改。

〔二〕取滿城　「滿」原作「蒲」，據通鑑卷二百八十四改。

〔三〕供奉官張暉奉表稱臣　「暉」原作「徽」，據通鑑卷二百八十四改。

〔四〕威遣梁漢璋將二千騎追之　「之」原作「至」，據席本及通鑑卷二百八十五改。

〔五〕傅住兒入宣遼帝遺解里命出帝脱黄袍衣素袍再拜受宣曰孫無憂管取一喫飯處　通鑑卷二百八十五「傅住兒入宣契丹主命，帝脱黄袍，服素衫，再拜受宣」繫於此年十二月甲子（初八日）下，而「契丹主賜帝手詔，且遣解里謂帝曰：『孫勿憂，必使汝有噉飯之所。』」及索傳國寶與受降諸事則繫之己卯（二十二日）。此則聯接書寫。

〔六〕勳命剖其心祭死者　「剖」原作「割」，據通鑑卷二百八十六改。

〔七〕於是下制以晉國稱大遼大赦天下　通鑑卷二百八十六此二語作「下制稱大遼會同十年，大赦。」語顯義明。

〔八〕自言未忍改晉國又惡開運之名乃更稱天福十二年　原作「自言未忍忘晉乃改開運之名更稱天福十二年」，據通鑑卷二百八十六改。

契丹國志卷之四

世宗天授皇帝

世宗諱阮，番名兀欲，太祖孫，東丹王突欲之子也。東丹王歸唐，卒於滑州。太宗南入大梁，兀欲隨駕〔一〕，於後求父遺骸骨。會太宗會同十一年四月歸，崩於欒城，燕王趙延壽恨太宗負許代中國之約〔二〕，即日引兵入恒州。帝以領兵繼入，遼諸將密議，奉帝爲主，登鼓角樓，受叔兄拜。而延壽不之知，自稱受太宗遺詔，權知南朝軍國事，下教布告諸道，所以供饋帝與諸將同，帝恨之。鎮州諸門管鑰與夫倉庫出納，皆帝親掌之。或説延壽曰：「遼諸大人數日聚謀，此必有變。今漢兵不下萬人，不若先事圖之。」延壽不決，下令以來月朔日於待賢館上事受賀。大臣李崧等以遼帝之意難測，乃止。

丁未會同十一年。時北漢高祖稱天福十二年。夏五月，帝召趙延壽、張礪、李崧、馮道於所館飲酒。帝妻素以兄事延壽，酒數行，帝從容謂延壽曰：「妹自上國

鎮燕王趙延壽。

來，寧欲見之乎？」延壽與俱入。食頃，帝出坐，笑謂張礪等曰：「燕王謀反，已鎖之矣，諸君可無慮矣。」又曰：「先帝在汴州與我算子一莖，許我知南朝軍國事。昨日臨崩，別無遺詔，燕王安得擅立邪？」一日，帝至待賢館，受蕃漢官謁賀，笑謂張礪等曰：「燕王果於此即位，吾以鐵騎圍之，諸公亦不免矣。」後數日，集蕃漢諸臣於府署，宣太宗遺制，曰：「永康王，大聖皇帝之嫡孫，人皇王之長子，太后鍾愛，群情允歸，可於中京即皇帝位。中京，契丹爲鎮州也。」於是舉哀成服。既而易吉服見群臣受賀，更不復行喪禮，歌吹之聲不絕於內。是年猶稱會同。帝以太宗有子在國，已以兄子襲位，又無述律太后之命，內不自安。

兀欲即皇帝位。

初，太祖崩於夫餘城，述律殺酋長及諸將數百人。太宗復崩於境外，酋長諸將懼死，乃謀奉帝，欲勒兵北歸。使麻荅麻荅，太宗從弟。爲中京留守，以前武州刺史高奉明爲安國節度使。晉文武官及士卒悉留之，獨以翰林學士徐台符、李澣及後宮宦者、教坊人自隨。述律太后聞帝立，怒曰：「我兒南征東討，有大功業，其子在我側者當立。汝父棄我，走投外國，乃大逆人也，豈得立逆人之子爲帝乎？」發兵拒之。帝遣偉王爲前鋒，相遇於石橋。太后以李彥韜爲排陣使，彥韜迎降於偉王，太后兵敗。帝幽太后於太祖墓側，自稱天授皇帝，以高勳

遼帝歸北國。

述律太后發兵拒兀欲。

爲樞密使。帝慕中華風俗，多用晉臣，而荒于酒色，侮諸宰執，由是國人不附，諸部數叛，興兵追討，故數年不暇南征。

徙晉侯并后於懷密州。

先是，述律太后徙晉侯并后于懷密州，去黄龍府西北一千五百里。行過遼陽二百里，而述律太后爲帝所囚，晉侯與后復得還於遼陽，稱有供給。

蕭翰叛，立唐許王爲帝。

蕭翰矯遼制，命唐許王從益知南朝軍國事，召赴恒州。時許王從益及王淑妃俱匿於徽陵下宫，不得已而出，翰立爲帝，帥諸酋拜之。淑妃泣曰：「吾母子單弱如此，而爲諸公所推，是禍吾家也。願諸公宜早迎新主，自求多福，勿以吾子母爲意。」衆感其言。

劉知遠殺許王。

漢主入洛，汴州百官奉表來迎，諭以受遼補署者皆勿自疑〔三〕，聚其告牒而焚之。命鄭州防禦使郭從義先入大梁清宫，密令殺許王及王淑妃。淑妃且死，曰：「吾兒何罪而死！何不留之，每歲寒食以一盂麥飯灑明宗陵乎？」聞者泣下。

漢主至大梁，晉之藩鎮相繼來降。復以汴州爲東京，改國號曰漢，仍稱天福年號，曰：「余未忍忘晉也。」

明年，遼國改元天禄〔四〕。

戊申天禄元年。二月，漢主隱帝承祐立，乾祐元年。春正月，漢主知遠更名暠。召蘇逢吉、楊邠、史弘肇、郭威入受顧命，曰：「承祐幼弱，後事託在卿輩。」又曰：「善防杜重威。」是日殂。逢吉等秘不發喪，下詔稱：「重威父子，因朕小疾，謗議搖衆，皆斬之。」磔尸于市，市人争啖其肉。

漢主劉知遠殂。

二月，漢主第二子周王承祐立，時年十八。是爲隱帝。

初，遼帝北歸，至定州，以孫方簡爲大同節度使。方簡怨恚不受命，帥其黨三千人保狼山故寨，攻之不克。未幾，遣使降漢。漢主復其舊官，使扞遼國。時麻荅等焚掠定州，悉驅其人棄城北去。方簡自狼山帥其衆數百，還據定州。於是晉末州縣陷遼者，皆復爲漢有矣。麻荅歸至其國，帝責其失守，麻荅不服，曰：「朝廷徵漢官致亂爾。」帝鴆殺之。

晉侯謁遼帝。

夏四月，帝至遼陽，晉侯白衣紗帽，與太后、皇后詣帳中上謁，帝令晉侯以常服見。侯伏地雨泣〔五〕，自陳過咎。帝使人扶起之，與坐，飲酒奏樂。而帳下伶人、從官，望見故主皆泣下，悲不自勝，争以衣服藥餌爲遺。

取晉侯宦者、從人及延煦。

五月，帝上陘，取晉侯所從宦者十五人，東西班十五人及皇子延煦而去。

帝有妻兄禪奴利，聞晉侯有女未嫁，求之，乃辭以幼。後數日，帝遣騎取之，以賜禪奴利〔六〕。

六月朔，日食。

陘，北地，尤高涼，北人常以五月上陘避暑，八月下陘。至八月，帝下陘。太后自馳至霸州謁帝，求於漢兒城側賜地種牧以爲生，許之。帝以太后自從，行十餘日，遣與延煦俱還遼陽。

徙晉侯于建州。

己酉天祿二年。北漢乾祐二年。春二月，徙晉侯、太后于建州。中途安太妃卒，遣令晉侯：「焚骨爲灰，南向颺之，庶幾遺魂得反中國也。」自遼陽東南行千二百里至建州〔七〕，節度使趙延暉避正寢以館之。去建州數十里外，得地五十餘頃，侯遣從者耕以給食。頃之，太宗之子述律王遣騎取晉侯寵姬趙氏、聶氏而去。

夏四月，太白晝見。

六月朔，日食。

冬十月，遼攻河北，漢遣郭威督諸將禦之。

晉李太后卒。

庚戌天祿三年。北漢乾祐三年。秋八月，故晉李太后病，無醫藥，常仰天號泣，戟手罵杜重威、李守貞曰：「吾死不置汝！」疾亟，謂晉侯曰：「我死，焚其骨送范陽佛寺，無使我爲虜地鬼也。」是月，后卒。周顯德中，有中國人自遼來者，云晉主及皇后、諸子尚無恙，其從者亡歸及物故，則過半矣。

十一月朔，日食。

漢郭威反，隱帝出奔。至趙村，追兵已至。隱帝下馬入民家，爲郭允明所殺，時冬十一月也。

郭允明弑隱帝。

郭威等帥百官迎武寧節度使劉贇高祖弟崇之子。爲主。

十二月，郭威攻遼，至澶州，將發，將士數千人忽大譟，曰：「天子須侍中自爲之，將士已與劉氏爲讎，不可立也。」或裂黄旗以被威體，共扶抱之，呼萬歲，推立爲帝。威乃上太后牋，請奉漢宗廟，事太后爲母。下書撫諭大梁士民，勿有憂疑。遷故主贇於外館。太后誥，廢贇爲湘陰公。

太后廢劉贇爲湘陰公。

辛亥天禄四年。北漢乾祐四年。春正月，漢太后下誥，授郭威監國符寶，即皇帝位，國號曰周，建元廣順。

郭威即帝位，國號周。

是月，弑漢湘陰公贇於宋州。漢高祖之弟劉崇稱帝於晉陽，仍用乾祐年號，所有者并、汾、忻、代、嵐、憲、隆、蔚、沁、遼、麟、石十二州之地。

劉崇稱帝

二月，遼帝聞北漢主立，使招討使潘聿撚遺其子劉承鈞書。漢主使承鈞復書，言「本朝淪亡，欲循晉室故事求援」。帝大喜。至是北漢主遣使如遼乞兵。

夏四月，遼帝遣使如北漢，告以周使田敏來，約歲輸錢十萬緡。北漢主使鄭珙以厚賂謝遼，致書稱姪，請行册禮。帝大喜，命燕王述軋册命北漢主爲大漢神武皇帝，更令旻妃爲皇后〔八〕。尋遣其翰林學士衛融等詣遼稱謝，且請兵。

燕王等作亂弑世宗。

九月，北漢主自團柏攻周〔九〕，帝欲引兵會之，與酋長議於九十九泉。諸部皆不欲南，帝强之。行至新州之火神淀，燕王述軋及偉王之子太寧王漚僧等率兵作亂，弑帝，而述軋自立。齊王述律太宗之子。逃於南山，諸大臣奉之以攻述軋、漚僧，殺之，并其族黨。立述律爲帝，改元應曆。

世宗在位凡五年崩，廟號世宗，葬醫巫閭山。

論曰：前史嘗云，創業易，守成難。吾於世宗益信。世宗地居上嗣，運屬樂推，兵威不戢，關河流毒。自謂荒淫無妨，而不知諸部之心離；自謂專欲可成，而不知蕭牆之釁啟。三十餘年血戰之基業，而繼繼承承乃若此，守成之難，不信然歟！

校勘記

〔一〕兀欲隨駕　原缺「隨」字，據席本及通鑑卷二百八十六文義補。

〔二〕燕王趙延壽恨太宗負許代中國之約　原缺「負」字，據席本及通鑑卷二百八十六文義補。

〔三〕諭以受遼補署者皆勿自疑　「自」字據通鑑卷二百八十七補。

〔四〕明年遼國改元天禄　按國志遼改元事當在後漢乾祐元年，與通鑑卷二百八十七載天福十二年六月「改元天禄」相錯一年。

〔五〕俟伏地雨泣　「雨」原作「而」，據新五代史卷十七晉家人傳高祖皇后李氏傳改。

〔六〕帝有妻兄禪奴利至以賜禪奴利　兩禪奴利皆同於通鑑卷二百八十八，而新五代史卷十七晉家人傳高祖皇后李氏傳作禪奴。

〔七〕自遼陽東南行千二百里至建州　「千」原作「程」，據新五代史卷十七晉家人傳高祖皇后李氏傳改。

〔八〕更令旻妃爲皇后　旻乃北漢主後更名。旻妃，謂旻之妃。

〔九〕九月北漢主自團柏攻周　事見通鑑卷二百九十，作「北漢主遣招討使李存瓌將兵自團柏入寇」。知入團柏者，乃李存瓌，而非北漢主親征。

契丹國志卷之五

穆宗天順皇帝

穆宗諱璟，番名述律，後更名明，太宗之長子也。太宗攻石晉，入大梁，留帝侍述律太后。太宗於會同十一年四月崩於欒城，諸將畏述律太后殘虐，遂立世宗。世宗遇弒，諸將共迎帝即位，改元應曆。自火神淀入幽州，遣使告于北漢。北漢主遣樞密直學士王得中賀即位；復以叔父事之，請兵以擊晉州。帝年少，好遊戲，不親國事，每夜酣飲，達旦乃寐，日中方起，國人謂之「睡王」。

遼兵伐周。

辛亥應曆元年。周太祖郭威廣順元年。冬十月，遼遣蕭禹厥將奚、遼兵五萬會北漢兵伐周，北漢主自將兵二萬，攻晉州。三面置寨，晝夜攻之，巡檢使王萬敢與都指揮使史彥超、何徽共拒之。周太祖自將由澤州路與王峻會兵救之〔一〕。

十二月，周王峻至晉州〔二〕，遼兵與北漢兵夜遁。

北漢土瘠民貧，內供軍國，外奉遼幣，賦役繁重，民不聊生，逃入周境者衆。

壬子應曆二年。周廣順二年。夏四月朔，日食。

六月，遼幽州節度使蕭海真世宗之妻弟。許以內附，請降于周，中國多事，不果從。

遼蕭海真降周。

秋九月，遼攻冀州，爲周兵所拒。

冬十月，遼瀛、莫、幽州大水，流民入塞者數十萬口〔三〕，本國亦不之禁。周詔所在賑給存處之，中國民被掠得歸者什五六。

癸丑應曆三年。周廣順三年。春正月，遼攻定州，爲周將楊弘裕敗〔四〕。

夏六月，遼張藏英降周。

秋八月，周太祖得風痺疾，術者言宜散財以禳之，於是築社壇，建太廟於大梁。太祖享太廟，纔及一室，不能拜而退，命晉王榮終禮。晉王本姓柴氏，幼從姑，長太祖家，遂以爲子。是夕，宿南郊，幾不救，夜分小愈。

周太祖享太廟。

甲寅應曆四年。周世宗榮立，顯德元年。春正月朔，周太祖祀圜丘，僅能瞻仰致敬而已。以晉王榮判內外兵馬事。太祖疾篤，晉王榮入侍〔五〕，屢戒之曰：「昔吾西征，見唐十八陵無不發掘者，無他，惟多藏金玉故也。我死，當衣紙衣，斂以瓦棺，壙中無用石，以甓代之；工人役徒皆和雇，勿以煩民；葬畢，募近陵民

周太祖疾，遺詔葬無華侈。

三十户，蠲其雜徭，使之守視〔六〕；勿修下宮，置宮人，作石羊、虎、人、馬，惟刻石置陵前云『周天子平生好儉約，遺令用紙衾、瓦棺，嗣天子不敢違也。』汝苟或違，吾不福汝。」是月，太祖崩，年五十一。晉王榮立。是爲世宗。

周太祖崩，晉王榮立。

二月，北漢主聞周太祖崩，喜甚，遣使詣遼請兵。遼遣武定節度使楊袞將萬騎如晉陽。北漢主自將兵三萬，會遼師趣潞州。節度使李筠領兵逆戰，敗走。

北漢兵會遼兵攻周。

夏五月，周帝自潞州趣晉陽，至其城下，旗幟環城四十里。遼將楊袞奔歸，帝怒其無功，囚之。使數千騎屯忻、代之間，周遣符彥卿擊之。遼兵退保忻口。彥卿恃勇輕進，爲遼兵所敗，死傷甚衆，彥卿引兵還晉陽。

冬十一月，北漢主旻殂。子承鈞告哀于遼，遼册命爲帝。其事遼，上表稱男，遼賜詔，謂之「兒皇帝」。

乙卯應曆五年。周顯德二年。春二月朔，日食。

丙辰應曆六年。周顯德三年。

丁巳應曆七年。周顯德四年。冬十一月，遼遣侍中崔勳將兵會北漢，同攻周，北漢遣李存瓌將兵會之〔七〕，南侵潞州，至其城下而還。北漢主知遼不足恃而不敢遽與之絶，贈送勤甚厚。

戊午應曆八年。周顯德五年。夏五月朔，日食。

己未應曆九年。周顯德六年，六月恭帝宗訓立。夏四月，周帝自將攻遼。

五月，周將韓通領兵大至，遼失瀛、莫、易、涿、雄、霸六州。其瓦橋關建爲雄州，割容城、歸義二縣隸之；益津關建爲霸州，割文安、大城二縣隸之，皆遼之地也。周帝趣幽州，有疾乃還。

六月，周帝立其子宗訓爲梁王。時年七歲。是月，周帝崩，年三十九，謚曰世宗。子梁王立。周世宗崩。

秋九月，遼帝遣其舅使於南唐，中國疑憚，泰州團練使荆罕儒募刺客，使殺之。南唐夜宴遼使於清風驛，酒酣，起更衣，久不返，視之，則失其首矣。自是遼與唐絶。

庚申應曆十年。宋趙太祖即位，建隆元年。春正月辛丑朔，北邊奏遼與北漢連兵犯邊。時宋趙太祖事周爲殿前檢點使，周帝命領宿衛，諸將禦之，次陳橋驛，諸將擁立太祖爲帝，國號曰宋，改元建隆。奉周帝爲鄭王，太后爲周太后，遷居西京。宋趙太祖即位。

夏五月朔，日食。

辛酉應曆十一年。宋建隆二年。 夏四月朔，日食。

壬戌應曆十二年。宋建隆三年。

癸亥應曆十三年。宋太祖乾德改元。

甲子應曆十四年。宋乾德二年。

乙丑應曆十五年。宋乾德三年。 春二月壬寅朔，日當食不虧。

丙寅應曆十六年。宋乾德四年。

丁卯應曆十七年。宋乾德五年。 春三月，五星聚奎。

夏六月朔，日食。

戊辰應曆十八年。宋太祖開寶改元。 秋七月，北漢主劉承鈞寢疾，召平章事郭無爲，執繼恩承鈞養子。手，付以後事。 繼恩嗣位，謚承鈞爲孝和皇帝。

九月，北漢主繼恩自嗣位以來纔六十餘日，爲郭無爲所弑。 弟繼元立，亦承鈞養子。 改元廣運。

北漢主殂。

是月，宋師入北漢境。 北漢上表于遼求援；又遣將領軍扼團柏谷，爲宋將李繼勳、何繼筠等擊破之于銅鍋河。 北漢尋復入攻，大掠晉、絳二州之境。

庖人弑穆宗。

是時，承會同之餘威，中原多事，藩鎮争强，莫不求援於遼國以自存。晉陽之北漢，江南之李唐，使車狎至，饋遺絡繹，遼帝以政昏兵弱，不能應之。

帝體氣卑弱，惡見婦人。居藩時，述律太后欲爲納妃，帝辭以疾；即位後，嬪御滿前，並不一顧。朝臣有言椒房虚位者，皆拒而不納。左右近侍、房帷供奉率皆閹人。性好遊畋，窮冬盛夏，不廢馳騁。萬機事繁，蕃漢諸臣共涖之，帝不以屑意。如京東北有山曰黑山，曰赤山，曰大保山，山水秀絶，麋鹿成群，四時遊獵，不離此山。瀛、莫之失，幽州急遞以聞，帝曰：「三關本漢地，今以還漢，何失之有？」其神氣怠緩，不恤國事如此。逮至末年，殘忌猜忍，左右小有過愆，至于親手刃之。數年之間，重足屏息，人人虞禍。會醉，索食不得，欲斬庖人，掌膳者恐禍及，因捧食以進，挾刃弑帝於黑山下。帝在位凡十九年，謚曰

天順皇帝，廟號穆宗。

論曰：英睿騰風，戎馬交馳而不足；耽酣愒日，禍敗淪胥而有餘。太祖奮自遐陬，虎視中原；太宗偉度英資，關河拱手，一何壯也！一再傳之後，世宗以聲色覆於前，穆宗以荒淫履其轍。介冑脱諸房帷，釁端生於肘腋，一何怯也！本其驕心縱欲，醉色遊畋，敗亡之塗，如出一手，豈陰山異氣之所韞抱於

英靈者，至兹少歇歟？不然，何以若斯其昏昏也！

校勘記

〔一〕周太祖自將由澤州路與王峻會兵救之　「會」原作「奪」，明鈔本同，席本作「奮」，均誤，據通鑑卷二百九十改。

〔二〕周王峻至晉州　「州」字原闕，據席本及通鑑卷二百九十補。

〔三〕流民入塞者數十萬口　「數」原作「四」，據通鑑卷二百九十一改。

〔四〕遼攻定州爲周將楊弘裕敗　「裕」原作「昭」，據通鑑卷二百九十一改。

〔五〕晉王榮入侍　原作「榮王入侍」，據席本及通鑑卷二百九十一改。

〔六〕使之守視　「之」原作「以」，據通鑑卷二百九十一改。

〔七〕北漢遣李存瓌將兵會之　「瓌」原作「環」，據通鑑卷二百九十三改。

契丹國志卷之六

景宗孝成皇帝

景宗諱明記，更名賢，世宗兀欲子也。穆宗先爲帳下所弒，諸將迎立帝即位，號天贊。以樞密使知政事令高勳守政事令，封秦王；侍中蕭守興爲尚書令，封魏王。每朝，必命坐議國事。納蕭守興女燕燕爲皇后。

先是，火神淀弒逆之時，述軋之害世宗，併及於后，復求帝殺之。帝時年九歲，御廚尚食劉解里以氈束之，藏於積薪中，由是得免。及即位，嬰風疾，多不視朝。改元保寧。

戊辰保寧元年。宋太祖開寶元年。遼大赦境内。刑賞政事，用兵追討，皆皇后決之，帝卧牀榻間，拱手而已。

己巳保寧二年。宋開寶二年。春二月，宋太祖命曹彬等伐北漢。夏四月，遼分道救北漢，爲宋何繼筠敗于陽曲〔一〕，又爲韓重贇擊破其衆于

宋攻遼兵。

定州境。

庚午保寧三年。宋開寶三年。夏四月朔，日食。

冬十一月，遼騎六萬攻定州，宋太祖命田欽祚領兵三千戰于滿城[二]，馬中流矢而踣，騎士王超以馬授欽祚得免，夜入保遂城。遼兵圍之數日，欽祚度城中糧少，整兵開南門，突圍一角而出。

遼攻定州。

辛未保寧四年。宋開寶四年。冬十月朔，日食。

壬申保寧五年。宋開寶五年。秋九月朔，日食。

癸酉保寧六年。宋開寶六年。春正月，周鄭王殂於房州，謚曰恭帝。

甲戌乾亨元年。宋開寶七年。春二月朔，日食。

冬十一月，遼邊臣貽宋雄州守孫全興書，請和。全興以聞于宋太祖，許之。

乙亥乾亨二年。宋開寶八年。春三月，遼遣使聘宋。

夏六月，彗出柳，長三四丈，晨見東方，西南指，歷輿鬼，距東壁[三]，凡十一舍，八十三日乃滅。

彗出柳，長三四丈。

秋七月朔，日食。

宋初遣使通遼。

丙子乾亨三年。宋開寶九年。太宗即位，十二月改太平興國元年。冬十月，宋太祖崩，年五十，在位十七年。皇弟晉王即帝位。是爲太宗。

宋遣使使遼。

丁丑乾亨四年。宋太平興國二年。夏四月，宋葬太祖於永昌陵。遼遣鴻臚少卿耶律敞等往宋助葬。宋太宗尋遣起居舍人辛仲甫使遼，右贊善大夫穆波副之〔四〕。時宋朝將用兵伐北漢，北漢實倚遼爲援，仲甫遲留境上，未敢進，宋詔趣行，既至，帝問曰：「聞中朝有党進者，真驍將，如進之比凡幾人？」仲甫對曰：「名將甚多，如進鷹犬之材，何可勝數！」帝頗欲留之，仲甫曰：「信以成命，義不可留，有死而已。」帝知其秉節不可奪，厚禮遣還。

冬十一月朔，日食。

戊寅乾亨五年。宋太平興國三年。

宋帝親征北漢。

己卯乾亨六年。宋太平興國四年。春二月，宋太宗親征北漢。

三月，遼以數萬騎援之，戰于石嶺關之南，爲宋郭進敗。

夏四月，北漢主劉繼元降宋，盡廣運十三年。

六月，宋詔親征，發鎮州。

涿州判官劉原德以城降宋〔五〕。

秋七月，太宗至幽州，攻城逾旬不下，士卒疲頓，轉輸回遠，又恐遼救兵至，遂退師。

先是宋師自并幸幽，乘其無備，帝方獵，急歸牙帳，議棄幽、薊，以兵守松亭、虎北口而已〔六〕。時耶律遜寧號于越，呼爲「舍利郎君」，北朝親近無職事者呼爲之。請兵十萬救幽州。並西山薄幽陵，人夜持兩炬，朝舉兩旗。選精騎三萬，夜從他道自宋軍南席卷而北。于越請兵攻幽州。

遼兵先守幽州者，皆脆兵弱卒，見宋師之盛，望風而遁，又爲宋師所遏，進退無計，反爲堅守。至是，于越救至，宋遂退師。或勸于越襲其後，于越曰：「受命救幽、薊，今得之矣。」遂不復追。

宋太宗欲北侵，遺詔渤海王發兵相應，然渤海畏遼，竟無至者。遣使如渤海責問。

秋九月，遼攻鎮州，爲宋趙延進敗。

庚辰乾亨七年。宋太平興國五年。冬十一月，帝發兵萬餘衆進攻關南，宋河陽節度使崔彥進將兵禦之，遼師失利。遼攻關南。

十二月，宋太宗親征至大名〔七〕，遼師遁，遂班師。

遼帝贈遺不能親朝。

辛巳乾亨八年。宋太平興國六年。遼大赦。

帝性仁懦，雅好音律，喜醫術，伶倫、鍼灸之輩，授以節鉞使相者三十餘人。自幼得疾，沉疴連年，四時遊獵，間循故典，體憊不能親跨馬；令節大朝會，鬱鬱無歡，或不視朝者有之。耽于酒色，暮年不少休。燕燕皇后蕭守興之女。以女主臨朝，國事一決於其手。大誅罰，大征討，蕃漢諸臣集衆共議，皇后裁決，報之知帝而已。易、定、幽、燕間兩大戰，烽書旁午，國内惶惶，帝嬰疾，不能親駕，基業少衰焉。

秋九月朔，日食。

壬午乾亨九年。宋太平興國七年。春三月朔，日食。

夏五月，遼分三道入宋，爲其邊將所敗。

冬十二月朔，日食。

是歲，帝崩，謚孝成皇帝，廟號景宗。

論曰：景宗爰在弱齡，中遭多難，高秋摇落，理之自然。政非己出，不免牝雞之伺；祭則寡人，聽命椒塗之手。其得虚尊而擁號，幸矣。

校勘記

〔一〕爲宋何繼筠敗于陽曲　「繼」字原闕，據李燾續資治通鑑長編（以下簡稱長編）卷十補。

〔二〕宋太祖命田欽祚領兵三千戰于滿城　「三」原作「二」，據席本及長編卷十一校記〔一五〕改。

〔三〕長三四丈晨見東方西南指歷興鬼距東壁　「長三四丈」，長編卷十六作「長四丈」；「距東壁」，原作「距出壁」，從上引長編同卷改。

〔四〕右贊善大夫穆波副之　「波」，長編卷十八作「被」，張亮采補遼史交聘表同作「波」。

〔五〕涿州判官劉原德以城降宋　「原德」原作「德厚」，據長編卷二十改。

〔六〕以兵守松亭虎北口而已　「虎北口」原作「北岸口」，長編卷二十太平興國四年七月甲申自注引江休復嘉祐雜志作「虎北口」，據改。案：虎北口即古北口。

〔七〕宋太宗親征至大名　「名」原作「石」，據長編卷二十一改。

復號大契丹國。

宋分三道攻契丹。

契丹國志卷之七

聖宗天輔皇帝

聖宗諱隆緒，景宗之長子。年十二即位，改元統和。尊母蕭氏爲承天太后，臨朝稱制凡二十七年，乃歸政于帝。宋楊業之陷，康保裔、王繼忠之敗，與夫澶淵之役，皆統和二十五年前事。是時三、四大戰，帝雖親履行陣，力戰深入，而太后實未歸政也。

癸未統和元年。宋太平興國八年。帝即位，復號大契丹。

春二月朔，日食。

甲申統和二年。宋太宗雍熙元年。

乙酉統和三年。宋雍熙二年。冬十二月朔，日食。

丙戌統和四年。宋雍熙三年。春正月，宋曹彬等分三道攻契丹。曹彬克涿州；田重進克飛狐、靈邱二縣及蔚州；潘美克雲、寰、朔、應四州。宋尋命潘美、楊業遷雲、寰、朔、應四州之民于許、汝間。時西南面招安使大鵬翼、監軍馬頵〔一〕、副將何萬通爲其所擒。曹彬等亦連收新城、固安，取涿州。以糧食不繼，退師至岐溝關北。契丹兵大至，追及，宋師大敗。

六月朔，日食。

秋八月，蕭太后與大臣耶律漢寧、南北皮室、五押惕隱領衆十餘萬〔二〕，復取寰州，擒宋楊業。

擒宋楊業。

先是，宋克雲、朔、寰、應四州，命潘美、楊業遷四州之民于許、汝，以所部護送，契丹邀擊之。楊業力戰，自日中至暮，手刃數百人，馬重傷不能進，遂爲契丹所擒。業太息曰：「主上遇我甚厚，何面目求活於虜中？」乃不食，三日而死。其麾下尚百餘人，業慰遣之，皆感泣不肯去。遂俱死，無生還者。

十二月，契丹因獲楊業之勝，乃遣耶律遜寧號于越者，以數萬騎取瀛州。宋部署劉廷讓來禦〔三〕，戰于君子館，會天大寒，宋師不能彀弓弩，契丹兵圍廷讓數重。無救，全軍敗沒，廷讓以身免。平州團練使賀令圖、高陽關部署楊重進俱陷。

于越取瀛州。

契丹勢益振，長驅深入深、祁，陷易州，魏、博之北，咸被其禍。

契丹攻代州，爲守臣張齊賢伏兵掩擊，敗走。

丁亥統和五年。宋雍熙四年。春正月，契丹攻陷深、祁、德、易四州〔四〕。

契丹攻陷四州。

戊子統和六年。宋太宗端拱改元。冬十一月，契丹騎大至唐河北，將攻于宋，爲定州都部署李繼隆與監軍袁繼忠拒戰〔五〕，敗績。

己丑統和七年。宋端拱二年。秋七月，彗出東井，凡三十日。

彗出東井。

契丹攻威虜軍，爲宋尹繼倫、李繼隆敗于唐、徐河間，殺契丹相皮室，其大將于越被傷遁走，俘獲甚衆。自是契丹不復大入。契丹之人以繼倫面黑，相戒曰：「當回避黑面大王。」

庚寅統和八年。宋太宗淳化改元。

九月，鎮星熒惑入南斗。

鎮星熒惑入南斗。

辛卯統和九年。宋淳化二年。春閏月朔，日食。

冬十二月，女真以契丹兵隔其貢宋之路，請宋攻之，不許。自是遂屬契丹。

壬辰統和十年。宋淳化三年。春二月朔，日食。

癸巳統和十一年。宋淳化四年。秋八月朔，日食。

甲午統和十二年。宋淳化五年。冬十二月朔，日食，陰雪不見〔六〕。

乙未統和十三年。宋太宗至道改元。春正月，契丹自振武入攻，爲府州折御卿敗于子河汊。契丹兵死亡甚衆。

夏四月，契丹攻雄州，爲守臣何承矩所敗。

丙申統和十四年。宋至道二年。

丁酉統和十五年。宋至道三年。春三月，宋太宗崩。

戊戌統和十六年。宋真宗即位。咸平改元。春二月，彗出營室北。

夏五月朔，日食。

冬十月朔，日食。

己亥統和十七年。宋咸平二年。秋九月朔，日食。

冬十二月，契丹入攻宋，宋真宗親征，次于澶州。爲知冀州張旻敗於城南；次大名府，爲知府州折惟昌敗于五合川。

契丹兵敗。

庚子統和十八年。宋咸平三年。春正月，宋真宗次大名府。

是年，宋定州都部署范廷召自中山來侵，求援於高陽關都部署、彰國節度使康保裔，保裔即領兵赴之。至瀛州西南裴村，而廷召後陣已與契丹師遇，保裔選精鋭與廷召。會日暮，廷召潛師以遁。保裔不之覺，遲明，契丹師圍之數重，保裔凡戰數十合，兵盡矢窮而死。契丹遂自德、棣濟河，掠淄、齊而歸〔七〕。

辛丑統和十九年。宋咸平四年。　冬十月，契丹攻宋，爲張斌敗于長城口，尋又爲李繼宣敗于牟山谷〔八〕。

壬寅統和二十年。宋咸平五年。　秋七月朔，日食。

契丹攻宋。

癸卯統和二十一年。宋咸平六年。　春三月，契丹攻宋，宋定州行營都部署王超〔九〕、鎮州桑贊、高陽關周瑩逆戰于望都縣。翌日，至縣南六里，副部署王繼忠率麾下死戰。繼忠素衘儀服，契丹識之，圍數十重，且戰且行，旁西山而北，至白城，繼忠爲契丹擒。

冬十一月，有星孛於井、鬼。

契丹攻宋不利。

甲辰統和二十二年。宋真宗景德元年。　春三月，契丹侵宋，爲魏能敗于長城口。秋閏九月〔一〇〕，帝同母蕭太后大舉攻邊，遣統軍順國王撻覽引兵掠威虜軍、安順軍，前鋒爲魏能敗。又攻北平寨，爲田敏等擊走。遂東趨保州，攻城不克。帝與蕭太后合兵攻定州〔一一〕，宋將王超按兵不出，陣于唐河拒之，契丹兵東駐陽城淀。又分兵圍岢嵐軍〔一二〕，爲守臣賈宗擊走。

冬十月，攻瀛州，爲守臣李延渥敗，死者三萬餘人，傷者倍之，乃解去。契丹往宋議和，宋遣崇儀副使曹利用使軍前定約。先是望都戰時，契丹獲去王繼忠，後稍親用，授之以官。繼忠乘間言和好之利。時太后年老，頗有厭兵意，雖大舉深入，亦納其説，復遣小校李興等四人持信箭以繼忠書詣宋，莫州部署石普奏諸宋朝，真宗遂手詔諭繼忠。繼忠欲朝廷先遣使命，至是，始遣曹利用來。

契丹自瀛州率衆三十萬〔一三〕，復欲乘虚抵貝、冀、天雄。宋之天雄軍聞契丹師將至，闔城遑遽。伏發，天雄兵不能進退，得還者什三四。契丹師遂陷德清，知軍、尚食使張旦及胡福等死者十四人。

契丹既陷德清，率衆抵澶州北，直犯大陣，圍合三面。宋李繼隆等整軍成列出禦。統軍順國王撻覽爲床子弩所傷，中額而殞。契丹師大挫，退卻不敢動。

十一月，宋真宗親駕澶淵。是時曹利用之書已通契丹，尋遣左飛龍使韓杞持國書偕至南朝，跪授書函，復以關南爲請。宋帝曰：「所言歸地事極無名，若必邀求〔一四〕，朕當決戰耳！實念河北居人重有勞擾，歲以金帛濟其不足，朝廷之體固亦無傷。誓書不必具言，但令曹利用與韓杞口述兹事可也。」利用一再往返，乃許歲遺絹二十萬疋，銀一十萬兩，兩議遂定。契丹且請以兄禮事之。

澶淵結盟。

乃命李繼昌齎國書與姚東之俱往〔一五〕。契丹遣丁振奉誓書之宋。遂退師。自是不復侵邊矣。

宋真宗車駕至澶州，將止，寇準固請渡河，高瓊遂麾衛士進輦，至浮橋，瓊執撾築輦夫背〔一六〕，令亟行。既至，登北城門樓，張黄龍旗，諸軍皆呼萬歲，聲聞數十里，契丹相視怖駭。初，曹利用議和，面請宋帝歲賂金帛之數。宋帝曰：「必不得已，雖百萬亦可。」寇準召語之曰：「雖有敕旨，汝所許不得過三十萬。過三十萬，將斬汝矣！」利用至契丹，果亦如數成約而還。兩議既定，尋即退師。

十二月朔，日食。

宋真宗至自澶州。

乙巳統和二十三年。宋景德二年。春二月，宋遣孫僅使契丹，賀國母生辰。

秋八月，有星孛于紫微。

丙午統和二十四年。宋景德三年。

丁未統和二十五年。宋景德四年。夏五月朔，日食。

戊申統和二十六年。宋真宗大中祥符改元。

己酉統和二十七年。宋大中祥符二年。

庚戌統和二十八年。宋大中祥符三年。夏六月，契丹遣使往宋告糴。宋詔雄州出粟二萬石，賤價賑之〔一七〕。

辛亥統和二十九年。宋大中祥符四年。冬十一月，契丹伐高麗國。高麗與女真合兵拒之，契丹兵敗。

壬子統和三十年。宋大中祥符五年。秋八月朔，日食。

癸丑開泰元年。統和三十一年，改元開泰，宋大中祥符六年。是年，契丹以幽州爲析津府。

甲寅開泰二年。宋大中祥符七年。冬十二月朔，日食。

乙卯開泰三年。宋大中祥符八年。夏六月朔，日食。

丙辰開泰四年。宋大中祥符九年。

丁巳開泰五年。宋真宗天禧改元。

戊午開泰六年。宋天禧二年。夏六月，彗出北斗。

己未開泰七年。宋天禧三年。春三月朔，日食。

使宋告糴。

庚申開泰八年。宋天禧四年。

辛酉開泰九年。宋天禧五年。秋七月朔，日食。

壬戌太平元年。開泰盡九年，改元太平。宋乾興元年。春二月，宋真宗崩，子仁宗立。

癸亥太平二年。宋仁宗天聖改元。

甲子太平三年。宋天聖二年。

乙丑太平四年。宋天聖三年。

丙寅太平五年。宋天聖四年。冬十月朔，日食。

丁卯太平六年。宋天聖五年。冬十二月，宋龍圖待制孔道輔使契丹，有優人以文宣爲戲，道輔艴然徑出，契丹主使主客者邀道輔還坐〔一八〕，且令謝。道輔曰：「中國與北朝通好，以禮文相接。今俳優之徒侮慢先聖而不之禁，北朝之過也。道輔何謝？」契丹君臣嘿然。又酌大卮謂曰：「方天寒，飲此可以致和氣。」道輔曰：「不和，固無害。」自是中國使至，不敢侮之。道輔，孔子四十五代孫也。

孔道輔使契丹。

戊辰太平七年。宋天聖六年。春三月朔，日食。

夏四月，有星大如斗，聲如雷，自北流於西南，光燭天下，尾長數丈，久之，散爲蒼白雲。

星大如斗，聲如雷

己巳太平八年。宋天聖七年。春三月，契丹饑，流民之宋境上。宋仁宗曰：「皆吾赤子也，可不賑救之！」詔給以唐、鄧州間田，仍令所過州縣給食。

秋八月朔，日食。

庚午太平九年。宋天聖八年。

辛未太平十年。宋天聖九年。先是，后未歸政前，帝已長立，每事拱手。或府庫中需一物，必詰其所用，賜及文武僚庶者，允之，不然不與。

帝既不預朝政，縱心弋獵，左右狎邪與帝爲笑謔者，太后知之，重行杖責，帝亦不免詬問。御服、御馬皆太后檢校焉。或宮嬪讒帝，太后信之，必庭辱帝。每承順，略無怨辭。好讀唐貞觀事要，至太宗、明皇實録則欽伏，故御名連明皇諱上一字；又親以契丹字譯白居易諷諫集，召番臣等讀之。嘗云：「五百年來中國之英主，遠則唐太宗，次則後唐明宗，近則今宋太祖、太宗也。」或諸道貢進珍奇，一無所取，皆讓其弟。親政後方一月，太后暴崩，帝哀毁骨立，哭必嘔血。番漢群臣上言山陵已畢，宜改元。帝曰：「改元吉禮也。居喪行吉禮，乃不孝子也。」群臣曰：「古之帝王，以日易月，宜法古制。」帝曰：「吾契丹主也，寧違古制，不爲不孝之人。」終制三年。

丞相耶律隆運，本漢人，姓韓，名德讓，太后有辟陽侯之幸，賜姓耶律，改名隆運。尋拜大丞相，封晉王。景宗崩，太后臨朝，隆運私事之。是時，太后年方三十，諸子尚幼，外無親援〔一九〕，雄傑角立，帝登大寶，皆隆運力也。帝念其功，父事之。隆運薨，帝爲制，服其終始，眷遇如此。帝性英辨多謀，神武冠絶。遊獵時，曾遇二虎方逸，帝策馬馳之，發矢，連殪其二虎。又曾一箭貫三鹿。時幽州試舉人，以一箭貫三鹿爲賦題，駙馬劉三嘏獻射二虎頌。至於道釋二教，皆洞其旨。律呂音聲，特所精徹。承平日久，群方無事，縱酒作樂，無有虛日。與番漢臣下飲會，皆連晝夕，復盡去巾幘，促席造膝而坐。或自歌舞，或命后妃已下彈琵琶送酒。又喜吟詩，出題詔宰相已下賦詩，詩成進御，一一讀之，優者賜金帶。又御製曲百餘首。幸諸臣私第爲會，時謂之「迎駕」，盡懽而罷。刑賞信必，無有僭差。撫柔諸番，咸有恩信。修睦宋朝，人使饋送，躬親檢校。時黄河暴漲，溺會同驛。帝親擇夷坦地，復創一驛。每年信使入境，先取宋朝登科記，驗其等甲高低、及第年月。其賜賚物，則密令人體探。

一矢連殪二虎，一箭貫三鹿。

宋真宗崩，遣使報哀。

宋真宗上仙，薛貽廓報哀入境，幽州急遞先聞。帝不俟貽廓至闕，集番漢大臣舉哀，后妃已下皆爲沾涕，因謂宰臣吕德懋曰：「吾與兄皇未結好前，征伐各有勝負，洎約兄弟二十餘年，兄皇昇遐，況與吾同月生，年大兩歲，吾又得幾多時也？」因又泣。復曰：「吾聞姪帝即仁宗皇帝。聖年尚幼，必不知兄皇分義，恐爲臣下所間，與吾違約矣。」後貽廓至闕，達宋帝聖意，喜謂后曰：「吾觀姪帝來意，必不失兄皇之誓。」復謂呂德懋曰：「曾高祖承嗣聖爺爺嗣聖，太宗也。爺爺，翁呼也。之力深矣！少主登位，便背盟約，皆臣下所惑。今姪帝必敦篤悠久矣。」又謂后曰：「汝可先貽書與南朝太后，備述妯娌之媛，人使往來，名傳南朝。」

北后貽書宋朝皇后。

又詔燕京憫忠寺特置真宗御靈，建資福道場，百日而罷。復詔沿邊州軍不得作樂。後因御宴，有教坊都知格守樂名格子眼，轉充色長，因取新譜宣讀，帝欲更遷一官，見本名正犯真宗諱，因怒曰：「汝充教坊首領，豈不知我兄皇諱字？」遂以筆抹其宣而止。燕京僧録亦犯真宗諱，敕更名圓融。尋下令國中應內外文武百僚、僧道、軍人、百姓等犯真宗諱者，悉令改之。

詔立真宗御靈。

詔漢兒公事皆須體問南朝法度行事，不得造次舉止，其欽重宋朝百餘事，皆此類也。末年染消渴病，多忌諱稱説死亡之人，雖帝之父母尊號，亦不得言之。病亟，乃驛召東平王蕭孝穆、上京留守蕭孝先赴闕，始以輔立之事而委之；次以不得失宋朝之信誓而屬之。又屬子宗真曰：「皇后事我四十年，以其

漢兒公事依南朝法度。

無子，故命汝爲嗣，我死，汝子母切毋殺之。」

六月三日，崩於上京東北三百里大斧河之行帳，年六十一，在位通太后臨朝凡四十九年。葬上京西北二百里赤山。謚曰天輔皇帝，廟號聖宗。

論曰：聖宗挺寬仁之姿，表夙成之質。年方幼沖，母后侵政。事歸當璧，元輔專功。澶淵之深入，蓋其母后與權臣之謀，非聖宗本意也。眷遇功臣，終始如一；慈孝之性，本自天然，亦守成之令主云。

校勘記

〔一〕馬頵　原作「馬碩」，據長編卷二十七改。

〔二〕五押惕隱領衆十餘萬　「押」原作「神」，據長編卷二十七改。

〔三〕宋部署劉廷讓來禦　「廷」原作「延」，據長編卷二十七、二十八改。

〔四〕統和五年宋雍熙四年春正月契丹攻陷深祁德易四州　與上文「契丹勢益振，長驅深入深、祁，陷易州」一事重出。長編卷二十八同年同月條載，契丹兵「長驅入深、祁，陷易州」，與德州不相干。

〔五〕爲定州都部署李繼隆與監軍袁繼忠拒戰　「袁」原作「李」，據長編卷二十九改。

〔六〕陰雪不見　「雪」原作「雲」，據長編卷三十六校記〔三二〕改。

〔七〕契丹遂自德棣濟河掠淄齊而歸　「棣」原作「隸」，「掠」字原闕，均據長編卷四十六改補。

〔八〕尋又爲李繼宣敗于牟山谷　「牟」字原闕，據長編卷五十補。

〔九〕宋定州行營都部署王超　原作「定宋二州行營都部署王超」，據長編卷五十四咸平六年（統和二十一年）四月丙子、辛卯紀事改。

〔一〇〕秋閏九月　「九」字原闕，據長編卷五十七補。

〔一一〕帝與蕭太后合兵攻定州　「太」字原闕，據席本及長編卷五十七補。

〔一二〕又分兵圍岢嵐軍　「岢嵐」原作「嵐岢」，據席本及長編卷五十七、五十八改。

〔一三〕契丹自瀛州率衆三十萬　「三十萬」，長編卷五十八作「二十萬」。

〔一四〕若必邀求　「若必」，長編卷五十八作「必若」。

〔一五〕乃命李繼昌齎國書與姚柬之俱往　「柬」原作「東」，據長編卷五十八並參考遼史卷十四聖宗紀五改。

〔一六〕瓊執撾築輦夫背　「背」原作「輩」，據席本及長編卷五十八改。

〔一七〕宋詔雄州出粟二萬石賤價賑之　「雄」原作「雍」，據明鈔本及長編卷七十三改。

〔一八〕契丹主使主客者邀道輔還坐　「主使」二字原闕，據長編卷一百五補。

〔一九〕外無親援　「無」原作「兵」，據席本改。

契丹國志卷之八

興宗文成皇帝

興宗皇帝諱宗真，番名木不孤〔一〕，聖宗第八子，順聖元妃所生。帝生於顯州東錐子河，始封梁王，後立爲皇太子。聖宗崩，帝即位，明年改元景福，軍國事皆生母法天皇后主之〔二〕。

辛未太平十年。宋天聖九年。是年，帝即位，尊所生母順聖元妃曰法天皇后，嫡母爲齊天皇后。

皇太后預政。

齊天后〔三〕，平州節度使蕭思猥之女，丞相耶律隆運之甥。有容色，聖宗愛幸特甚，事承天太后景宗之后，聖宗之母。尤謹。承天以隆運故，深愛之。承天上仙，齊天預政，權勢日盛，置宮闈司，補官屬，出教令。生辰曰「順天節」。有子皆不育。元妃生子，長即今帝也，次曰達妲李，又生楚國公主、燕國公主。承天太后以楚國公主嫁其弟蕭徒姑撒，爲築城以居之，曰睦州，號長慶軍〔四〕，徙户一萬實之，曰「從嫁户」。齊天善琵琶，通琵琶工燕文顯、李睦文〔五〕，元妃屢言其事，聖宗不之信。又爲番書投聖宗寢帳中〔六〕，聖宗得之，曰：「此必元妃所爲也。」命焚之，聖宗遺命以齊天爲皇太后，順聖爲太妃。元妃匿之，自爲皇太后，令人誣告齊天謀叛，載以小車，囚之上京。帝曰：「齊天皇后與先帝四十年夫妻，先帝遺詔立爲太后，今既不立，何忍殺之？」法天后復問於諸兄弟，皆執奏曰：「若存之，必爲後患。」帝曰：「齊天皇后無子，又年老，若存之宮中，有何患乎？」法天后竟不從其言，縊殺之，殺其左右百餘人，以庶人禮葬於祖州北白馬山。

齊天后善琵琶，通燕、李。

縊殺齊天皇太后。

法天皇后專制其國，多殺功臣，用蕭氏兄弟，分監南北番漢事〔七〕，蕭氏奴爲團練、防禦、觀察、節度使者至四十人。范陽無賴輩多占名樂工，爲蕭氏奴。帝以上尊酒銀帶賜樂工，太后怒，鞭樂工孟五哥。帝知内品高慶郎告太后，使左右殺高慶郎。太后愈怒，下吏雜治，語連於帝。帝曰：「我貴爲天子，而與囚同答狀耶？」鬱鬱不樂。

壬申景福元年。宋仁宗明道改元。

癸酉重熙元年。宋明道二年。春二月，星孛于東北，光芒長一尺〔八〕。

夏六月朔，日食。

甲戌重熙二年。宋仁宗景祐改元。秋八月，有星孛于張，翼長七尺，闊五寸，十二日而没。

是歲，帝與耶律喜孫謀，率兵逐母法天太后，以黄布車載送慶州〔九〕，守聖宗塚，遂誅永興宫都總管高常哥及内侍數十族〔一〇〕，命内庫都提點王繼恩〔一一〕、内侍都知趙安仁等監南北面蕃漢臣僚。

逐母法天后於慶州。

宋朝自聖宗太平四年，每歲遣使賀帝生辰及元旦〔一二〕，賀太后則别遣使，至是不復别遣。至重熙八年，迎回法天太后，乃遣使如故。

乙亥重熙三年。宋景祐二年。帝因獵過祖州白馬山，見齊天太后墳塚荒穢，又無影堂及掃灑人，只空山中一孤塚，惻然而泣曰：「吾早同今日，汝不至於此也。」左右皆沾涕。因詔上京留守耶律貴寧、鹽鐵使郎玄化等於祖州陵園内選吉地改葬，其影堂、廊庫等並同宣獻太后園陵。

丙子重熙四年。宋景祐三年。

丁丑重熙五年。宋景祐四年。秋七月，有星數百，從西南而流至東壁〔一三〕，其光燭地，黑氣長丈餘，出畢宿下。

星流西北。

戊寅重熙六年。宋仁宗寶元改元。春正月，有衆星西北流。

秋八月，熒惑犯南斗。

己卯重熙七年。宋寶元二年。

庚辰重熙八年。宋仁宗康定改元。春正月朔，日食。

迎回法天太后。

先是，帝於重熙二年幽母法天太后於慶州，既改葬齊天后，群僚勸帝復迎之，且以覬宋朝歲聘之利，皆不從。因命僧建佛事，帝聽講報恩經感悟，即遣使迎法天太后，館置中京門外，筮日以見，母子如初，加號法天應運仁德章聖皇太后。然出入舍止，常相去十數里：陰爲之備。

遣使往宋賀乾元節。

是歲，太后始遣始平軍節度使耶律元、方州觀察使王惟吉，帝遣左千牛衛上將軍蕭迪、右諫議大夫知制誥劉三嘏，往宋賀乾元節。

辛巳重熙九年。宋仁宗慶曆改元。

遣使上宋書，求割石晉故地。

壬午重熙十年。宋慶曆二年。春三月[一四]，帝遣蕭英、劉六符往宋求石晉所割瓦橋關十縣，其書略曰：「李元昊於北朝爲甥舅之親，設罪合致討，曷不以一介爲報？況營築長堤，填塞要路，開決塘水，添置邊軍，既稔猜疑，慮隳信睦。儻思久好，共遺疑懷，以晉陽舊附之區，關南元割之縣，見歸敝國[一五]，共康黎元。」

初，涿州進士梁濟世嘗主文書於帳下，一日得罪歸宋，言契丹將有割地之請。又知雄州杜惟序亦先得其事以聞。至是，宋仁宗發書示輔臣，色皆不動。六符亦疑其書之先漏。

宋富弼與契丹主辨難。

夏四月，宋遣知制誥富弼往契丹爲回謝使，西上閤門使張茂實副之〔一六〕，報書略曰：「元昊急謀狂僭，嚮議討除，已嘗聞達。復云築堤埭，開陂澤，蓋霖潦詃溢，當致繕防；閱集兵夫，蓋邊臣常職，彼此何疑？遽興請地之言，殊匪載書之約。」富弼至契丹，與帝往反難論，力拒其割地之意。富弼又對曰：「兩朝人主繼好垂四十年，一旦忽求割地，何也？」帝曰：「南朝違約，塞雁門，增塘水，治城隍，籍民兵，意將何爲？群臣競請舉兵而南，寡人以爲不若遣使取關南故地，求而不獲，舉兵未晚。」弼曰：「北朝忘章聖皇帝之大德乎！澶淵之役，若從諸將言，北兵無得脱者。且北朝與中國通好，不絶歲幣，則人主專其利，而臣下無所獲；若用兵則利歸臣下，而人主任其禍。故北朝群臣爭勸用兵者，皆爲身謀，非國計也。」帝曰：「何謂也？」弼曰：「晉高祖欺天叛君，而求助於北。末帝昏亂，神人棄之。是時中國小，上下離叛，故北朝全師獨克，所獲金幣充牣諸臣之家，而壯士健馬物故大半，此誰任其禍？今中國提封萬里，所在精兵以百萬計。法令修明，上下一心。北朝欲用兵，能保其必勝乎？」帝曰：「不能。」弼曰：「勝負既未可知，設使其不勝，所亡士馬群臣當之歟？人主當之歟？若通好不絶，歲幣盡歸人主。臣下所得者，奉使一二人而已，群臣何利焉？」帝大悟，首肯者久之。弼曰：「塞雁門，以備元昊也。塘水始於何承矩，事在通好前，地平水聚，勢不得不增。城隍皆修舊，民兵亦舊籍，特補其闕耳，非違約也。晉高祖以盧龍一道賂契丹，周世宗復伐取關南，皆異代事。宋興已九十年，若欲各求異代故地，豈北朝之利也哉？本朝皇帝之命使臣則有辭矣，曰：『朕爲宗祖守國，必不敢以其地與人。北朝所欲，不過利其租賦爾。朕不欲因争地而殺兩朝赤子，故屈己增幣，以代賦入。若北朝必欲得地，是志在敗盟，假爲此事，朕亦安得獨避用兵乎？澶淵之役，天地鬼神實臨之。今北朝首發兵端，過不在朕，天地鬼神豈能欺哉？』」遼帝感悟，遂欲求昏。弼曰：「婚姻易於生隙，人命修短不可知，豈若歲帛之爲堅久。本朝長公主出降，齎送不過十萬緡，豈若歲幣無窮之利。」帝曰：「卿且歸矣，再來當擇一事爲報，并以誓書來。」弼歸復命。

富弼許納歲幣。

八月，宋再命富弼同張茂實齎書至契丹。書曰：「來書云章聖皇帝與紹聖

宋富弼來聘契丹。

皇帝誓書，每歲以絹二十萬疋、銀十萬兩以助軍旅之費。今以兩朝修好三紀于茲，關南縣邑本朝傳守已久，愧難依從，每年更增絹十萬疋、銀十萬兩。恭惟二聖威靈在天，顧茲纂承，各當遵奉，共循大體，無介小嫌。餘依景德、統和兩朝誓書。」帝不復求婚而意在增幣，乃曰：「南朝遺我書當曰『獻』，否則曰『納』。」弼固争不可〔一七〕。帝曰：「南朝既懼我矣，何惜此一字。我若擁兵而南，得無悔乎？」弼曰：「本朝皇帝愛南北之民，不忍使蹈鋒鏑，故屈己增幣，何名爲懼？若不得已而至於稱兵，則南北敵國，當以曲直爲勝負，非使人之所憂也。」帝曰：「卿勿固執，古亦有之。」弼曰：「自古惟唐高祖借兵於突厥，故臣事之。當時所遺，或稱『獻』、『納』，則不可知。其後頡利爲太宗所擒，豈復有此禮哉〔一八〕？」弼聲色俱厲，帝知不可奪，曰：「吾當遣人議之。」於是留所許增幣誓書，復使耶律仁先、劉六符以誓書詣宋，求爲「獻」、「納」。弼奏曰：「臣以死拒之，可勿許，其無能爲也。」宋帝從之。時契丹固惜盟好，特爲虚聲以動宋朝。宋方困西夏，許予過厚。契丹既歲得金帛五十萬，因勒碑紀功，擢劉六符爲顯官，子孫貴於國中。

契丹争「獻」、「納」字。

法天專制不滿四年，帝幽而廢之。既親政，後始自恣，拓落高曠，放蕩不

法天專制。

羈。嘗與教坊使王税輕等數十人約爲兄弟，出入其家，至拜其父母。變服微行，數入酒肆，褻言狎語。盡懽而返。尤重浮屠法，僧有正拜三公、三師兼政事令者，凡二十人。貴戚望族化之，多捨男女爲僧尼。如王綱、姚景熙、馮立輩皆道流中人，曾遇帝於微行，後皆任顯官。每有除授，凡所親信不依常格，徑與躐升，如刺曷昌等數十人。左右隸役，皆自微賤入親宫闈，曾無勳力，拔居將相，位至公卿。爵賞濫行，除授無法。樞密使馬保忠本漢人，嘗從容進諫，言於帝曰：「罰當罪，賞當功，有國之令典也。積薪之言，汲黯嘆之；斜封之濫，至唐而極。國家起自朔北，奄有幽、燕，量才授官，人始稱職。今臣下豢養承平，無動可陟，宜且序進之。」帝怫然怒曰：「若爾，則是君不得自行其權，豈社稷之福耶？」保忠惶恐。自是欲有遷除，必先厚賜貴臣，以絶其言。

除授官員不依常格。

癸未重熙十一年。宋慶曆三年。夏五月朔，日食。

甲申重熙十二年。宋慶曆四年。秋七月，契丹遣使往宋，告伐西夏元昊。宋遣余靖充報使，止之。

乙酉重熙十三年。宋慶曆五年。夏四月朔，日食。

是歲，帝以弟鄭王宗元加兵馬大元帥，封晉國王；樂郡王宗德進封豳王；

加封諸弟爲王。

中山王宗正進封魯王；豫章王宗熙進封齊王；節度使宗哲進封長沙王。

丙戌重熙十四年。宋慶曆六年。春三月朔，日食。

夏六月，有流星出營室南，大如杯，其光燭地，隱然有聲。流星大如杯。

丁亥重熙十五年。宋慶曆七年。東京留守耶律忽札叛入高麗，命將軍蕭迪誅之。東京留守叛入高麗。

帝常夜宴，與劉四端兄弟、王綱入伶人樂隊，命后妃易衣爲女道士。后父蕭磨只曰：「番漢百官皆在，后妃入戲，恐非所宜。」帝擊磨只，敗面，曰：「我尚爲之，若女何人耶？」帝工畫，善丹青，嘗以所畫鵝、雁送諸宋朝，點綴精妙，宛乎逼真，仁宗作飛白書以答之。蓋當是時南北無事，歲受南宋饋遺百四五十年，内府之儲珍異，固山積也。

戊子重熙十六年。宋慶曆八年。

己丑重熙十七年。宋仁宗皇祐改元。春正月朔，日食。

二月，彗出虚，晨見東方，指西南，歷紫微垣至婁，凡一百二十四日而没〔一九〕。

庚寅重熙十八年。宋皇祐二年。

辛卯重熙十九年。宋皇祐三年。

壬辰重熙二十年。宋皇祐四年。

癸巳重熙二十一年。宋皇祐五年。冬十月朔，日食。

甲午重熙二十二年。宋仁宗至和改元。夏四月朔，日食。

乙未重熙二十三年。宋至和二年。夏，契丹主遣使，以其畫像獻宋，求易仁宗御容以代相見，篤兄弟之情。

八月，國主崩，在位二十五年，年四十一，廟號興宗，謚曰文成皇帝。子洪基立，改元清寧。

先是，日食正陽，客星出于昴。宋著作佐郎劉羲叟曰：「興宗其死乎〔二〇〕？」至是果驗。

論曰：契丹自阿保機以來，凡五、六世至于興宗。是時承平日久，而宋朝歲幣山增而阜積矣。四時遊獵，曰「避暑」、曰「釣魚」，各各定制，而狼心虺性，茫無隄岸之所。僧固虛無也，而政事纏之；道固清淨也，而貴仕縈之；伶人樂工固優雜也，而帷薄蕩情，循同光故轍而覆之。二十餘年間，亦幸其無事，不爾殆哉！

校勘記

〔一〕番名木不孤　「木」當作「朮」。遼史興宗紀小字只骨，即此朮不孤。卷十三聖宗蕭皇后傳同。

〔二〕軍國事皆生母法天皇后主之　「生母」原作「嫡母」，「法天皇后」原作「齊天皇后」，皆據長編卷一百十及席本改。

〔三〕齊天后　原作「法天后」，據長編卷一百十及文義改。

〔四〕曰睦州號長慶軍　「睦」原作「陸」，從長編卷一百十改。案：遼史聖宗紀七載「駙馬都尉蕭紹業建私城，賜名睦州，軍曰長慶」。上文蕭徒姑撒即蕭紹業。

〔五〕李睦文　原作「李文福」，據長編卷一百十改。

〔六〕又爲番書投聖宗寢帳中　「番書」原作「卷書」，據長編卷一百十改。

〔七〕分監南北番漢事　「事」原作「使」，據長編卷一百十五改。

〔八〕光芒長一尺　「一」原作「二」，據長編卷一百十二改。

〔九〕帝與耶律喜孫謀率兵逐母法天太后以黄布車載送慶州　「喜」字原闕，「以」原作「登」，均據長編卷一百十五補改。

〔一〇〕遂誅永興宫都總管高常哥及内侍數十族　「宫」原作「軍」，據長編卷一百十五改。案：遼無永興軍而有永興宫，永興宫即太宗國阿輦斡魯朵。

〔一一〕命内庫都提點王繼恩　「恩」字原闕，從席本校語引某本補。

〔一二〕每歲遣使賀帝生辰及元旦　「每歲」二字原在「宋朝自聖宗太平四年」句上，今從席本乙正。

〔一三〕從西南而流至東壁　「東壁」原作「壁東」，據長編卷一百二十改。

〔一四〕春三月　「三」原作「二」，據長編卷一百三十五改。

〔一五〕見歸敝國　「敝」原作「弊」，據席本改。

〔一六〕夏四月宋遣知制誥富弼往契丹爲回謝使西上閤門使張茂實副之　「閤門使」原作「閤門」，「使」字據席本補。長編卷一百三十五載，同月「以右正言知制誥富弼爲回謝契丹國信使，西上閤門使符惟忠副之。」蓋因「惟忠行至武强病卒，富弼請以茂實代之，詔從其請」。（事見長編卷一百三十六仁宗慶曆二年五月癸丑條。）故國志作「張茂實」。

〔一七〕弼固争不可　原作「弼争而不可」，據席本及長編卷一百三十七文義改。

〔一八〕豈復有此禮哉　「禮」，長編卷一百三十七作「理」。

〔一九〕凡一百二十四日而没　「二十四」，長編卷一百六十六作「一十四」。

〔二〇〕宋著作佐郎劉羲叟曰興宗其死乎　「羲」原作「義」，據長編卷一百九十二改。案：此事亦見宋史劉羲叟傳。

契丹國志卷之九

道宗天福皇帝

道宗諱洪基，興宗之子也。興宗於重熙二十三年八月崩，洪基即位，改重熙二十三年爲清寧元年。

乙未清寧元年。重熙二十三年改元清寧。

彗星出，日食。

丙申清寧二年。宋仁宗嘉祐改元。秋七月，彗出紫微垣，歷七星，其色白，長丈餘。

八月朔，日食。

皇太后卒。

丁酉清寧三年。宋嘉祐二年。是歲，祖母法天皇太后蕭氏卒，帝遣懷德節度使蕭福延詣宋告哀。宋仁宗發哀於内東門幄殿，百官進名奉慰，輟視朝七日。

戊戌清寧四年。宋嘉祐三年。秋八月朔，日食。

己亥清寧五年。宋嘉祐四年。春正月朔，日食。

夏四月，宋以周恭帝子爲崇義公，給田十頃〔一〕，令奉周祀。

庚子清寧六年。宋嘉祐五年。春正月，大星隕東南，有聲如雷〔二〕。

辛丑清寧七年。宋嘉祐六年。夏六月朔，日食四分。

壬寅清寧八年。宋嘉祐七年。

癸卯清寧九年。宋嘉祐八年。春三月，宋仁宗崩，在位四十二年，壽五十四。宋仁宗崩，遣使致哀。契丹遣使祭大行於皇儀殿，遂見宋嗣帝英宗。于東廂。嗣帝痛哭久之。

先是，蕭后既卒，魯王宗元聖宗之子。怙寵益恣，與其相某謀作亂。及相某以貪暴黜，宗元懼，謀愈急。帝知其謀，陰爲之備。秋七月戊午，宗元從帝獵於涼淀，帝讓宗元先行，宗元不可，帝乃先行，依山而左，宗元之子楚王洪孝以百餘騎直前，射帝傷臂，又傷乘馬，馬仆。其太師某下馬掖帝，使乘己馬。魯王父子射傷國主臂及馬。殿前都點檢蕭福美引兵遮帝〔三〕，與洪孝戰，射殺之。帝與宗元戰，宗元不勝而遁，南趣幽州，一日行五百里，明日自殺〔四〕。燕京留守耶律明與宗元通謀，聞其敗，領奚兵入城授甲，欲應之。副留守某將漢兵拒焉。會使者以金牌至，遂擒斬耶律明，帝尋亦至，陳王蕭孝友等皆坐誅〔五〕。其先遣來南宋使者數人，悉宗元之黨也，過白溝，悉以檻車載至，誅之。獨蕭福延以兄福美有功，得免。

遣使詣宋求真宗、仁宗御容。

甲辰清寧十年。宋英宗治平改元。是歲，帝遣林牙左監門衛大將軍耶律防、樞密直學士給事中陳顗詣宋，求真宗、仁宗御容。宋遣右諫議大夫權御史中丞張昪爲回謝使〔六〕，單州防禦使劉永年副之。後帝以御容於慶州崇奉，每夕，宫人理衣衾，朔日、月半上食，食氣盡，登臺而燎之，曰「燒飯」，惟祀天與祖宗則然。北狄自黄帝以來爲諸夏患，未有事中國之君如事天與祖宗者，書曰「至誠感神，矧茲有苗」。其謂是矣！

先是，重熙中，興宗以其父聖宗及己畫像二軸，詣宋求易真宗、仁宗聖容，曰：「思見而不可得，故來求聖容而見之也。」宋朝許而會興宗崩，遂寢。至是，遣使再求。宋命修撰胡宿爲回謝使，李綬副之，且許以御容，約因賀正旦使置衣篋中交致焉。

乙巳咸雍元年。宋治平二年。

彗星見，日食。

丙午咸雍二年。宋治平三年。春三月，彗見西方。庚申，晨見于室，本大如月，長七尺許。辛巳，昏見于昴，如太白，長丈有五尺。壬午，孛于畢〔七〕，如月，至五日没。

秋九月朔，日食。

復改號大遼。

是歲，契丹復改號大遼。

丁未咸雍三年。宋治平四年。春正月，宋英宗崩，年三十八，皇子神宗立。

戊申咸雍四年。宋神宗熙寧改元。春正月朔，日食。

己酉咸雍五年。宋熙寧二年。秋七月朔，日食。

庚戌咸雍六年。宋熙寧三年。

辛亥咸雍七年。宋熙寧四年。

壬子咸雍八年。宋熙寧五年。

癸丑咸雍九年。宋熙寧六年。夏四月朔，日食。

遼遣使詣宋爭河東地界。

甲寅咸雍十年。宋熙寧七年。春三月，遼遣使蕭禧詣宋爭河東地界〔八〕。國書大略言河東路沿邊增修戍壘，起鋪舍，侵入彼國蔚、應、朔三州界內，乞行毀撤，別立界至等事。神宗面諭以「三州地界俟差官與北朝職官就地頭檢視定奪。雄州外羅城令修已十三年，即非創築，又非近事。北朝既不欲如此，更不令接續修。白溝館驛亦俟差官檢視，如有創蓋樓子、箭窯等〔九〕，並令拆去，屯戍兵級，並令抽回」。國書亦云：「倘事由夙昔，固難徇從，誠有侵逾，何恡改正〔一〇〕」。

秋九月，遼使蕭素再詣宋議疆事〔一一〕。宋遣劉忱、呂大忠與之共議于代州。

宋遼指定地界。

日食，彗星出軫。

有大星出。

日食。

遼指蔚、應、朔三州分水嶺土隴爲界，及劉忱與之行視無土隴，乃但云以分水嶺爲界。凡山皆有分水嶺，相持久之，不決。

乙卯咸雍十一年。宋熙寧八年。春三月，遼復遣蕭禧賫國書詣宋，以劉忱等遷延爲言。宋命沈括爲報使，詣遼面議。括尋於樞密院閱案牘，得契丹頃歲始議地畔書，指古長城爲分界〔二〕今所争乃黄嵬山，相遠三十里，其議遂決。

秋八月朔，日食，陰雲不見。

冬十月，彗出軫。

丙辰咸雍十二年。宋熙寧九年。

丁巳咸雍十三年。宋熙寧十年。

戊午咸雍十四年。宋神宗元豐改元。夏六月朔，日食。

東南有大星出匏瓜〔三〕，聲如雷，其光燭地。

己未咸雍十五年。宋元豐二年。

庚申咸雍十六年。宋元豐三年。秋七月，彗出太微垣。

冬十一月朔，日食。

辛酉咸雍十七年。宋元豐四年。

壬戌咸雍十八年。宋元豐五年。秋八月朔，日食，陰雲不見〔一四〕。

癸亥咸雍十九年。宋元豐六年。秋九月朔，日食。

甲子咸雍二十年。宋元豐七年。

乙丑咸雍二十一年。宋元豐八年。宋神宗崩，年三十八。皇子哲宗立。

丙寅咸雍二十二年。宋哲宗元祐改元。

丁卯咸雍二十三年。宋元祐二年。夏六月，有星如爪，出文昌。

日食。

秋七月朔，日食，陰雲不見。

戊辰咸雍二十四年。宋元祐三年

己巳咸雍二十五年。宋元祐四年。春三月，晝有流星出東北。

庚午咸雍二十六年。宋元祐五年。

辛未咸雍二十七年。宋元祐六年。夏五月朔，日食。

壬申咸雍二十八年。宋元祐七年。

癸酉咸雍二十九年。宋元祐八年。

甲戌咸雍三十年。宋哲宗紹聖改元。春三月朔，日當食，雲霧不辨。

乙亥壽昌元年。宋紹聖二年。

國舅蕭解里叛。

丙子壽昌二年。宋紹聖三年。是歲，大國舅帳蕭解里四郎君善騎射，豪俠不羈。嘗養亡命數十人從行，往來遊獵於遼，至東西郡閒，其飲食用度，强取辦於富民。一日獲罪，遼國捕之甚峻，即嘯聚爲盜，未旬日間，有衆二千餘，攻陷乾、顯等數州。諸道發兵捕討，累戰不勝，潛率衆奔生女真界，就結楊割太師謀叛。諸軍追襲至境上，不敢進，具以聞。北樞密院尋降宣劄子付楊割一面圖之。楊割遷延數月，獨斬賊魁解里首級，遣長子阿骨打獻遼，餘悉不遣，紿云「已誅絶矣」。隨行婦女、鞍馬、器甲、財物，給散有功之人充賞。遼不得已，反進楊割父子官爵。

楊割、阿骨打陰懷異志。

自是，楊割父子自平蕭解里之後，內恃有功於遼，陰懷異志，吞併旁近部族，或誣以誘納叛亡，或詐云盜藏牛馬，好則結親以和取之，怒則加兵以强掠之，力農積粟，練兵牧馬，多市金珠良馬，歲時進奉，賂遺權貴，以通情好。

丁丑壽昌三年。宋紹聖四年。夏六月朔，日食。

彗星見。

秋八月，彗出氐，斜指天市垣，光芒三尺餘，越三夕，長丈餘，掃巴星。

戊寅壽昌四年。宋哲宗紹聖五年。六月改元元符〔一五〕。

遼書詣宋，勸免征西夏。

己卯壽昌五年。宋元符二年。春三月，帝命蕭德崇等齎國書詣宋，見宋哲宗，跪言曰：「北朝皇帝告于南朝皇帝，西夏事早休得，即甚好。」哲宗答曰：「西人累年犯順，理須討伐，何煩遣使？」德崇等唯唯而退。其國書略云：「粤惟夏臺，實乃藩輔，累承尚主，迭受封王。近歲以來，連表馳奏，稱南兵之大舉，入西界以深圖，懇求救援之師，用濟攻伐之難。理當依允，事貴解和。蓋遼之於宋，情重祖孫；夏之於遼，義隆甥舅。必欲兩全於保合，豈宜一失於綏存〔一六〕。而況于彼慶曆、元豐中，曾有披聞，皆爲止退〔一七〕，寧謂輒違先旨，仍事遠征。儻蔽議以無從，慮造端而有自。」

宋報遼國書。

宋報國書云：「惟西夏之小邦，乃本朝之藩鎮，曲加封植，俾獲安全。雖於北嘗與婚姻之親，而在南全居臣子之分。涵容浸久〔一八〕，變詐多端。爰自累歲以來，無復事上之禮，賜以金繒而不已，加之封爵而愈驕，殺掠吏民，圍犯城邑。推原罪惡，在所討除。聊飭邊防，稍修武備，據守要害，控扼奔衝。輒於去歲之冬，復驅竭國之衆，來攻近塞，凡涉兩旬，自取死傷，數以萬計，糧盡力屈，衆潰宵歸。更爲詭誕之辭，往求拯救之力，狡獪之甚，於此可知。采聽之間，固應洞曉。必謂深加沮却，乃煩曲爲勸和，示以華緘，將之聘幣，禮雖形於厚意，事實異於前聞。緬料雅懷，誠非得已。顧於信誓，殊不相關。惟昔興宗致書仁祖，諭協力蕩平之意，深同休外禦之情〔一九〕。至欲全除，使無噍類，謂有稽於一舉，誠無益於兩朝。祖宗貽謀，斯爲善美；子孫繼志，其可彌忘。今者詳味緟辭〔二〇〕，有所未諭，輒違先旨，諒不在茲。」又回白劄子，略云：「夏國犯順，罪惡如此，北朝所當共怒。兼慶曆、皇祐間，興宗屢嘗致書仁廟，至有『孰料兇頑，終合平蕩』等語。且言北朝興宗敦篤勸和，情義兼至，方夏人有罪，則協力討除；及西征勝捷，則持書相慶。慮彼稱臣修貢，則欲當朝勿賜允從。今來兩朝歡好〔二一〕，加於前日。乃以夏人窮蹙之故，詭辭干告〔二二〕。既移文計會，又遣使勸和，恐與昔日興宗皇帝之意稍異。竊料北朝臣僚不曾檢會往日書詞及所立誓約，子細聞達〔二三〕」。宋詔郭知章報聘。初，蕭德崇堅乞於國書內增「休退兵馬，還復土疆」等語。往復議論，宋帝不從。德崇留京師凡三十七日，乃歸。

宋再回劄子。

庚辰壽昌六年。宋元符三年。春正月，宋哲宗崩，年二十五。皇弟徽宗立。

夏四月朔，日食。

秋七月，熒惑犯房心。

遼主大漸，戒孫勿犯宋朝。

遼帝大漸，戒孫延禧曰：「南朝通好歲久，汝性剛，切勿生事。」又戒大臣曰：「嗣君若妄動，卿等當力諫止之。」

國主崩。

帝崩，在位四十七年，廟號道宗，謚天福皇帝。

帝聰達明睿，端嚴若神，觀書通其大略，神領心解。嘗有漢人講論語，至「北辰居其所而衆星拱之」，帝曰：「吾聞北極之下爲中國，此豈其地耶？」又講至「夷狄之有君」，疾讀不敢講。又曰：「上世獯鬻、獫狁蕩無禮法，故謂之『夷』，吾修文物，彬彬不異中華，何嫌之有？」卒令講之。先是，帝之末年，女真大酋阿骨打來朝，以悟室自隨。遼之貴人與爲雙陸戲，貴人投瓊不勝，妄行馬。阿骨打憤甚，拔小佩刀欲刺之，悟室從旁救止，急以手握鞘，阿骨打止其柄，杙其胸不死〔二四〕。帝大怒，侍臣以其强悍，咸勸誅之。帝曰：「吾方示信以懷遠方，不可殺也。」侍臣又諫曰：「王衍縱石勒，卒毒中原；張守珪赦禄山，終傾唐室。阿骨打朔北小夷，今乃敢陵轢貴臣，肆其無君之心，此其不追，將貽邊患。」帝不從。

女真之種，有生、熟之分，居混同江之南者，謂之熟女真。阿骨打所居乃江之北，謂之生女真，亦臣服於遼。方遼之盛，歲遣使者，稱天使，佩銀牌自別，每至女真國，遇夕，必欲美姬豔女薦之枕席。女真舊例，率輸中下之户作待國使處，未出適女待之，或有盛色而適人者，逼而取之，甚至近貴閥閱高者，亦恣其醜污，屏息不敢言。其後承平日久，需求無厭，酷喜海東青，海東之飛禽。遣使徵求，絡繹於道，加以使人縱暴，多方貪婪，女真浸忿之，然苦無戰甲。至壽昌二年，國舅蕭解里叛于女真，始得甲五百副。女真大喜，賞爲阿盧里移賚。自後於海濱王之時，興師謀叛，纔有千騎，用其五百甲，攻破寧江州，累戰累勝，器甲益備，而女真始强，不可禦矣。

論曰：政出房闈，則龍漦改當璧之命；權歸悍妬，則衽席痛匹嫡之危。道宗越自儲宮，遂登旒扆，雖宣屋之末更，亦寶曆之有在。觀夫孽后，可爲心寒。卒之驕矜産禍，盤維就戮，亦痛矣。然寬仁懷遠之方，卒不料後來亂亡之禍，而二百餘年之基業，一阿骨打得以敗之。豈其疑似無辜之戮，不肯受寡恩之名，而勒與禄山之禍，帝自貽憂於子孫歟？是可爲之長太息矣！

校勘記

〔一〕給田十頃　「十頃」原作「千頃」，據長編卷一百八十九改。

〔三〕大星隕東南有聲如雷　長編卷一百九十一此年正月紀事作：「有火星墜西南，光燭地，有聲如雷。」

〔三〕殿前都點檢蕭福美引兵遮帝　「都」、「福」二字原闕，均據長編卷一百九十九補。

〔四〕明日自殺　「自」原作「被」，從長編卷一百九十九改。案：遼史道宗紀二及重元傳，均言重元亡入沙漠自殺。

〔五〕陳王蕭孝友等皆坐誅　「孝友」原作「孝先」，據長編卷一百九十九改。案：遼史蕭孝友傳亦言友坐子胡覩首與重元亂，伏誅。

〔六〕宋遣右諫議大夫權御史中丞張昪爲回謝使　「張昪」原闕，據席本並參考宋史卷三百一十八本傳補。

〔七〕孛于畢　「畢」原作「昴」，據席本及長編卷二百七改。

〔八〕遼遣使蕭禧詣宋爭河東地界　「蕭禧」原作「蕭扈」，從席本及長編卷二百五十一改。

〔九〕如有創蓋樓子箭窻等　「樓子」原作「樓宇」，從長編卷二百五十改。

〔一〇〕固難徇從誠有侵逾何恡改正　「從」原作「情」，「誠」原作「城」，「逾」原作「渝」，均從長編卷二百五十一並參考席本改。

〔一一〕遼使蕭素再詣宋議疆事　「素」原作「索」，從長編卷二百五十六改。

〔一二〕指古長城爲分界　「古長城」，宋史沈括傳同，明鈔本及長編卷二百六十八誤作「石長城」。

〔一三〕東南有大星出匏瓜　「匏」原作「瓠」，其上衍「如」字，據長編卷二百九十删改。

〔一四〕咸雍十八年秋八月朔日食陰雲不見　案：事在四月壬子朔日，見長編卷三百二十五。

〔一五〕宋哲宗紹聖五年六月改元元符　原作「宋哲宗六月改元符元年」，此據席本改。

〔一六〕豈宜一失於綏存　「宜」原作「知」，據明鈔本及長編卷五百七改。

〔一七〕皆爲止退　明鈔本「退」下有「者」字。

〔一八〕涵容浸久　「涵」原作「含」，據長編卷五百九改。

〔一九〕深同休外禦之情　「休」原作「謀」，據長編卷五百九改。

〔二〇〕今者詳味縟辭　「者」原作「日」，據明鈔本及長編卷五百九改。

〔二一〕今來兩朝歡好　「歡」原作「勸」，從席本及長編卷五百九改。

〔二二〕詭辭干告　「干」，原誤作「于」，席本誤作「千」，從長編卷五百九改。

〔二三〕子細聞達　「子細」二字原闕，從長編卷五百九補。

〔二四〕阿骨打止其柄杙其胸不死　席本作「阿骨打止以柄戕其胸不死」。案：徐夢莘三朝北盟會編（下簡稱會編）卷三作「阿骨打止得柄揕其胸不死」。

契丹國志卷之十

天祚皇帝上

帝諱延禮，道宗之孫，秦王元吉子也。母曰木拙氏。初封齊王，後爲皇太孫。道宗崩，齊王即位，自號天祚皇帝，改元乾統。

辛巳乾統元年。宋徽宗建中靖國改元。春正月朔，有流星燭地，自西南入尾，抵距星。是夕，有赤氣起東北方，亘西方，中出白氣，二氣將散，復有黑氣在旁。

夏四月朔，日食，陰雲不見。

是歲，女真楊割死，子阿骨打立。

壬午乾統二年。宋徽宗崇寧改元。

癸未乾統三年。宋崇寧二年。

甲申乾統四年。宋崇寧三年。

乙酉乾統五年。宋崇寧四年。夏四月，遼遣簽書樞密院蕭良詣宋，言朝廷出兵

流星燭地。

赤白黑氣起。

遼使詣宋，請還所侵夏國之地。

侵夏國。今大遼以帝妹嫁夏國主，請還所侵之地。宋遣使備言夏國情狀。

五月，宋徽宗遣龍圖閣直學士林攄報聘，見天祚，跪上國書，仰首曰：「夏人數寇邊，朝廷興師問罪，以北朝屢遣講和之使，故務含容。今逾年不進誓表，不遣使賀天寧節；又築虎徑嶺〔一〕、馬練川兩堡，侵寇不已。北朝若不窮詰，恐非所以踐勸和之意。」天祚出不意，爲愕然〔二〕。

秋八月，天祚以林攄來使而失情，遣使復，宋尋遣禮部侍郎劉正夫來報，酬對敏博，議皆如約。

丙戌乾統六年。宋崇寧五年。春正月，彗出西方，其長竟天。

三月，遼復遣泛使同平章事蕭保先、牛温舒詣宋，爲夏請元符講和以後所侵西界地。遣使詣宋，爲夏人請地。徽宗曰：「先帝已畫封疆，今不復議。若自崇寧以來侵地，可與之。」

丁亥乾統七年。宋徽宗大觀改元。冬十一月朔，日食。

戊子乾統八年。宋大觀二年。

己丑乾統九年。宋大觀三年。

庚寅乾統十年。宋大觀四年。秋九月朔，日食。

辛卯天慶元年。宋徽宗政和改元。秋九月，宋遣鄭允中、童貫使遼。貫至，遼君臣相聚指笑曰：「南朝人才如此。」然天祚方縱肆，貪得中國玉帛珍玩，而貫所賫皆極珍奇，至運兩浙髹藤之具、火閣書櫃床椅等往獻。天祚所以遺貫者，亦稱是。貫使歸，至盧溝河，有燕人馬植者，得罪于燕，見貫，陳滅燕之策。貫攜歸宋，改姓李，名良嗣，薦于朝，遂賜姓趙。後天祚數移檄索取，貫諱不與。復燕之議，蓋始此。

宋遣鄭允中、童貫使遼。

燕人馬植歸宋，賜姓名趙良嗣。

壬辰天慶二年。宋政和二年。春，天祚如混同江釣魚，界外生女真酋長在千里內者，以故事皆來會。適遇頭魚酒筵，別具宴勞，酒半酣，天祚臨軒，使諸酋次第歌舞爲樂。次至阿骨打，端立直視，辭以不能，諭之再三，終不從。天祚密謂密使蕭奉先曰：「阿骨打意氣雄豪，顧視不常，當以事誅之，不然，恐貽後患。」奉先曰：「阿骨打誠服本朝，殺之，傷向化之心。設有異志，蕞爾小國，何能爲？」阿骨打有弟姪曰吴乞馬、粘罕、胡舍輩，天祚歲入秋山，數人必從行，善作鹿鳴，呼鹿使天祚射之，或刺虎，或搏熊，天祚喜，輒加官爵，後至圍場司差遣者有之。阿骨打會釣魚而歸，疑天祚知其意，即欲稱兵。是年秋，遂併吞諸鄰近部族，有趙三、阿鶻産大王者，拒之不從，阿骨打擄其家。二人來訴於咸州詳穩

遼主如混同江釣魚。

阿骨打擄趙三、阿鶻産家。

司，送北樞密院。時樞密使蕭奉先，本戚里庸才，懼其生事，但作常事以聞。天祚指揮就送咸州取勘，欲使自新，阿骨打竟托病不至。

癸巳天慶三年。宋政和三年。春三月朔，日食。

阿骨打將帶五百餘騎，徑赴咸州詳穩司，吏民驚駭。明日，擁騎赴衙引問，與告人趙三、阿鶻産等並跪問於廳下，阿骨打隱諱不伏供，祈送所司取狀。一夕，領從騎歸去，遣人持狀赴詳穩司云：「意欲殺我，故不敢留。」自是追呼不復至，第節次申北樞密院，遼國亦無如之何。

甲午天慶四年。宋政和四年。秋八月，女真阿骨打始叛，用粘罕、胡舍爲謀主，銀朮割、移列、婁宿、闍母等爲將帥，會集女真諸部甲馬二千，首犯混同江之東，名寧江州。時天祚射鹿慶州秋山，聞之，不以介意，遣海州刺史高仙壽，統渤海子弟軍三千人〔三〕，應寧江援。

秋九月，遼兵遇女真於寧江州東，戰數合，渤海大敗，或陣没，或就擒，獲免者無幾。復攻破寧江州，無少長，悉殺之。

女真服屬大遼二百餘年，世襲節度使，兄弟相傳，周而復始。至天祚朝，賞刑僭濫，禽色俱荒。女真東北與五國爲鄰，五國之東鄰大海，出名鷹，自海東來

阿骨打赴官，對證不服。

女真阿骨打謀叛。

天祚不道，諸部潛結女真謀叛。

者，謂之「海東青」，小而俊健，能擒鵝鶩，爪白者尤以爲異，遼人酷愛之，歲歲求之女真，女真至五國，戰鬭而後得，女真不勝其擾。及天祚嗣位，責貢尤苛。又天使所至，百般需索於部落，稍不奉命，召其長加杖，甚者誅之，諸部怨叛，潛結阿骨打，至是舉兵謀叛。

先是，州有榷場，女真以北珠、人參、生金、松實、白附子、蜜蠟、麻布之類爲市，州人低其直，且拘辱之，謂之「打女真」。州既陷，殺之無遺類，獲遼兵甲馬三千，退保長白山之阿朮火〔四〕。阿朮火者，女真所居之地，以河爲名也。

是月，天祚出秋山，赴顯州冬山射鹿，聞攻陷寧江州，中輟不行。

十月，差守司空、殿前都檢點蕭嗣先奉先弟。充東北路都統〔五〕，靜江軍節度使蕭撻勃也副之，發契丹、奚兵三千騎，中京路禁軍、土豪二千人〔六〕，別選諸路武勇二千餘人〔七〕，以中京虞候崔公義充都押官，侍衛控鶴都指揮使、商州刺史邢穎副之，屯出河店，臨白江〔八〕，與寧江女真對壘。時遼國太平日久，聞女真興師，皆願從軍冀賞，往往將家屬團結軍營隨行。

是月，女真潛渡混同江，掩其不備，未陣擊之。嗣先軍潰，其家屬、金帛、牛羊、輜械悉爲女真所得。復以兵追殺百餘里，管押官崔公義、邢穎等死之，又獲

發契丹、奚兵與女真戰。

去甲馬三千。

天祚用張琳、吳庸率兵東征。

計人户家業備軍。

初，女真之叛也，率皆騎兵。旗幟之外，各有字號小木牌，繫人馬上爲號，五十人爲一隊。前二十人全裝重甲，持鎗或棍棒；後三十人輕甲操弓矢。每遇敵，必有一二人躍馬而出〔九〕，先觀陣之虛實，或向其左右前後，結陣而馳擊之。百步之外，弓矢齊發，無不中者。勝則整陣而復追，敗則復聚而不散。其分合出入，應變若神，人人皆自爲戰，所以勝也。遼國舊例，凡關軍國大事，漢人不預。天祚自兩戰之敗，意謂蕭奉先不知兵，始欲改用將帥，付以東征之事。天祚遂召宰相張琳、吳庸，付以東征事。張琳等碌碌儒生，非經濟才，統御無法，遽奏曰：「前日之敗，失於輕舉，若用漢軍二十萬，分路進討，無不克者。」天祚謂其數多，且差十萬，即降宣劄付上京、長春、遼西諸路，計人户家業錢，每三百貫自備一軍，限二十日各赴期會，時富民有出一百軍、二百軍者，家貲遂竭。琳等非將帥才，器甲聽從自便，人人就易槍刀氈甲充數，弓弩鐵甲百無一二。雜以番軍，分出四路：北樞密副使耶律斡離朵涞流河路都統〔一〇〕，衛尉卿蘇壽吉副之；黄龍府尹耶律寧黄龍府路都統〔一一〕，桂州觀察使耿欽副之；復州節度使蕭湜曷咸州都統，將作監龔誼副之；左祇候郎君詳穩蕭阿古好草峪都統〔一二〕，商州團練使張維協副之。獨淶流河一路遂深入女真。軍馬初一戰，稍却，各保退寨柵。是夕，都統斡離朵誤聽漢軍已遁，即離遼、奚之兵，棄營而奔。明早，漢軍尚餘三萬衆，遂推將作少監武朝彦爲都統，再與女真合戰，遂大敗。

分四路出軍與女真合戰，大敗。

餘三路聞之，各退保本路防城。數月間，遂爲女真攻陷，丁壯斬戮無遺，嬰孺貫之槊上，盤舞爲戲，所過赤地無餘。應遼東界内熟户女真，亦爲阿骨打吞併，分揀强壯人馬充軍，遂有鐵騎萬餘。

赦東征潰兵罪。

初，蕭嗣先出河店之敗也，諸蕃漢兵將多不赴都統行營聚合，各逃走歸家，或被傷詣行闕而告歸者。蕭奉先懼弟嗣先獲罪，輒奏天祚云：「東征潰兵，懼所至劫掠，若不從權肆赦，將嘯聚爲腹心患。」天祚從之，降赦應係出河店潰軍，並免罪歸業，所有遺棄係官器甲，亦不理索。嗣先遂詣闕待罪，但免官而已。自是出征之兵皆謂「戰則有死而無功，退則有生而無罪」。由是各無鬭志，累年用兵，每遇女真，望風奔潰。降赦免罪，不能成功者，此也。

乙未天慶五年。宋政和五年。秋七月朔，日食。

天祚下詔親征女真，率兵三路而進。

八月，天祚下詔親征女真，率蕃漢兵十餘萬出長春路，命樞密使蕭奉先爲御營都統〔一三〕，耶律章奴副之，以精兵二萬爲先鋒，餘分五部爲正兵〔一四〕，諸大臣貴族子弟千餘人爲硬軍，扈從百司爲護衛軍〔一五〕，北出駱駝口，車騎亘百里，鼓角旌旗，震耀原野。別以漢軍步騎三萬，命都檢點蕭胡覩姑爲都統，樞密直學士柴誼副之，南出寧江州路。自長春州分路而進，齎數月之糧，期必滅女真。一夕，軍中戈戟有光，馬皆嘶鳴，咸以爲不祥。天祚問天官李圭，圭不能對。宰相張琳前奏曰：「唐莊宗攻梁，矛戟夜有光。郭崇韜曰：『火出兵刃，破賊之兆。』遂滅梁。」天祚喜而信之，遂行。女真師至鴨緑江〔一六〕，人心疑懼。

軍中戈戟有光。

初，天祚親征，女真甚懼，粘罕、兀室僞請爲卑哀求生者〔一七〕，陽以示衆，實以求戰嫚書上之。天祚大怒，下詔有「女真作過，大軍翦除」之語。阿骨打聚諸酋曰：「始與汝輩起兵，蓋苦遼國殘虐。今吾爲若卑哀請降，庶幾紓禍，乃欲盡行翦除，爲之奈何？不若殺我一族，衆共迎降，可以轉禍爲福。」諸酋皆羅拜曰：「事至此，當誓死一戰。」次日，御營退行三十里。或言於天祚曰：「兵已深入，女真在近，軍心皆願一戰，何必退也？」天祚亟召諸統兵官，問策安在？人皆觀望，無敢言「不願戰」者。再傳令進兵。

十一月，天祚與女真兵會。時盛寒，雪深尺餘，先鋒接戰，雲塵亘天，日色赤暗。天祚親督諸軍進戰。少頃，軍馬左旋三轉，已横屍滿野，望天祚御旗向

天祚戰敗。

西南出，衆軍隨而敗潰，始悟矛戟有光爲凶兆也。女真亦不急追，徐收所獲輜重、馬牛而已。天祚一日一夜走五百里，退保長春州〔一八〕。女真乘勝，遂併渤海、遼陽等五十四州。

耶律章奴叛。

耶律章奴係大横帳，與衆謀曰：「天祚失道，皇叔燕王淳淳乃道宗弟，弘本之子，俗呼爲燕王，實封秦國王。親賢，若廢天祚而迎燕王判燕京留守事，女真可不戰而服也。」章奴與同謀人二千餘騎，夜半奔上京，迎立燕王。是日，有燕王妃父蕭唐骨德告其事，天祚詔遣長公主駙馬蕭昱，領精騎千餘詣廣平甸，防護后妃諸王行宫，别遣帳前親信乙信，賫御札馳報燕王。時章奴先遣燕王二妃親弟蕭諦里、外甥蕭延留説之曰：「前日御營兵爲女真所敗，天祚不知所在，今天下無主，諸公幼弱，請王權知軍國事。失此機會，姦雄竊發，未易圖也。」燕王曰：「此非細事，天祚自有諸王當立，南北面大臣不來，而汝等來，何也？」密令左右拘之。少頃，乙信持天祚御札至，備言章奴等欲行廢立之事。燕王對使者號泣，斬蕭諦里、蕭延留首級以獻，單騎由間道避章奴賊衆，趣廣平甸待罪。天祚待之如初。章奴知燕王不聽，領麾下掠慶、饒、懷、祖等州，嘯聚渤海盜衆數萬，直趣廣平甸，犯天祚行闕索戰。賴順國女真阿鶻産等三百餘騎一戰而勝，擒其腰斬耶律章奴。

貴族二百餘人，並斬以徇。妻女配役繡院，或給散近幸爲婢，餘得脱者奔女真。章奴僞作使人，帶牌走馬奔女真近境泰州，爲識者所獲，以送天祚。天祚命腰斬於市，剖其心獻祖廟，分送五路號令。

天祚寡人護駕。

初，章奴之叛也，蕭奉先以燕王素得漢人心，疑章奴潛與南路漢軍同謀，遽以聞。天祚即以同知宣徽北院事韓汝誨詣漢軍行營，傳宣曰：「將士離家，暴露日久，風霜之凍，誠可憐憫。今女真遠遁，不可深入，並令放還。」諸軍皆歡呼分散。越三日，復遣使督進發，軍中洶洶，遲疑不行，及聞大軍已敗，亦自燒營逃去，天祚隨行衛兵僅三五百人而已。遂降詔募燕、雲漢人，護駕到廣平甸，有官者轉一官，白身人三班奉職。及至廣平，再降指揮，若護駕至起離日，依上推賞。

是歲，宋遣羅選、侯益等詣遼充賀生辰及正旦使，入國道梗，中京阻程兩月，不得見天祚而回。

高永昌叛殺蕭保先。

丙申天慶六年。宋政和六年。春正月朔夜，渤海人高永昌率兇徒十數人，乘酒恃勇，持刃逾垣入府衙，登廳，問留守所在，紿云：「外軍變，請爲備。」保先纔出，刺殺之。是夜，有户部使大公鼎，本渤海人，登進士第，頗剛明，聞亂作，權行留守事，與副守高清臣集諸營奚、漢兵千餘人，次日搜索元作亂渤海人，得數十人，並斬首，即撫安民。倉卒之際，有濫被其害者。小人喜亂，得以藉口，不可禁戢，一夜燒寨起亂。

初三日，軍馬抵首山門，大公鼎等登門，說諭使歸，不從。

初五日夜，城中舉火，内應開門，騎兵突入，陣於通衢。大公鼎、高清臣督

高永昌自稱大渤海皇帝。

軍迎敵，不勝，領麾下殘兵百餘人，奪西門，出奔行闕。高永昌自殺留守蕭保先後，自據東京，稱大渤海皇帝，改元應順，據遼東五十餘州，分遣軍馬，肆其殺掠，所在州郡奚人户，往往挈家渡遼以避。獨瀋州未下。

遼相張琳討高永昌。

宰相張琳，瀋州人也，天祚命討之。琳先常兩任户部使，有東京人望，至是募遼東失業者，并驅轉户强壯充軍。蓋遼東夙與女真、渤海有讎，轉户則使從良，庶幾效命敢戰。旬日之間，得兵二萬餘，隨行官屬、將領，聽從辟差。

是春，天祚募渤海武勇馬軍高永昌等二千人，屯白草谷，備禦女真。會東京留守太師蕭保先乃奉先堂弟。爲政酷虐，渤海素悍，有犯法者不恕。東京乃渤海故地，自阿保機力戰二十餘年始得之，建爲東京。

張琳與渤海戰。

夏五月初，自顯州進兵，渤海止備遼河三叉黎樹口。張琳遣羸卒數千，疑

其守兵，以精騎間道渡河趨瀋州〔一九〕，渤海始覺，遣兵迎敵。旬日間三十餘戰，
渤海稍却，退保東京。張琳兵距城五里，隔太子河劄寨。先遣人移文招撫，不
從，傳令留五日糧，決策破城。越二日，發安德州義軍先渡河，次引大軍齊渡，
忽上流有渤海鐵騎五百〔二〇〕，突出其傍，諸軍少却，退保舊寨，河路復爲所斷，三
日不得渡，衆以饑告，謀歸瀋州，徐圖後舉。初七日夜移寨，渤海騎兵尾襲，强
壯者僅得入城，老幼悉被殺掠。是時軍伍尚整，方議再舉，忽承女真西南路都
統闍母國王檄：「準渤海國王高永昌狀，遼國張宰相統領大軍前來討伐，伏乞
救援。當道於義，即合應援。已約五月二十一日進兵。」。檄到瀋州，衆以渤海

女真兵援渤海。

詐作此檄，不爲備。是日，聞探東北有軍掩至，將士呼曰：「女真至矣！」張琳
急整軍迎敵，將士望見女真兵，氣已奪，遂敗走入城。女真隨入，先據城西南，
後縱兵殺戮幾盡，孟初、劉思温等死之。張琳與諸子弟等并官屬縋城苟免，盡
失軍資、器甲，隨入遼州，收集殘軍，坐是謫授遼興軍節度使。乃平州也。自張琳
之敗，國人皆稱燕王賢而忠，若付以東征，士必樂爲用。兼遼東民自渤海之
叛〔二一〕，渡遼失所者衆，若招之爲軍，彼可報怨，此且報國，必以死戰。天祚乃授

授燕王都元帥。

燕王都元帥，蕭德恭副之，永興宮使耶律佛頂〔二二〕、延昌宮使蕭昂並兼監軍，聽

辟官屬，召募遼東饑民得二萬餘，謂之「怨軍」，如郭藥師者是也。別選燕、雲、平路禁軍五千人，并勸諭三路富民〔二三〕，依等第進獻武勇軍二千人，如董龐兒、張關羽者是也。又科敷運脚車三千乘，準備隨軍支遣，境内騷然矣。

募遼東饑民充軍，號「怨軍」。

燕王既招怨軍，合禁軍、武勇軍共三萬人，自八月進發，十月到乾州十三箇山劄寨。至十一月二十四夜，怨管押武勇軍、太常少卿武朝彦率府屬馬僧辨潛謀作亂，遣百餘騎趨中軍帳，先殺燕王。燕王覺之，奔他軍，免，餘皆閉壁不應。朝彦知謀不成，擁騎二千欲南奔，道爲張關羽所殺〔二四〕。

武朝彦叛。

燕王自被命東征，恥其行，未出境而兵亂，勉率諸軍自黎樹口渡遼水，欲下瀋州，駐兵城下，射書令降，不應，選精鋭梯城，復矢石如雨，不能上；或報女真援至，退保遼河。是行雖無所得，亦無所失。既而燕王被召赴闕，留北宰相蕭德恭上京路都統，耶律余覩副之；太常衮耶律啼哩姑濠、懿州路都統，延慶宮使蕭和尚奴副之；都元帥府監軍耶律佛頂顯州路都統，四軍太師蕭幹副之，並以屯田爲備。

召燕王回闕，惟設屯田爲備。

自天祚親征敗績，中外歸罪蕭奉先。於是謫奉先西南面招討，擢用耶律大悲奴爲北樞密使，蕭查剌同知樞密院使。間有軍國大事，天祚與南面宰相、執政吴庸、馬人望、柴誼等參議，數人皆昏謬，不能裁決。當時國人諺曰：「五箇翁翁四百歲，南面北面頓瞌睡。自己精神管不得，有甚心情殺女直。」遠近傳爲笑端。有人聞於天祚，天祚亦笑而不悟。是歲，止罷耶律大悲奴，再詔蕭奉先代之，蕭查剌授西京留守事。其後罷吴庸、馬人望、柴誼，以李處温、左企弓代之，至於國亡。

女真初援渤海，已而復相攻，渤海大敗。高永昌遁入海，女真遣兀室、訥波勃堇以騎三千追及於長松島，斬之。其潰散漢兒軍，多相聚爲盜，如侯概、吴撞天等，所在蟠結，以千百計，自稱「雲隊」、「海隊」之類，紛然並起，每一飯屠數千人，數路之民殆盡，遼不能制之。

渤海兵敗，高永昌遁入海。

丁酉天慶七年。宋政和七年。夏，天祚再命燕王會四路兵馬防秋。九月初發燕山府，十月至陰涼河。聞怨軍時寒無衣，劫掠乾州，都統蕭幹一面招安。初，怨軍有八營，共二萬八千餘人，自宜州募者謂之前宜營，再募者謂後宜營，前錦、後錦者亦然，有乾營、顯營，又有乾顯大營、岩州營。叛者乃乾顯大營、前錦營也。十一月，到衛州蒺藜山。遂留大軍就糧司農縣，領輕騎二千，欲赴顯州，處置作過怨軍，行次懿州，或報女真前軍已過明王墳，即召大軍會徽州。

怨軍叛。

星狀如月。

有星如月，徐徐南行而落，光照人物，與月無異。

是年，蘇、復州編民百餘户泛海至登州岸，具言女真兵來攻奪遼東地，已過遼河之西。登州守王師中以聞于宋。宋詔童貫、蔡京議，遣人偵其實，委師中選將校七人，各借以官，用平海指揮兵船，載高藥師同往。至海北，見女真邏者，不敢前，復回青州。安撫崔直躬奏其事於宋，詔復委童貫措置，應借官過海人，悉寘之法。別遣使女真，講買馬舊好〔二五〕。

戊戌天慶八年。宋徽宗重和改元。金阿骨打稱帝，天輔元年。春正月，燕王淳將討怨軍而遇女真於徽州之東，未陣而潰。燕王與女真戰，未陣而潰。初，女真入攻前後多見天象，或白氣經天，或白虹貫日，或天狗夜墜，或彗掃西南，赤氣滿空，遼兵輒敗。是夕，有赤氣若火光，自東起，往來紛亂，移時而散。軍中以謂凶兆，皆無鬬志。燕王與麾下五百騎，退保長泊、魚務。於是女真入新州，節度使王從輔開門降，女真焚掠而去。所經成、懿、濠、衛四州皆降，犒勞而過。女真別遣闍母國王，攻怨軍於顯州，怨軍大敗。

蕭幹奔醫巫閭山牽馬嶺，招收殘卒，不滿萬人。女真以馬疲，破乾、顯等州，焚掠而歸。天祚在中京，聞燕王兵敗，女真入新州，晝夜憂懼，潛令內庫三天祚議奔宋及西夏。

局官，打包珠玉、珍玩五百餘囊，駿馬二千匹，夜入飛龍院餵養爲備。嘗謂左右曰：「若女真必來，吾有日行三百五十里馬若干〔二六〕，又與宋朝爲兄弟，夏國舅甥，皆可以歸，亦不失一生富貴。所憂者，軍民受禍耳。」識者聞之，私相謂曰：「遼今亡矣！自古人主豈有棄軍民而自爲謀身計者，其能享國乎？」暨聞女真焚劫新州以歸，即以謂威德可加，彼何能爲？復自縱肆。

五月壬午朔，日有食之。

秋，女真陷東京、黄龍府、咸、信、蘇、復、辰、海、同、銀、通、韓、烏、遂、春、泰、靖等五十餘城。內並邊二十餘州，各有和糴倉，依祖宗法，每歲出陳易新，許民自願假貸，收息二分，所有無慮三五十萬碩，雖累歲舉兵，未嘗支用。至是女真悉取之，據遼東、長春兩路。

求遼、宋封册。

是時有楊朴者，遼東鐵州人也，本渤海大族，登進士第，累官校書郎。先是高永昌叛時，降女真，頗用事，勸阿骨打稱皇帝，改元天輔，以王爲姓，以旻爲名，以其國産金，號大金。又陳說阿骨打曰：「自古英雄開國受禪，先求大國封册。」

詣遼求封册。

八月，阿骨打遣人詣天祚求封册，其事有十：徽號大聖大明皇帝，一也；國號大金，二也；玉輅，三也；袞冕，四也；玉刻御前之寶，五也；以弟兄通問，六也；生辰、正旦遣使，七也；歲輸銀絹二十五萬疋兩，分南宋歲賜之半，八也；割遼東、長春兩路，九也；送還女真阿鶻産、趙三大王，十也。天祚付群臣等議。

遼遣使封阿骨打爲帝。

蕭奉先大喜，以爲自此無患，差静江軍節度使蕭習泥烈〔二七〕、翰林學士楊勉充封册使、副，歸州觀察使張孝偉、太常少卿王甫充通問使、副〔二八〕，衛尉少卿劉湜充管押禮物官，將作少監楊立忠充讀册使，備天子袞冕、玉册、金印、車輅、法駕之屬，册立阿骨打爲東懷國至聖至明皇帝。其册文略曰：「眷惟肅慎之區，實介扶餘之俗。土濱上國，材布中嶔，雅有山川之名，承其父祖之蔭。碧雲袤野，固須挺於渠材；皓雪飛霜，疇不推於絶駕〔二九〕。封章屢報〔三〇〕，誠意交孚，載念遥芬，宜膺多戩。是用遣蕭習泥烈等持節備禮，册爲東懷國至聖至明皇帝。義敦友睦，地列豐腴。嗚呼！戒哉欽哉，式孚于休。」所有徽號，緣犯祖號，改爲至聖至明，餘悉從之。使人自十月發行，冬十一月至金國，楊朴以儀物不全用天子之制，又東懷國乃小邦懷其德之義，仍無册爲兄之文，如「遥芬多戩」，皆非美意，彤弓象輅，亦諸侯事；「渠材」二字，意似輕侮。命習泥烈歸易其文，隨答云：「兄友弟恭，出自周書，言友睦則兄之義見矣。」楊朴等面折以爲非是。阿

阿骨打答遼使。

骨打大怒，叱出使、副，欲腰斬之，粘罕諸人爲謝乃解，尚人笞百餘。次年三月，止遣蕭習泥烈、楊立忠回，云：「册文罵我，我都不曉。徽號、國號、玉輅、御寶我都有之，須稱我大金國皇帝兄即已，能從我，今秋可至軍前；不然，我提兵取上京矣！」天祚惡聞女真事。蕭奉先揣其意，皆不以聞，遷延久之，聞上京已破，和議遂寢。後天祚雖復請和，皆不報。

校勘記

〔一〕又築虎徑嶺　「虎」原作「席」，據續資治通鑑長編拾補卷二十五引陳均九朝編年備要改。

〔二〕爲愕然　原無「然」字，大典本同缺，兹據席本補。

〔三〕統渤海子弟軍三千人　「三千人」，三朝北盟會編卷二十一引史愿亡遼録作「一千人」，金史太祖紀稱「八百人」。一千人近是。

〔四〕退保長白山之阿朮火　「朮」原作「木」，據席校引一本改。按：阿朮火，即阿朮滸，又作按出虎等。下同。

〔五〕充東北路都統　「路」字原闕，據明鈔本、會編卷二十一引亡遼録及永樂大典卷五千二百五十一所引者並參考遼史天祚帝紀一補。

〔六〕中京路禁軍土豪二千人　「二千人」，會編卷二十一引亡遼録作「三千人」。

〔七〕别選諸路武勇二千餘人　「二千餘人」，會編卷二十一引亡遼録作「三百餘人」。

〔八〕屯出河店臨白江　「白江」疑是「曲江」之誤。金上京路會寧府有曲江縣可證。

〔九〕必有一二人躍馬而出　「必」字從上引大典本補。

〔一〇〕北樞密副使耶律斡離朶淶流河路都統　「淶」原作「涷」，從席本及會編卷二改。下「淶」字同。

〔一一〕黄龍府尹耶律寧黄龍府路都統　「尹」字原闕，從會編卷二十一引亡遼録補。

〔一二〕左祇候郎君詳穩蕭阿古好草峪都統　「阿」原誤作「河」，「好」原誤作「奴」，均從會編卷二十一引亡遼録改。

〔一三〕命樞密使蕭奉先爲御營都統　「密」字原脱，據會編卷二十一引亡遼録並參考遼史蕭奉先傳補。

〔一四〕餘分五部爲正兵　「部」，會編卷二十一引亡遼録作「路」。

〔一五〕扈從百司爲護衛軍　「爲」字原缺，從會編卷二十一引亡遼録並參考遼史天祚帝紀二補。

〔一六〕女真師至鴨緑江　案：此「鴨緑江」應是「鴨子河」之誤。鴨子河，謂北流松花江與東流松花江曲折之處。鴨緑江遠在遼陽之南，與此戰之地望不相符。

〔一七〕粘罕兀室僞請爲卑哀求生者　「兀室」原作「兀朮」，據會編卷三改。兀室亦見下文，即卷九的悟室，本卷的胡舍，均指完顏希尹而言。希尹本名谷神，兀室、悟室、胡舍皆谷神的異譯。

〔一八〕天祚一日一夜走五百里退保長春州　案「五百里」，會編卷二十一引亡遼録作「三百里」，是。「州」字原闕，亦據上引亡遼録補。

〔一九〕以精騎間道渡河趨濬州　「河」原作「海」，從明鈔本及永樂大典卷五千二百五十一所引者改。

〔二〇〕忽上流有渤海鐵騎五百　原作「忽渤海上流有鐵騎五百」，據席本及上引大典本改。

〔二一〕兼遼東民自渤海之叛　「叛」原作「敗」，據會編卷二十一引亡遼録改。

〔二二〕永興宮使耶律佛頂　「宮」原作「軍」，據會編卷二十一引亡遼録改。參卷八校勘記〔一〇〕。

〔二三〕并勸諭三路富民　「諭」，會編卷二十一引亡遼録作「誘」，似是。

〔二四〕道爲張關羽所殺　原無「張」字，從上引大典本、席本並參照上文補。

〔二五〕講買馬舊好　「買」，原作「賣」，據會編卷一改。

〔二六〕吾有日行三百五十里馬若干　「日行三百五十里馬」，會編卷二十一引亡遼録作

「日行三五百里馬」，似是。

〔二七〕差静江軍節度使蕭習泥烈　「泥」字從會編卷三並參考遼史天祚帝紀二、卷七十屬國表補。下同。

〔二八〕太常少卿王甫充通問使副　「甫」原作「府」，據會編卷三改。

〔二九〕疇不推於絶駕　「推」，原作「惟」，席本作「雄」，今從上引大典本改。

〔三〇〕封章屢報　「封章」，原作「章封」，從會編卷三改。

契丹國志卷之十一

天祚皇帝中

己亥天慶九年。宋徽宗宣和改元，金天輔二年。春，有赤色，大三四圍，長二三丈，索索如樹。西方有火五團，下行十餘丈，不至地而滅。

夏，金人攻陷上京路，祖州則太祖之天膳堂，懷州則太宗德光之崇元殿，慶州則望僊、望聖、神儀三殿，并先破乾、顯等州如凝神殿、安元聖母殿〔一〕，木葉山之世祖殿、諸陵并皇妃子弟影堂，焚燒略盡〔二〕，發掘金銀珠玉。所司即以聞，蕭奉先皆抑而不奏。後天祚雖知，問及陵寢事，奉先對以初雖侵犯玄宮，劫掠諸物，尚懼列聖威靈，不敢毀壞靈柩，已經指揮有司，修葺巡護。奉先迎合誕謾，類皆如此。

金人陷遼上京。

金人發遼陵寢。

遼國屢年困於用兵，應有諸州富民子弟，自願進軍馬，人獻錢三千貫，特補進士出身。諸番部富人進軍獻馬，納粟出身，官各有差。又因燕王言遼東失業饑民困踣道路，死者十之八九，有旨令中京、燕、雲、平三路諸色人

進軍馬及獻錢，補進士出身。

收養〔三〕，候次年等第推恩。官爵之濫，至此而極。

四月朔，日有食之。

庚子天慶十年。宋宣和二年，金天輔三年。冬十月朔，日食。

辛丑保大元年。宋宣和三年，金天輔四年。春，日有眚，忽青黑無光，其中洶洶而動，若鉦金而湧，日旁有青黑色，正如水波周回而旋轉，將暮而止。

金人自破上京，終歲不出師遼國，然防屯如故〔四〕。有東南路怨軍將領董小醜，坐討平利州賊逗留不進〔五〕，被誅。本部隊長羅青漢、董仲孫等倡率怨軍作亂，攻錦州〔六〕，月餘不能下，賴都統耶律余覩援兵至，怨軍始懼。

羅青漢等率怨軍作亂。

郭藥師等內變，自殺賊魁羅青漢等數人，就招安，都統蕭幹奏選留二千人爲四營，擢郭藥師、張令徽、劉舜仁、甄五臣各統將領〔七〕，餘六千人，悉送燕、雲、平三路充禁軍，或養濟，實欲分其勢也。余覩謂蕭幹曰：「前年兩營叛，劫掠乾州，已從招安；今歲全軍復叛，而攻錦州。苟我軍不來，城破，則數萬居民被害。所謂怨軍，未能報怨於金人，而屢怨叛於我家。今若乘其解甲，遣兵掩殺淨盡，則永絕後患。」幹曰：「亦有忠義爲一時脅從者，豈可盡誅之？」二人議論不合，交章並奏，卒從蕭幹之議。遼自金人侵犯以來，天下郡縣所失幾半，生靈塗炭，宗廟丘墟。天祚尚以四時遊畋爲樂，工作之費，未嘗少輟，遂失内外人心，嘗有倦處萬機之意。有四子：長曰趙王，昭容所出；次曰晉王，文妃所出；次曰秦王、魯王，並元妃所出。國人皆知晉王賢而屬望焉。元妃兄樞密使蕭奉先慮秦王不得立，密圖之，未有以發。晉王母文妃娣妹三人，長適耶律撻曷里〔八〕，次適余覩。會撻曷里妻嘗過余覩家，蕭奉先密遣人誣告其結余覩，將立晉王，尊天祚爲太上皇帝。事發，撻曷里妻等皆伏誅，文妃亦賜死，獨留晉王。時余覩在軍中，聞之懼，即領千餘騎，并骨肉車帳叛歸金國。時方盛夏，途中爲霖雨所阻。天祚遣知奚王府蕭遐買、宰相蕭德恭、大常袞耶律諦里姑、歸州觀察使蕭和尚奴、太師蕭幹各領本部軍馬會合追之，至閭山縣相及，諸軍議曰：「今天祚信用奉先，致晉王之禍，兼奉先平日視吾曹蔑如也。余覩，宗室之豪俊，負氣不爲人下。若擒余覩，則他日吾曹皆余覩也，不若縱之爲利。」皆曰：「喏。」於是紿云「追之不及」。余覩既亡，奉先懼諸將皆叛，乃峻加蕭遐買等爵賞，以慰其心。

蕭奉先誣告余覩異謀。

諸軍縱余覩奔。

壬寅保大二年。宋宣和四年，金天輔五年。春，金人陷中京。中京，奚國也。先是，金主阿骨打遣使曷魯等如宋，自海上歸，得書，意宋朝絶之，乃命其弟故碖國相孛極烈并粘罕、兀室，用遼降人余覩爲前鋒，由奚西過平地松林，駐白水；別遣精

金人陷中京。

兵五百騎到松亭關，邀截本京官民奔逸車乘。天祚在燕京，聞報甚懼，即日出居庸關；又聞余覩爲前鋒，導兵奄至。蕭奉先奏曰：「余覩，乃宗枝也，豈欲亡遼？不過求立其甥晉王而已，何惜一子，伐其奸謀？」遂賜晉王死。晉王賢而有人望，死非其罪，行闕百官諸軍聞之，莫不流涕，自此人心益離。

賜晉王死。

三月，報余覩兵至，天祚率騎兵五千，西奔雲中府，留宰相張琳、李處温等，與燕王同守燕。天祚去時，衛士五千，中途潰散，僅諸王并長公主、駙馬、諸子弟三百餘騎。過雲中城下，撫諭留守蕭查剌、轉運劉企常等曰：「金兵不遠，好與軍民守城。」但取馬三千匹，由天德軍趨漁陽，入夾山，因謂蕭奉先曰：「使我至此，皆汝之由。汝急去，人不汝容。」奉先慟哭辭去，行二十里，爲左右所殺。金兵至雲中，蕭查剌等率軍民父老開門迎降。金主阿骨打留精兵二百騎，與留守自衛，而追天祚幾及，應行宫内庫三局珍寶，祖宗二百餘年所積，及其幼女，悉爲俘掠一空。金兵自追天祚，旬日未回，府中兵變，推馬權、韓執謙爲都統，逐出蕭查剌等及衛兵，閉門拒守，飛申燕王求救。時燕王僭位之初，無兵可遣，但指揮蔚州發兵應援。金兵回至城下，見留守等被逐，督軍民攻城，彌旬破城，執馬權、韓執謙等，盡殺諸軍，陷朔、應諸州，擄去群牧良馬三萬匹。天祚自奔

天祚奔雲中。

天祚宫室、幼女俘掠一空。

蕭幹立燕王爲帝，改元建福。

夾山，命令不通。燕王守燕，深得人心。李處温與族弟處能及其子奭、都統蕭幹，挾怨軍謀立燕王，告報在府百官、諸軍、僧道、父老數萬人，於三月十七日詣燕王府，方邀張琳告其事。琳曰：「攝政則可，未可即真。」處温曰：「天意人心已定，豈可易也？」百官班立，獨琳有難色。既而王出，李奭以赭袍被之，百官軍民拜舞山呼。王驚泣，辭不獲免而即位，僭號天錫皇帝，改元建福。改怨軍爲常勝軍，以李處温守太尉，左企弓守司徒，曹勇義知樞密院，虞仲文知參政。張琳守太師，十日一朝，平章軍國大事外，雖以元老尊之，其實不欲其位在己上也。李處能、奭等數十人，各以定策功補官。方議降赦，燕中父老再告，隨駕内庫都點檢劉彥良，姦佞之人，導引天祚爲一切失德之事，國人呼爲「肉拄杖」。蓋其倚附而行也。妻雲奇者，本倡婦也，日夕出入禁中，以爲諧謔。夫婦共爲國害，請先誅而後降赦。是日，梟彥良夫婦之首於市，人爭臠肉而食之，然後肆赦。

殺劉彥良夫婦，燕王肆赦。

燕王廢天祚爲湘陰王，詔曰：「大道既隱，不行揖遜之風；皇天無私，自有廢興之數。事貴得効，人難力爲。朕幼保青宮，長歸朱邸，雖曰人情之久係，誰云神器之可求，欲避周公之嫌，未忘季札之節。奈何一旦之無主，至使四海之求君，推戴四從，謳歌百和，不敢墜祖宗之業，勉與攬帝王之權，實懼篡圖之爲難，尚思復辟之可待。近得群臣之奏，概陳前主之非，所謂愎諫矜能，比頑棄德，躁動靡常節，平居無話言。室家之杼柚盡空，更資淫費；宗廟之衣冠見毁，不輟常畋。漢子之戮實無名，伋妻之亂孰可忍！加以權臣壅隔，政事糾紛，左右離心，遐邇解體，訖無悛悟，以至播遷，伊慼自貽，大勢已去。是謂辜四海之望，安得冒一人之稱，宜削徽名，用昭否德。方朕心之牽愛，尚不忍從；奈群議之大公，正復見請。勉循故事，用降新封，可降封爲湘陰王。嗚呼，命不予常，事非得已，豈予小子，敢專位號之尊！蓋狥衆心，以爲社稷之計。凡在聞聽，體予至懷。」

降封天祚爲湘陰王。

燕王自稱帝後，以燕、雲、平、中京、上京、遼西六路，奄爲己有，而沙漠以北西南面、西北路招討府諸番部族，天祚主之，猶稱保大二年，遼國自此分矣。

燕遼分管各路。

夏四月，燕王遣知宣徽南院事蕭撻勃也、樞密副承旨王居元充告謝使詣宋，至白溝，等候宋徽宗降旨。以天祚見在夾山，燕王安得擅立，令雄州却之，人使遂回。

燕王詣宋告謝却之。

是時，宋命太師童貫爲宣撫使，以蔡攸副之，勒兵十五萬巡邊〔九〕，下詔復

宋童貫勒兵巡邊。

童貫遣燕王蕃使內附。

燕、雲故地，仍以三策付童貫：如燕人悦而取之〔一〇〕，因復舊疆，上也；燕王納款稱藩，次也；燕人未服，按兵巡邊，下也。貫遣張寶、趙忠賫書往諭燕王，使舉國內附，致書略曰：「吴越錢俶、西蜀孟昶等歸朝以來，世世子孫不失富貴。況遼之與宋，歡好百年，誠能舉國內附，則恩數有加；苟懷執迷，後時失機，恐有彭寵之禍起於帳中。」淳得書，斬其二使。又令趙翊本董寵兒遣使臣説諭易州土豪史成，使起兵獻城，爲史成執送燕京，斬之。

宋詔燕王使納土。

五月，童貫再遣种師道等率兵數萬，壓境問罪。先遣閤門宣贊馬擴持宋徽宗手詔，撫諭燕王，使納土以歸，世世不失王爵，并告燕民，以示存恤之意。王雖不從，心亦懷懼。馬擴過白溝，有漢兒劉宗吉者，私出見擴，許開涿州門以獻，擴以二榜付之。

宋師大集。

是時，宋師稍集，种師道總東路之衆，屯白溝；王稟將前軍，楊惟忠將左師，种師中將右軍，王坪將後軍，趙明、楊志將選鋒軍，辛興宗總西路之衆屯范村；楊可世、王淵將前軍，焦安節將左軍，劉光世、冀景將右軍，曲奇、王育將後軍，吴子厚、劉安將選鋒軍，並聽劉延慶節制。以劉韐、宇文黄中爲參謀，鄧珪、鄧琯爲廉訪。

童貫兵在高陽。

六月，童貫至高陽關駐軍，用知雄州和詵計，降黄榜及旗，述弔民伐罪出於不得已之意，如敢殺人，並從軍法。若有豪傑以燕京來獻，除節度使。

燕王遣大石林牙領一千五百餘騎屯涿州新城〔一一〕，林牙詰以兩國盟好，何爲興師？既是信使，安得結劉宗吉獻城？馬擴曰：「女真兵已至山後，本朝乃是遣兵救燕。劉宗吉見投，安得不納？」林牙曰：「本欲留宣贊，緣自來通和，不欲太甚。欲和則和，欲戰則戰，大暑熱，毋令諸軍徒苦。」語畢，上馬馳去。前軍統制楊可世信和詵言燕人久欲内附，必有簞食之迎，將輕騎數千過界，趨蘭溝甸。乃先遣人以旗榜渡河橋開示，林牙見之，曰：「有死而已。」可世爲所掩，被傷而退。燕王益兵二萬，遣蕭幹統之〔一二〕，將渡白溝，宋諸將皆欲迎戰，師道曰：「不可妄動。」尋退兵。蕭幹迎戰於范村，甚力，興宗遣楊可弼救之，仍自督戰，乃却。凡駐白溝河十有二日，乃還師。退保雄州。其日，北風，大雨雹，追騎大至，詬以敗盟。退至雄州，童貫以其兵尚盛，未可以取，歸罪和詵、侯益，謂其探報不實，妄請興師。既而徽宗降詔班師。當燕王僭號之初，漢軍多而番軍少，蕭幹建議籍東、西奚二千餘人及嶺外南北大王、乙室王、皮室猛拽剌司。遼民遣金人入寇，往往竄山谷、沙漠間，聞燕王立，無不内向。然人馬饑甚，不能遠來，遂令州縣招之，得萬餘户。户選一人爲軍，支贍家錢三十貫，謂之「瘦

宋將楊可世敗。

宋徽宗詔班師。

軍」。既而散處涿、易間，侵掠平民，甚於盜賊。主兵之官，縱而不問。後來常勝軍叛歸南朝，首殺涿州瘦軍家口正罪，以此取悦人心。

是月，燕王病，聞天祚自夾山傳檄至天德軍、雲內、朔、武、應、蔚等州，已會合諸蕃精兵五萬騎，約秋八月入燕，并遣近侍小底查剌馳馬問勞燕王，并索衣裘茗藥。王甚懼，會南北大臣會議，如李處温、蕭幹謂莫若迎秦而拒湘，湘者，天祚降封爲湘陰王；秦者，乃天祚次子秦王也。召百官共議，有從吾議者東立。獨有南面諸行都部署耶律寧處西，謂：「天祚果能復興，何名拒之？迎子拒父，亦無是理。」處温以寧摇衆，欲誅之。淳撫枕歎曰：「此忠臣也。天祚果來，吾有死而已，將何辭以見？」天祚兵出漁陽，僅復朔、應等州，復爲金所敗，虜其元妃、諸王。天祚復奔夾山。二十四日，淳薨，謚曰宣宗，無嗣。

李處温以其子奭舊與宋趙良嗣善，童貫使良嗣以書約爲内應，募牒者投之，并通書馬柔吉等，令結義士開門迎降，拘執虜酋以踐往者「歸朝滅虜」之言。處温亦令奭潛以帛書相贈答。及淳卧病，知必死，授處温都元帥，欲以身後託之。病既亟，蕭幹與大石林牙矯命宰相侍疾，獨處温不至，陰聚武勇軍二千爲備，紿曰「奉密旨防他變」。是夜淳死，不發喪。幹等先集遼騎三千，陳于毬場，燕王妻蕭氏即位。

會百官，議立燕王妻蕭氏爲皇太后，權主軍國事，奉迎天祚次子秦王爲帝。從其議者書名押字，無敢有一異者。蕭氏遂即位於柩前，改元德興。

蕭后賜李處温死，籍其家。

蕭后者，燕王秦國妃也。妃兄弟坐章奴誅，天祚囚之上京，女真破，得出，又囚于中京，淳立而歸。后以蕭幹有援立功，封于越王。天祚聞淳死，下詔削其官爵，并妻蕭氏亦降爲庶人，仍改姓虺氏。后僭位時，獨李處温後至稱賀，屬時多難，未欲即誅，赦其罪，但追毁元帥宣劄而已。有弟處能，懼禍及己，落髮爲僧，蕭后送海島龍雲寺〔一三〕。或告云處温父子潛通童貫，欲挾后歸宋朝。后引問之，處温曰：「臣父子於宣宗有定策功，宜數世宥，不當以讒獲罪。」太后曰：「向使燕王如周公，終享親賢重名於後世，豈不勝太寧王述軋、楚國王涅里耶？皆遼親王謀反誅者。誤燕王者，皆汝父子。」併數他罪數十條。處温無以對，遂賜死，其子奭凌遲處斬〔一四〕。命籍其家貲，得見錢十萬餘貫〔一五〕，金銀珠玉稱是，皆自爲宰相數月之間，四方賄賂公行所得。初，處温聞天祚播遷，勸立燕王僭號，以圖恩倖。及燕王死後，恐遼國將亡，失其所依，北通金國，南結童貫，願挾蕭后以納土，皆非至誠，欲爲身謀，而至此反爲身禍。

宋封李處温父子，録其子孫。

及宋師撫定燕山，追封處温爲廣陽郡王，子李奭爲保寧軍節度使〔一六〕，以其家爲廟，録其孫一人。

金兵攻天祚。

八月，金主趨中京，道聞天祚聚兵于國崖〔一七〕，亟往攻之。大戰，生擒都統蕭規，天祚脱身走。及夏國引兵數萬襲天德軍，金主遣偏將帥兵七千，擊破之。屬秋霖水暴至，夏人溺水不勝計。金主屢勝，兵驕，遂因秋成，並邊牧馬休兵，屯奉聖州之東。

燕軍郭藥師降宋。

自燕王死，蕭后專政，遼恐漢人應南軍，將謀之，管常勝軍郭藥師遣使奉表降宋，高鳳亦以易州降。時宋童貫回雄州，在道中，而郭藥師至，授以軍八千，并易州義兵五千，並隷劉延慶爲嚮導，軍聲大振。

蕭后詣宋稱藩。

九月，蕭后遣蕭容、韓昉詣宋，奉表稱藩。

郭藥師入燕。

冬十月，宋劉延慶、郭藥師等自雄州趨新城，劉光世、楊可世自安肅軍出易州，會于涿州。時兵衆五十萬攻燕，進駐盧溝河。時燕軍蕭幹亦於燕城十里外築壘相拒。藥師命延慶選常勝軍五千騎，間道襲燕，夜半渡河，啣枚而進，質明，常勝軍五千騎雜鄉人奪迎春門以入。大軍繼至燕城，遣人諭蕭后使降。蕭幹知宋師入燕，亟往救〔一八〕，人皆死鬬，藥師屢敗，奔門不得出，盡棄馬，縋城而下，死傷過半，還者數百騎而已。時宋師屯盧溝河者未動，蕭幹兵纔數千，得漢兒兩人，留帳中，夜半僞相語曰：「聞漢兵十萬，吾師三倍，當分左右翼，以精兵衝其中，舉火爲應，殲之無遺。」陰逸其一人歸報，既夕而遁，衆軍遂潰，自相蹂踐。斡遣騎追至涿水北而回。

十二月，金粘罕趨南暗口，撻懶駙馬趨古北口〔一九〕，金主趨居庸關，分三路入燕。金兵分三路入燕。蕭后既敗，奉表于金，稱藩請和。金主不許，自嬀、儒二州進兵，抵居庸關，遼人棄關走。

校勘記

〔一〕安元聖母殿　會編卷二十一引亡遼録作「安元安聖殿」。

〔二〕焚燒略盡　「略」原作「掠」，據席本及會編卷二十一引亡遼録改。

〔三〕有旨令中京燕雲平三路諸色人收養　「有」字從席本補。

〔四〕金人自破上京終歲不出師遼國然防屯如故　原作「金人自破上京終歲不出師然遼國防屯如故」。案會編卷九引趙良嗣燕雲奉使録：「先是，遼人天慶十年，金人苦于用兵，經歲不出，諸路軍馬依舊屯備。」「防屯如故」者謂金人，非遼國，今移「然」字于「遼國」之下。

〔五〕坐討平利州賊逗留不進　原脱「利」字，據會編卷九引燕雲奉使録補。遼利州屬中京道，遺址在今遼寧喀左縣東大土城，而平州屬南京道，即今河北盧龍縣，兩不相涉。

〔六〕攻錦州　「錦」原作「綿」，參考遼史天祚帝紀三改。下同。

〔七〕擢郭藥師張令徽劉舜仁甄五臣各統將領　「劉舜仁」原作「劉舜臣」，下卷保大三年六月作「劉慶仁」，均誤，兹據會編卷二十二引馬擴茆齋自叙、卷二十三引許採陷燕記、卷二十四引沈琯南歸録、朱勝非秀水閒居録改。

〔八〕長適耶律撻曷里　遼史卷一百二耶律余覩傳「曷」作「葛」。下同。

〔九〕勒兵十五萬巡邊　「十五萬」，會編卷五作「十萬」。

〔一〇〕如燕人悦而取之　「取」，會編卷五作「從」，似是。

〔一一〕燕王遣大石林牙領一千五百餘騎屯涿州新城　「一千五百餘騎」，會編卷九作「二千騎」。

〔一二〕燕王益兵二萬遣蕭幹統之　「二萬」，會編卷七作「三萬」。「幹」原作「翰」，據席本、會編卷五改。下同。

〔一三〕蕭后送海島龍雲寺　案：海島龍雲寺疑即覺華島海雲寺，又名龍宫寺，在今遼寧興城縣東南海中。覺華島今名菊花島。

〔一四〕其子奭凌遲處斬　原無「遲」字，明鈔本、同上引大典本同闕，從席本補。

〔一五〕得見錢十萬餘貫　「十萬餘貫」，會編卷九作「七萬餘貫」，遼史天祚帝紀三作「七萬緡」。「十」字當誤。

〔一六〕追封處温爲廣陽郡王子李奭爲保寧軍節度使　會編卷九「廣陽郡王」作「廣信郡王」，「保寧軍節度使」作「保静軍節度使」。

〔一七〕道聞天祚聚兵于國崖　會編卷十引燕雲奉使録，此句作「道中聞契丹主聚兵于五國崖」。「五」當係「王」之誤，王國崖即旺國崖，在撫州，見金史卷二十四地理志上。

〔一八〕亟往救　席本「救」下有「之」字。

〔一九〕撻懶駙馬趨古北口　「古北口」原誤「北牛口」，據會編卷十一改。參卷六校勘記〔六〕，彼之「北岸口」即此之「北牛口」。

契丹國志卷之十二

天祚皇帝下

癸卯保大三年。宋宣和五年。金天輔六年，五月以後，吴乞買立，改元天會。春正月，金主入居庸關，晡時到燕。蕭后聞居庸關失守，夜率蕭幹及車帳出城，聲言迎敵，實欲出奔。蕭后夜遁。國相左企弓等辭於國門，后曰：「國難至此，我親率諸軍爲社稷一戰，勝則再見卿等，不然死矣！卿等努力保吾民，毋使濫被殺戮。」言訖泣下。后未行五十里，金人遊騎已及城。燕大臣迎降金主。金人前軍已登城矣。左企弓等方修守具，忽報統軍蕭乙信啟城門，出丹鳳門毬場内投拜，阿骨打戎服坐，衆呼萬歲，皆伏拜，待罪於下。於是左企弓、虞仲文、曹勇義、劉彦宗、蕭乙信等迎降，出丹鳳門毬場内投拜，阿骨打戎服坐，衆呼萬歲，皆伏拜，待罪於下。譯者曰：「我見城頭砲繩蓆角都不曾解動，是無拒我意也。」並放罪。

大石林牙挾蕭后歸天祚。初，蕭后東歸以避金人，至松亭關，議所往。耶律大石林牙，遼人也，欲歸天祚；四軍大王蕭幹，奚人也，欲就奚王府立國。有宣宗駙馬都尉蕭勃迭曰：

「今日固合歸天祚，然而有何面目相見？」林牙命左右牽出斬之。傳令軍中，有敢異議者斬。於是，遼、奚軍列陣相拒而分矣。遼軍從林牙，挾蕭后以歸天祚于夾山。時奚、渤海軍從蕭幹留奚王府，幹據府自立，僭號爲神聖皇帝，國號大奚，改元天興〔一〕。時奚中闕食。

蕭幹自立，國號大奚。

六月，奚兵出盧龍嶺，攻破景州，殺守臣劉滋、通判楊伯榮。又敗常勝軍張令徽、劉舜仁軍馬於石門鎮〔二〕，攻陷薊州，守臣高公輔棄城走。又寇掠燕城，其鋒鋭甚，有涉河犯京師之意。人情洶洶，頗有謀棄燕者。宋童貫自京師移文王安中、郭藥師，切責之。

七月，奚兵遇郭藥師，戰於腰鋪，大敗而歸。藥師乘勝追襲，過盧龍嶺，殺傷過半，從軍老小車乘就糧於後者，悉爲常勝軍所獲，因而招降到奚、渤海、漢軍五千餘人。諸軍既失老小，忿怨爲蕭幹所誤，爲其部曲白得哥殺之，傳首於河間府安撫使詹度，獻于宋朝，徽宗御紫宸殿受賀。

蕭幹爲部曲白得哥殺之。

是時，蕭幹既敗於腰鋪，其黨夔離不在峰山亦敗，生擒僞阿骨魯太師〔三〕，獲耶律德光尊號寶檢、契丹塗金印。常勝軍因此橫甚，藥師復佐之，朝廷不能制。

耶律大石林牙領兵七千到夾山。天祚命殺蕭后并外甥常哥，餘免本罪。

金國授張瑴官爵，改平州爲南京。

張瑴者，平州人也。登進士第。建福元年，授遼興軍遼興軍，乃平州也。節度使。因鄉兵經過〔四〕，殺節度使蕭諦里全族二百口，劫掠家資數十萬。瑴以鄉人，能招安息亂，以功權知平州事。燕王死，瑴度契丹必亡，籍管內丁壯充軍，得五萬人，馬一千匹，招豪傑，潛爲一方之備。蕭太后嘗遣太子少保時立愛知平州，瑴有不容之意。由是立愛常稱疾不出，瑴依舊權知州事。會金人下燕，粘罕首以張瑴事問，參政知事康公弼曰：「張瑴狂妄寡謀，雖有兵數萬，皆鄉民，器甲不備，資糧不給，彼何能爲？示之不疑，圖之未晚也。」粘罕招時立愛赴軍前，進加瑴爲臨海軍節度使〔五〕，依舊知平州事。將發燕民由平州歸國，粘罕謂左企弓曰：「我欲遣精兵二千餘騎先下平州〔六〕，擒張瑴，何如？」左企弓輩以爲然，獨康公弼曰：「若加之以兵，是趣平州叛也。公弼舊爲平州守臣，願往伺之。」遂授以金牌，馳騎見瑴，諭以粘罕之意。瑴曰：「契丹天下八路，七路已下，獨一平州，敢有異志？所以未解甲者，北防蕭幹侵掠故也。」厚賂而歸。報曰「彼無足慮」，粘罕信之。遂改平州爲南京，復加同中書門下事、判留守事，而實欲圖之也。

金主阿骨打死，弟吴乞買立，改元天會，發燕民由平州歸國。

張轂殺左企弓等，放燕人復業。

五月，金主阿骨打歸燕山，北追天祚，以疾崩於軍中，謚爲大聖武元皇帝，廟號太祖。弟吴乞買立，改天輔六年爲天會元年，遣燕相左企弓等文武百官并被擄燕民由平州歸國。燕民入平州境，有私訴於轂者曰：「左企弓不謀守燕而使吾民遷徙流離，不勝其苦。今明公臨巨鎮，握强兵，盡忠大遼，必能使我復歸故土，而人心亦有望於公也。」轂召諸將議，皆曰：「近聞天祚復振，出没於松漠之南〔七〕，金人所以全軍急趨山西者，恐遼議其後也。若明公仗義，奉迎天祚，以圖興復，先責左企弓叛降之罪而戮之，盡放燕人歸業，南宋必無不納燕人，則平州潘鎮矣。假如金人復來加兵，内用平州之兵，外借宋朝之援，又何懼焉？」轂曰：「此大事，不可草草。翰林學士李石智而多謀，可邀之密議。」石至，與之謀而合。次日，陰遣將官張謙領五百騎〔八〕，傳留守令，召燕相左企弓、曹勇義、樞密使虞仲文、參知政事康公弼至於灤州西岸聽候。差議事官趙能就往〔九〕，疏其十罪，曰：「天祚播遷夾山，不即奉迎，一也；勸皇叔燕王僭號，二也；詆訐君父而降封湘陰王者，三也；天祚嘗遣知閣王有慶前來計議而殺之者，四也；檄書始至而有迎秦拒湘之議者，五也；不謀守燕而拜降者，六也；臣事金國而不顧大義者，七也；根括燕中財物而取悦金人者，八也；致燕人流徙而失業者，九也；教金主發兵先下平州者，十也。」皆無辭以對，遂縊殺之。

張轂籍軍守平州。

六月，榜示燕人，除留守外盡許復業〔一〇〕。所有逃户拋下田宅爲常勝軍占佃者〔一一〕，悉還之。燕人方患遠徙，得歸復業，皆大悦。宋徽宗聞燕民之歸，降詔付帥臣詹度多方存恤，有官者津遣赴闕，換授差遣；餘各令安業，與免三年常賦。

宋降詔存恤燕民。

張轂聞之，喜爲得計，遂以平、營、灤三州降宋。其地乃後唐末契丹太祖所陷，非石晉所割。灤州乃太祖建立也。詹度得張轂納土書，不敢受，密奏於朝，仍語轂毋遽，恐爲金人所知。金主聞之，遣闍母國王將騎三千來問罪〔一二〕，轂帥兵拒於營州。闍母以兵少，不交鋒而歸，大書州城門曰「夏熱且去，今冬再來。」轂即妄以捷聞于宋，邀求銀絹數萬疋，并誥敕數道犒賞。

張轂獻宋平營灤三州。

張轂之拒金人也，外則納款於大宋，通好於蕭幹，而緩急求救；内則奉安天祚畫像，凡舉事，先白而後行，仍用遼國官秩，稱保大三年，遣人奉迎天祚，以圖興復。

是時，有燕人李汝弼者，乃翰林學士李石也。高黨者，三司使高履也。二人先嘗被擄，後緣張轂放歸，往見宣撫王安中，勸朝廷密納之。燕山路轉運趙良嗣力爭以爲不可〔一三〕，恐開金人禍端，乞斬汝弼以狥，宋朝不從。授轂泰寧軍

宋授張轂節度使。

金人檄宋索張瑴。

節度使，世襲平州，其屬張敦固等皆擢待制。瑴得宋詔喜，率官屬郊迎。金人知之，以千騎襲破平州，瑴挺身走，欲間道如京師，爲郭藥師所獲。由是金人乃歸曲于宋，移檄索取，宋朝不得已，命王安中縊殺之，以水銀漬其首，函送平州。

八月朔，日食，陰雲蔽之不見。

甲辰保大四年。宋宣和六年，金太宗天會二年。秋七月，金人陷應、蔚等州。

是秋，天祚得耶律大石林牙兵歸，又得陰山室韋毛割石兵[一四]，自謂天助中興，再謀出兵收復燕、雲。大石林牙力諫曰：「自金人初陷長春、遼陽東京也。兩路，則車駕不幸廣平甸[一五]，常歲受禮處。而都中京；及陷上京，則都燕山；及陷中京，則幸雲中；及破雲中[一六]，則都夾山。向以全師不謀戰備，以至舉國漢地皆爲金人所有。今國勢微弱至此而力求戰[一七]，非得計也。當養兵待時而動，不可輕舉。」天祚斥而不從。大石林牙託疾不行，天祚遂強率諸軍出夾山，下漁陽嶺，取天德軍、遼國改豐州也。東勝、寧邊、雲内等州[一八]，南下武州，遇金人兀室，戰于奄遏下水。兀室帥山西漢兒鄉兵爲前驅，以女真千餘騎伏山間，出室韋毛割石兵後，毛割石兵顧之大驚，皆潰。天祚奔竄入陰夾山。金人以力不能入，恨其不出，謂出必得之；天祚亦畏粘罕兵在雲中，故不敢出。至是聞粘罕歸國，以兀室代戍雲中，乃率韃靼諸軍五萬，并擄其后妃二子秦王、趙王及宗屬南來。大石林牙諫之，不聽，遂越漁陽嶺，而粘罕已回雲中，復奔山金司，與小胡魯謀歸南宋，又恐不可仗，乃謀奔夏國。計未決，小胡魯密遣人遞報粘罕，粘罕先遣近貴諭降，未復，而金使婁宿馳騎而至，跪於天祚前曰：「奴婢不佞，乃以介冑犯皇帝天威，死有餘罪。」因捧觴而進，遂俘以還。削封海濱王，送長白山東，築室居之。逾年乙巳金天會三年，宋宣和七年。而殂，遼國遂滅。

金人擒天祚，削封海濱王。

先是，宋徽宗大觀年間，林攄來使，遼國命其習儀，攄惡其繁瑣，以「蕃狗」詆伴使。天祚曰：「大宋，兄弟之邦〔一九〕；臣，吾臣也。今辱吾左右，與辱吾同。」欲殺之，在廷泣諫乃止。時天祚在山金司，技窮欲將來歸，因思往事，恐南宋未必加禮，迺走小勃律〔二〇〕，復不納，至夜而回。復欲之雲中，天未明，遇諜者，言婁宿軍且至。天祚大驚，時從騎尚千餘，有精金鑄佛長丈有六尺者，他寶貨稱是，皆委之而遁。值天雪，車馬皆有轍跡，遂爲金兵所及。

初，女真入攻時，災異屢見，曾有人狂歌於市曰：「遼國且亡。」急使人追之，則人首獸身，連道「且亡」二字，迸入山中不見，變異如此，興亡之數，豈偶然哉！

論曰：前史稱一秦既亡，一秦復生。天祚之阿骨打，即唐季之阿保機也。大勢既去，則涇波濁流；適丁斯時，則人事冥合。方契丹之初，起自阿保機，同光酒色之禍，每每鑑爲覆轍。數世後，遊畋射獵，雖或有之，而四時遷徙，迄未嘗有定制。内耗郡邑，外擾鄰封，以至捕海東青於女真之域，取細犬於萌骨子之疆，内外騷然，禍亂斯至。重以天祚不道，禽色俱荒，嬖倖用事，委任非人，節制孱庸，部曲紛擾。强盜在門，寧捨嬰兒之金；虎狼出柙，誰負孟賁之勇。觀夫孱主，可謂痛心！然存亡迭代，亦冥符不偶歟？

校勘記

〔一〕改元天興　「天興」會編卷十八作「天嗣」。

〔二〕又敗常勝軍張令徽劉舜仁軍馬於石門鎮　「劉舜仁」原誤「劉慶仁」，據會編卷二十二引茆齋自叙等文改。參卷十一校勘記〔七〕。「石門鎮」原作「雁門镇」，亦據會編卷二十二引茆齋自叙改。案：遼有石門統領司。薊州有石門關。

〔三〕生擒僞阿骨魯太師　「阿骨魯太師」，會編卷十八引宣和録等均作「阿魯太師」。

〔四〕因鄉兵經過　會編卷十七作「偶有兵作過」，「經」乃「作」之訛字。

〔五〕進加毅爲臨海軍節度使　「臨」字原誤「修」，據會編卷十七並參考遼史天祚帝紀三政。

〔六〕我欲遣精兵二千餘騎先下平州　「二千」，會編卷十七及遼史天祚帝紀三均作「三千」。

〔七〕出没於松漠之南　「松漠」，原作「松亭」，據會編卷十七改。遼史天祚帝紀三作「漠南」。

〔八〕與之謀而合次日陰遣將官張謙領五百騎　「陰」字原在「合」字上，依會編卷十七乙轉。

〔九〕差議事官趙能　「趙能」，會編卷十七及遼史天祚帝紀三均作「趙秘校」。

〔一〇〕除留守外盡許復業　會編卷十七作「留餘戰馬外盡放復業」，卷十八引北征紀實作「但留馬外盡放令復業」，「守」當爲「馬」之誤。

〔一一〕所有逃户拋下田宅爲常勝軍占佃者　「逃户」，原作「逐户」，據會編卷十七改。

〔一二〕遣闍母國王將騎三千來問罪　「三千」，會編卷十八及遼史天祚帝紀三均作「二千」。

〔一三〕燕山路轉運趙良嗣力争以爲不可　「趙良嗣」原作「趙良弼」，據席本及會編卷十八引亡遼録改。

〔一四〕又得陰山室韋毛割石兵　「毛」原誤「乞」，據會編卷二十一引亡遼録改。案：東都事略附録卷二韃靼室韋毛割石作韃靼毛褐室韋。遼史天祚帝紀三稱北部謨葛失或陰山室韋謨葛失，會編卷三十一引史愿亡遼録作韃靼毛割石。金史太祖紀、太宗紀均只稱作「謀葛失」。

〔一五〕則車駕不幸廣平甸　「車」字原闕，據會編卷二十一引亡遼録並參考遼史天祚帝紀三補。

〔一六〕及破雲中　原作「及幸雲中」，從席本改。會編卷二十一引亡遼録「破」作「陷」。

〔一七〕今國勢微弱至此而力求戰　遼史天祚帝紀三「力」作「方」，義長。

〔一八〕雲内等州　「雲」下原衍「中」字，據席本、會編卷二十一引亡遼録並參考遼史天祚帝紀三删。

〔一九〕大宋兄弟之邦　「大宋」原作「太宗」，據席本、會編卷二十一引洪皓松漠紀聞及今本松漠紀聞改。

〔二〇〕迺走小勃律　此「小勃律」，乃本松漠紀聞爲説，即上文之「山金司小胡魯」。會編卷二十一引亡遼録稱「山金司小胡魯」，同卷引蔡絛北征紀實作「小骨禄」，引童貫賀表作「小斛禄」，卷九十九引范仲熊北記作「小葫蘆」。遼史天祚帝紀四作「党項小斛禄」。「胡魯」，當即金史百官志叙所謂「統數户者曰忽魯」的「忽魯」，源自突厥語，又作「火力」。此山金司小胡魯或党項小斛禄，乃指汪古人而言。小勃律遠在今巴基斯坦之 yasin 流域，相去何啻萬里。

契丹國志卷之十三

后妃傳

太祖述律皇后

太祖皇帝后述律氏，本國契丹人也。勇決多權變，太祖行兵御衆，后嘗預其謀。太祖嘗度磧擊党項，留后守其帳。黄頭、臭泊二室韋乘虚合兵掠之，后知之，勒兵以待其至，奮擊，大破之。由是名震諸夷。

后有母有姑，皆踞榻受其拜，曰：「吾惟拜天，不拜人也。」

晉王方經營河北，欲結契丹爲援，常以叔父事太祖，以叔母事后。

劉守光末年衰困，遣參軍韓延徽求援，太祖怒其不拜，留之，使牧馬于野。后言于太祖曰：「延徽能守節不屈，此今之賢者，奈何辱以牧圉？宜禮用之。」太祖召延徽語，悦之，用爲謀主，後爲名相。

吴王遣使遺太祖以猛火油，曰：「攻城以油然火，焚樓櫓，敵以水沃之，火愈熾。」太祖大喜，即選騎三萬〔一〕，欲攻幽州。后哂之曰：「豈有試油而攻一國乎？」因指帳前樹，謂太祖曰：「此樹無皮可以生乎？」太祖曰：「不可」。后曰：「幽州城亦猶是耳。吾但以三千騎伏其傍，掠其四野，使城中無食，不過數年，城自困矣，何必如此躁動輕舉？萬一不勝，爲中國笑，吾部落亦解體矣。」太祖乃止。

太祖之崩也，后屢欲以身爲殉，諸子泣告，惟截其右腕，置太祖柩中，朝野因號爲「斷腕太后」〔二〕，上京置義節寺，立斷腕樓，且爲樹碑。

先是，后任智用權，立中子德光，在其國稱太后。左右有桀黠者，后輒謂曰：「爲我達語於先帝。」至墓所，即殺之。前後所殺以百數。最後，平州人趙思温當往，思温不行，太后曰：「汝事先帝親近，何爲不行？」對曰：「親近莫如后，后行，臣則繼之。」太后曰：「吾非不欲從先帝於地下，顧諸子幼弱，國家無主，不得往耳。」乃斷一腕，置墓中，思温亦得免。

太宗與晉帝搆怨，帝用兵連年，中國疲弊，契丹人畜亦多死，國人厭苦之。太后謂太宗曰：「使漢人爲胡主，可乎？」曰：「不可。」太后曰：「然則何故欲爲漢主？」曰：「石氏負恩不可容。」太后曰：「汝今雖得漢地，不能居也，萬一蹉跌，悔何所及？」又曰：「漢兒何得一餉眠？自古但聞漢和番，不聞番和漢，漢兒果能回意，我亦何惜與和？」其後晉復來請和，卑辭謝過，疑其語忿，謂無和意，乃止[三]。

太宗自大梁回師，崩於欒城[四]，諸將奉東丹王突欲之子兀欲爲帝。太宗喪至國，太后不哭，曰：「待諸部寧一如故，則葬汝矣。」

先是，太祖崩於渤海，太后殺諸將數百人。太宗崩，諸將懼死，乃謀奉兀欲勒兵北歸，太后聞之大怒，發兵拒之，兀欲以偉王爲先鋒，相遇於石橋。李彥韜本從晉主北遷，是時隸太后麾下，爲排陣使，迎降於偉王，太后兵由是大敗。兀欲幽述律太后於太祖墓側，居之沒打河。

太宗蕭皇后

太宗皇后蕭氏，涿州人，遼興節度使蕭延思之女也。契丹所貴惟耶律與蕭二姓，后一入宮，正位椒房，凡后族皆以蕭爲氏。后之生也，有異於常，及長聰慧，美姿容，帝甚寵敬之。生二子，長曰述律，後爲穆宗，述軋篡弒之時，衆所擁立；次曰蒙兀。太宗南入大梁，述律后專秉國事，后無所預，弟蕭翰性殘忍，后每戒其多殺。太宗崩於欒城，后時在國。後崩，與帝合喪；暨穆宗即位，立陵寢廟，建碑頌德。

世宗甄皇后

世宗皇后甄氏，漢地人，後唐潞王時爲宮人。世宗從太宗南入大梁，得之宮中。時后年四十一歲，世宗幸之，生六子，長曰明記，後即位爲景宗；次曰平王、荆王、吴王、寧王、河間王。世宗既登位，册爲皇后。后少而端重，風神閑雅；暨正椒宫，繩治有法。自太祖、太宗連年戰争，驅馳戎馬，曾無寧歲，至帝嗣位，爲部族所推而神志昏惰，國人至以「睡王」目之。后性嚴明，宫庭之内不干以毫髮私。中朝喪亂，劉知遠、郭威代興，自稱爲帝。帝承强盛之餘，憒憒無立志。后與參帷幄，密贊大謀，然奄奄幾時，既而有火神淀之弑，后并害焉。其後，后之子明記復爲部衆推立。葬于醫巫閭山，立陵其側，建廟樹碑。碑文，翰林學士李昞所撰。

穆宗蕭皇后

穆宗皇后蕭氏，幽州㕔次人，父知璠，内供奉翰林承旨。后初産之日，有雲氣馥郁久之。幼有儀觀，進趨軌則，帝居藩時納爲妃。暨即位，后正中宫。是時，契丹繼代恬安，兵勢少弱，中朝藩鎮如南唐、北漢及李守貞之類，皆用蠟丸帛書求援以爲强，帝不能甚應之。后性柔婉，不能規正，黑山之弑，帝酗忍罹禍焉。后無子，衆共推立明記，是爲景宗。

景宗蕭皇后

景宗皇后蕭氏，名燕燕，侍中、守尚書令蕭守興之女也。或以燕燕爲北宰相蕭思温女〔五〕。景宗自幼年遭火神淀之亂，世宗與后同時遇害，帝藏積薪中，因此嬰疾；及即位，國事皆燕燕決之。蕭守興以后父超封魏王，共決大政。景宗崩，后領國事，自稱太后。凡四子，長名隆緒，即聖宗；次名隆慶，番名菩薩奴，封秦晉王；次名隆裕，番名高七〔六〕，封齊國王；次名鄭哥，八月而夭。女三人，長曰燕哥，適后弟北宰相留住哥，署駙馬都尉；次曰長壽奴，適后姪東京留守悖野；次曰延壽奴，適悖野母弟肯頭。延壽奴出獵，爲鹿所觸死，后即縊殺肯頭以殉葬。后有姊二人，長適齊王，王死，自稱齊妃，領兵三萬屯西鄙驢駒兒河，嘗閱馬，見番奴撻覽阿鉢姿貌甚美，因召侍宮中〔七〕，后聞之，縶撻覽阿鉢，抶以沙囊四百而離之。逾年，齊妃請於后，願以爲夫，后許之，使西捍韃靼〔八〕，盡降之。因謀帥其衆奔骨歷札國，結兵以簒后，后知之，遂奪其兵，命領幽州。次適趙王，王死，趙妃因會飲毒后，爲婢所發，后酖殺之。后天性忮忍，陰毒嗜殺，神機智略，善馭左右，大臣多得其死力。

統和年間，舉國南征，后親跨馬行陣，與幼帝提兵初趣威虜軍、順安軍，東趣保州。又與幼帝及統軍順國王撻覽合勢以攻定州，餘衆直抵深、祁以東。又從陽城淀緣胡盧河逾關，南抵瀛州城下，兵勢甚盛，后與幼帝親鼓衆急擊，矢集城上如雨。復自瀛州抵貝、冀、天雄，南宋惶遽，駕親幸澶淵，然后爲謀主；至遣王繼忠通好，及所得歲幣，亦后之謀也。國中所管幽州漢兵，謂之神武、控鶴、羽林、驍武等，皆后自統之，其將有南北皮室、當直舍利等。是時，聖宗年少，宋使臣曹利用、張皓之議和，皆后與幼帝引至帳前，問勞設館〔九〕。左飛龍使韓杞至宋朝，先授幼帝書，再升殿跪奏云：「太后令臣上問皇帝起居。」此可以知太后專其政，人不畏其幼帝也。是年，帝上后尊號曰睿德神略應運啟化法道洪仁聖武開統承天皇太后。

自南北通和後，契丹多在中京。武功殿，聖宗居之；文化殿，太后居之。好華儀而性無檢束，每宴集有不拜不拱手者。惟后顧固盟好而年齒漸衰，宰相耶律隆運專權，有辟陽侯之幸，寵榮終始，朝臣莫及焉。其後歸政于帝，未逾月而崩。臨朝二十七年，年五十七，謚曰宣獻。

聖宗蕭皇后

聖宗皇后蕭氏，父突忽，追封陳王。性慎静寡言，聖宗選入宫，生木不孤，即興宗，次曰達妲李，又公主二人。册爲順聖元妃。三兄二弟皆封王，姊妹封國夫人。弟徒古撒又尚燕國公主，兄解里尚平陽公主，陳六尚南陽公主，皆拜駙馬都尉。又納兄孝穆女爲興宗后，弟高九女爲帝弟妃。前後恩賜，不可紀極；諸連姻婭，並擢顯官。齊天后蕭氏，本正后也，屢誕皇子不育，聖宗顧待隆渥。元妃妬恩媢寵，讒毁百端，聖宗終不之信。

聖宗崩，元妃自立爲太后，乃殺齊天后，詳見帝紀。后殘忍陰毒，居喪未及一年，先朝所行法度變更殆盡，不俟聖宗服闋，加尊號曰法天皇太后。駙馬蕭懇得一子疋梯，自景宗朝承天后襁育之；逮至成人，聖宗恩視比之皇子，尚韓國公主，後平渤海，勳業隆重，封蘭陵王。后兄弟媢而殺之，連坐如木柮里大師、觀音大師、彌勒大師等十餘人，一皆功臣，駢首誅夷，内外嘆憤。犯贓等人累朝切齒，雖經赦宥，並不叙用，山陵未畢，后已洗滌用之，一一擢諸清途。毛克和等四十人，后家奴隸，咸無勞績，皆授防、團、節度使；至於出入宮掖，詆慢朝臣，賣官鬻爵，殘毒番漢。自是幽、燕無行之徒願没身爲奴者衆矣。后姊秦國夫人，早年嫠居，豔醜私門，后見長沙王名謝家奴，瑰偉美姿容，爲殺其妃，而以秦國妻之。后妹晉國夫人，喜户部使耿元吉貌美，后從晉國之請，亦爲殺其妻，以晉國妻之。淫虐肆行，刑政弛紊，南北面番漢公事率其弟兄掌握之。凡所呈奏，弟兄聚議，各各弄權，朝臣朋黨，每事必知。太后臨朝凡四年，興宗方幽而廢之，契丹已困矣。

太后之廢也，諸舅滿朝，權勢灼奕，帝懼内難，乃與殿前都點檢耶律喜孫、護位太保耶律劉三等定謀廢后，召硬寨拽剌護位等凡五百餘人，帝立馬於行宮東之二里小山上，喜孫等直入太后宮，驅后登黄布車，幽于慶州。諸舅以次分兵捕獲，或死或徙，餘黨並誅。是時乃重熙之二年也。法天既廢，仍詔靈州節度使、内庫都點檢王繼恩内侍，都知監門衛大將軍、監南北面番漢臣僚，具不便軍民三十餘事，並立改之。

後數年，帝聽講報恩經感悟，迎回太后。

興宗蕭皇后

興宗皇后蕭氏，應州人，法天皇后弟樞密楚王蕭孝穆之女也。容德兼美，曲盡和敬。生三子，長曰洪基，即道宗；次曰紇根，名洪道，封燕王；又次曰壽千，名洪德，封晉王。帝酷好沙門，縱情無檢，后每伺帝有所失，隨即匡諫，多所弘益。洪基即位，尊爲睿聖洪慈順天皇太后。清寧五年后崩，與帝合葬。

道宗蕭皇后

道宗皇后蕭氏，平州人，贈同平章事蕭顯烈女也。后生有神光之異，後入宫爲芳儀，進位昭儀。生空古里，是爲秦王，後名元吉，餘子皆不育。道宗登位，后正位中宫，性恬淡寡欲。魯王宗元之亂，道宗與同射獵，内外震恐，未知音耗，后勒兵鎮帖中外，甚有聲稱。後崩，葬祖州。

海濱王蕭皇后

海濱王后蕭氏，平州人〔一〇〕，節度使蕭槁剌之女也。奉先、保先兄弟皆緣后寵，柄任當朝。后性閑淑有則度，遭女真之亂，天祚荒淫，后不能違，以至禍敗焉。山金司之禍，后并被擒，粘罕納爲次室。其後耶律余覩雲中起兵，兀室誅余覩并及於后。兀室回至燕山，請罪於粘罕曰：「蕭氏，契丹天祚元妃也。與兄實乃仇讎，不得已而從，彼素忍死以侍兄者，將有待於今日也。今既見事無成，恐或不利於兄；且兄橫行天下，萬夫莫當，而此人帷幄之間，可以寸刃害兄於不測矣。事當預防，以愛兄故，已擅殺之。」粘罕起而謝之，既而泣下。

海濱王文妃

海濱王文妃，本渤海大氏人。幼選入宮，聰慧閑雅，詳重寡言。天祚登位，册爲文妃，生晉王。文妃自少時工文墨，善歌詩，見女真之禍日日侵迫，而天祚醉心畋遊，不以爲意，一時忠臣多所疎斥，時作歌詩以諷諫，曾有歌云：「莫嗟塞上暗紅塵，莫傷多難畏女真。不如塞却姦邪路，選取好人〔一一〕。直是卧薪而嘗膽，激壯士之捐身。便可以朝清漠北，夕枕燕雲。」詞多不備載，其諷切不避權貴如此。又曾作詠史詩云：「丞相朝來劍佩鳴〔一二〕，千官側目寂無聲。養成外患嗟何及，禍盡忠臣罰不明。親戚並居藩翰位〔一三〕，私門潛蓄爪牙兵。可憐昔代秦天子，猶向宫中望太平。」其詩之感烈有如此者，天祚見而銜之。

是時，契丹緣金人之禍，喪郡縣幾盡，天祚遊畋不輟，嘗有倦勤意。諸子中惟晉王最賢，蕭奉先乃元妃兄，深忌之。會文妃之姊適耶律撻曷里，妹適耶律余覩，奉先誣告余覩欲立晉王，尊天祚爲太上皇。帝於是戮撻曷里并其妻，文妃與晉王相繼受誅。

論曰：孽吕專朝，則人彘喪妖媚之質；豔武稱制，則羅網碎王侯之軀。天下有猜忍陰毒之性，武夫悍卒所無，而於婦人女子乎見之，初興之述律，繼軌之二蕭是已。然能忍於諸酋之屠戮，而不能忍於長陵之抆淚；能勇於南侵之塗炭，而不能勇於辟陽之割恩。齊天可殺也，不大横歟；武轍可尋也，不伊慼歟。若乃海濱降號，不見泣竹之妃；賈禍詩謌，空餘憂國之涕。斯亦遭家不造，末如之何矣！

校勘記

〔一〕即選騎三萬　「三萬」，原作「二萬」，據席本及通鑑卷二百六十九，並參考遼史本傳改。

〔二〕朝野因號爲斷腕太后　「野」字原闕，據席本及文意補。

〔三〕其後晉復來請和卑辭謝過疑其語忿謂無和意乃止　事見通鑑卷二百八十四。「疑其語忿，謂無和意，乃止」者，謂晉朝廷也，非指契丹。此處撮抄史文，大失原意。

〔四〕崩於欒城　「欒城」，原作「鎮城」，下太宗蕭皇后傳同誤，並據席本、通鑑卷二百八十七並王稱東都事略卷一百二十三附録一改。

〔五〕景宗皇后蕭氏名燕燕侍中守尚書令蕭守興之女也或以燕燕爲北宰相蕭思温女　長編卷十云契丹主景宗「納守興女燕燕爲皇后」，注引仁宗實録曰「燕燕爲北宰相蕭思温女」。又東都事略卷一百二十三附録一載聖宗母「燕燕姓蕭氏，宰相思温之女」，則與實録同。

〔六〕次名隆裕番名高七　「番」原作「次」，從席本改。

〔七〕因召侍宮中　長編卷五十五「宮」作「帳」。

〔八〕使西捍韃靼　「捍」原誤作「得」，從長編卷五十五改；席本作「伐」，亦誤。

〔九〕問勞設館　「設館」原作「館設」，據席本意轉。

〔一〇〕平州人　「人」字原脱，據席本及文意補。

〔一一〕選取好人　席本及遼史天祚文妃傳均作「選取賢臣」。

〔一二〕丞相朝來劍佩鳴　「朝來」，遼史天祚文妃傳作「來朝」。

〔一三〕親戚並居藩翰位　原作「親戚並連藩屏翰」，據席本改。遼史天祚文妃傳作「親戚並居兮藩屏位」。

契丹國志卷之十四

諸王傳

東丹王

東丹王名突欲，太祖長子，母曰述律氏。太祖攻渤海，拔其夫餘城，更名曰東丹國，命其長子突欲鎮東丹，號人皇王，時唐明宗初年也。太祖崩於渤海，述律后使少子安端少君守東丹，與長子突欲奉太祖之喪，發渤海。

先是，突欲鎮東丹時乃渤海國亦有宮殿，被十二旒冕，服皆畫龍像，稱制行令。凡渤海左右平章事、大内相已下百官，皆其國自除授，歲貢契丹國細布五萬疋、麄布十萬疋、馬一千匹。太祖崩，述律后愛中子德光，欲立之，至西樓，命與突欲俱乘馬立帳前，謂諸將曰：「二子吾皆愛之，莫知所立，汝曹擇可立者執其轡。」諸將知其意，争讙躍曰：「願事元帥太子。」后曰：「衆之所欲，吾安敢違？」遂立之，爲天皇王，稱皇帝。突欲愠，帥數百騎，欲奔唐，爲邏者所遏。后不罪，遣歸東丹。唐明宗長興元年，突欲自以失職，帥部曲四十人，越海自登州奔唐。明宗賜姓東丹，名慕華，以爲懷化節度使、瑞慎等州觀察使〔一〕，其部曲及先所俘將惕隱等，皆賜姓名。惕隱姓狄，名懷惠〔二〕。

次年，明宗更賜東丹慕華姓名曰李贊華。

明宗長興三年，以贊華爲義成節度使，選朝士爲僚屬輔之。贊華但優游自奉，不豫政事，明宗嘉之；雖時有不法，亦不問，以莊宗後宫夏氏妻之。贊華好飲人血，姬妾多刺臂以吮之。婢僕小過，或抉目，或刀刲、火灼。夏氏不忍其殘，奏離婚爲尼。

贊華之歸唐，乘船逾海，因於海岸立木爲碑，惟書二十漢字詩云：「小山壓大山，大山全無力。羞見故鄉人，從此投外國。」

贊華性好讀書，不喜射獵。初在東丹時，令人賫金寶私入幽州市書，載以自隨，凡數萬卷，置書堂於毉巫閭山上，扁曰望海堂。以南至海可二十里有望海寺也〔三〕。

潞王末年，石晉内叛，求援契丹。潞王已危，乃遣宦者秦繼旻、皇城使李彦紳殺之，贊華遇害於其第。石晉詔贈贊華燕王，遣使送其喪歸國。其後太宗破石晉，入中原，求得李彥紳、秦繼旻殺之，以其家族財物賜東丹王子兀欲。兀欲後即位爲世宗，葬之醫巫閭山，諡讓國皇帝。

恭順皇帝

自在太子名阮〔四〕，太祖第三子，母曰述律氏。少豪俠，有智略，善彈工射，太祖奇之，曰：「吾家鐵兒也。」征渤海時，山坂高峻，士馬憚勞苦，太子徑於東谷緣崖而進，屢戰有功。後渤海平，封爲自在太子。尋薨，葬於祖州，追諡曰恭順皇帝。一子拽剌，封趙王，爲景宗所害。

孝文皇太弟

孝文皇太弟隆慶，番名菩薩奴，母曰蕭氏，景宗第二子。生而岐嶷，儼若成人。幼時與群兒戲，爲行伍戰陣法，指揮意氣，無敢違者。景宗奇之，曰：「此吾家生馬駒也。」長善騎射，驍捷如風。定州之戰，隆慶封爲梁王，加兵馬大元帥，從其母蕭后以行，力戰深入，與擒王繼忠有功，拜西京留守，封秦晉國王，又拜尚書令。尋薨，葬祖州，謚曰孝文皇太弟。

齊國王隆裕

齊國王隆裕，番名高七，母曰蕭氏，景宗第三子。性沉毅，美姿容。始封鄭王，遥授西南面招討使，拜吴國王。自少時慕道，見道士則喜。後爲東京留守，崇建宫觀，備極輝麗，東西兩廊，中建正殿，接連數百間。又別置道院，延接道流，誦經宣醮，用素饌薦獻，中京往往化之。後蕭太后一年而薨，追封齊國王。

魯王宗元

魯王宗元，興宗同母弟也。少而雄耿，狠愎過人。始封鄭王，又加兵馬大元帥，封晉國王。性極殘忍，每出一囚犯死罪者，命衆集射，斬而臠之，流血滿前，飲啗自若。意志不臣，每伺時釁。洪基嗣立，奉長樂之命，以爲皇叔。後因遊獵伺間弑帝，左右遮救得免，宗元併其子洪孝受誅。

晉王宗懿

晉王宗懿，番名查箇只，聖宗弟孝文皇太弟隆慶之子也。少有氣局，幹略過人。聖宗雅愛諸姪，每誡之曰：「汝勿以材能陵物，勿以富貴驕人。惟忠惟孝，保家保身。」始封中山王，歷龍化州、饒、建、宜、平州節度使，改封晉王，薨。

燕王洪道

燕王洪道，番名叱地好，道宗同母弟也。頗有武略，庫莫奚侵擾，詔洪道討之。洪道伏兵林中，佯敗而走，奚掠輜重，洪道與伏兵合擊之，盡殪。後渤海高頵欒反，又命洪道討之。終於燕京留守，封燕王。

梁王信寧

梁王信寧，番名解里，北大王烏斡之子。始以祗候郎君授林牙，雲州、奉聖州、蔚州節度使、同平章事。與帝同謀，逐太后出宮，拜南大王、北大王、惕隱、南宰相，封梁王，加尚父，致仕。

論曰：后不可並，並后則傾；嫡不可匹，匹嫡則危。契丹起自朔荒，吞噬上國，嫡庶之分，亦安知之？元帥太子之稱，不以屬之突欲，而以屬之德光，則其立國之初，已可議矣。既而述軋生問鼎之謀，宗元受皓首之戮，亦何怪其然哉！

校勘記

〔一〕以爲懷化節度使瑞慎等州觀察使　「慎」原作「鎮」，據通鑑卷二百七十七並參考遼史皇子表、義宗倍傳改。

〔二〕愓隱姓狄名懷惠　通鑑卷二百七十七「懷惠」作「懷忠」。

〔三〕以南至海可二十里有望海寺也　「可」原作「自」，據席本改。

〔四〕自在太子名阮　按李胡二子：宋王喜隱，衛王宛。宛疑即阮，誤以子名當父名耳。

契丹國志卷之十五

外戚傳

述律魯速

述律魯速，太祖皇后兄也，蕃部人[一]，世爲酋長。少壯武有膽略，部人憚之。從太祖平奚有功，授統軍使。盧文進自新州來奔，太祖歲入燕塞，魯速以兵從。又從圍周德威於幽州，機巧善智，城幾克，會救至，退師。改授奚王府監軍、東路兵馬都統軍。子屈列，尚奥哥公主。

蕭延思

蕭延思，涿州人，太宗皇后父也。少習武藝，有材力，能左右持射。自太祖時從平諸番，常率騎數十深入敵陣[二]，屢戰有功。太宗南援石晉，時少掃古撒已死矣〔三〕，太宗每嘆曰：「斯人尚在，中原不足平也。」終北面都部署、遼興節度使。

劉珂

劉珂，平章事晞之次子也。尚世宗妹燕國公主。少善射，以材能稱。賦性謹重，未嘗有過，爲太宗所知。太宗忿石晉負恩，連年南牧，戰定州，時深入，帝馬陷泥濘中，珂下馬奉帝出，身被數十瘡，流血滿體，太宗壯之。遷林牙、行宫都部署、西北路兵馬招討使。從入大梁，授同知京府事，尋授漢人樞密使，封吴王。

蕭守興

蕭守興，番名喂呱，侍中解里鉢長子也。始爲祗候郎君、林牙、左宣徽使。景宗居藩，燕燕爲妃；即位，册立爲后。守興以后父爲侍中，共當國政。是時，景宗嬰疾，北漢見僭叛悉平，南宋憂逼，屢遣蠟丸求援，而守興柱石非材，兵勢少弱，石嶺關南之敗，喪萬餘人。後又遷尚書令、封魏王，任遇彌堅。年既昏耄〔四〕，事多狥私，吏有言韻微訛者，抉摘示明，朝廷以此患之，畏后不敢言。

蕭孝穆

蕭孝穆，番名陳六，法天皇后兄也。初，后選入宫爲聖宗夫人，授大將軍。后封元妃，遷北宰相，封燕王。孝穆機悟有才藝，馳馬立射五的，時人莫能及。聖宗在位，喜其忠謹，與參軍國大謀。時渤海反於東京，有衆數萬，命孝穆爲行營兵馬都統討之。大酋宿石真栅于金閭山上，險峻不可攻，孝穆爲宣揚恩意，開其自新，凡所招降七萬餘户而還，以功授東遼王〔五〕。聖宗疾亟，急召赴闕。聖宗崩，以輔立功封晉王。又納女爲興宗后，授樞密使、楚國王。

蕭奥只

蕭奥只，番名掃古，燕京統軍使撻里麽之子〔六〕。撻里麽於統和中攻南宋澶州，爲流矢所中，死城下。奥只以父戰功爲祇候郎君，遷林牙、契丹諸行宫都部署，又遷彰國節度使。奥只雖家門貴盛而虚己接物，汲引諸名士，時論賢之。宋張昇來使，奥只以侍中爲館伴，從容言：「兩朝盟好，誓若山河，毋以小嫌，遽傷大信。」與昇論談移日，曲盡其懽。昇亦云：「侍中，北朝儀表也。」深敬異之。後授北宰相、宣徽使，封鄭王。

論曰：漢王諸呂，炎光幾曚；唐柄三思，皇運斯厄。古今外戚之家，未有不驕奢恃權，馴至於覆且敗也。述律諸人，起兜鍪〔七〕，連輝赫奕，有纍纍金印之封，無彰彰鴟吻之迹，難矣！然考契丹之所以亡，竟不出於外戚之家，豈亂之至匪降自天？時君終當以后族爲永鑑歟！如蕭奉先諸人是已，別有傳。

校勘記

〔一〕蕃部人　「蕃部」，原作「部蕃」，從席本意轉。

〔二〕常率騎數十深入敵陣　「率」原作「單」，明鈔本同，據席本改。

〔三〕時少掃古撒已死矣　席校曰：一本「多無『少』字」，與明鈔本同。

〔四〕任遇彌堅年既昏耄　「堅」原作「望」，「耄」原作「毛」，均從席本及文義改。

〔五〕以功授東遼王　「東遼王」應改「東平王」，遼史聖宗紀八太平十年十一月，以蕭孝穆「爲東平王、東京留守」。

〔六〕燕京统軍使撻里麽之子　「燕京」前原衍「父」字，據文義删。

〔七〕起兜鍪　「鍪」，原作「蝥」，據席本及文義改。

契丹國志卷之十六

列傳

韓延徽

韓延徽，幽州人也。仕劉守光爲幕府參軍，守光與六鎮搆怨，自稱燕帝，延徽諫之不從，守光置斧質於庭，曰：「敢諫者斬。」孫鶴力諫，守光殺之。延徽以幕府之舊，且素重之，得全。

守光末年衰困，盧龍巡屬皆入于晉，遣延徽求援於契丹。太祖怒其不拜，留之，使牧馬於野。延徽有智略，頗知屬文，述律太后言於太祖，曰：「延徽能守節不屈，此今之賢者，奈何辱以牧圉，宜禮用之」。太祖召延徽語，悦之，遂以爲謀主，舉動訪焉。

延徽始教太祖建牙開府，築城郭，立市里，以處漢人，使各有配偶，墾藝荒田。由是漢人各安生業，逃亡者益少。契丹威服諸國，延徽有助焉。

頃之，延徽逃奔晉王〔一〕，晉王欲置之幕府，掌書記王緘疾之，延徽不自安，求東歸省母。過真定，止於鄉人王德明家。德明問所之，延徽曰：「今河北皆爲晉有，當復詣契丹耳」。德明曰：「叛而復往，得無取死乎？」延徽曰：「彼自吾歸，如喪手目。今往詣之，彼手目復完，安肯害我？」既省母，遂復入契丹。太祖聞其至，大喜，如自天而下，拊其背曰：「曏者何往？」延徽曰：「思母，欲告歸，恐不聽，故私歸耳。」太祖待之益厚。及稱帝，以延徽爲相，累遷至中書令。

晉王遣使至契丹，延徽寓書於晉王，叙所以北去之意，且曰：「非不戀英主，非不思故鄉，所以不留，正懼王緘之讒耳。因以老母爲託。」且曰：「延徽在此，契丹必不南牧。」故終同光之世，契丹不深入南牧，延徽之力也。

後，太宗援石晉，得幽、燕，會同稱制，以延徽兼樞密使、同平章事。後數年，延徽卒於契丹。

張礪

張礪，磁州滏陽人也。唐魏王繼岌征蜀，時爲掌書記。繼岌死，礪詣王府慟哭久之。潞王時，爲翰林學士。

石敬瑭叛，潞王以趙德鈞爲行營招討，礪以翰林學士爲行營判官。礪隨德鈞入契丹，太宗復以爲翰林學士。礪事太宗甚忠直，遇事輒言，無所隱避，太宗甚重之。後自契丹逃歸中國，爲追騎所獲，太宗責之曰：「何故捨我去？」對曰：「臣華人，飲食衣服皆不與此同，生不如死，願早就戮。」太宗顧通事高彦英〔二〕曰：「吾嘗戒汝善遇此人，何故使之失所而亡，若失之，安可再得耶？」遂笞彦英而謝礪。

是年，太宗會同改元，參用中國人爲公卿百官，以礪爲翰林承旨，兼吏部尚書。

太宗既入大梁，一時番將恣横，肆行殺戮，如蕭翰、麻荅、耶律郎五之類，縱兵殺掠尤甚。礪言於太宗曰：「今大遼已得天下，中國將相宜用中國人爲之，不宜用北人及左右近習。苟政令乖失，則人心不服，雖得之，猶將失之。」太宗不從。後改除爲右僕射兼門下侍郎、同平章事。

大兵北歸，回居恒州，蕭翰、麻荅以鐵騎圍其第，礪方卧病，出見之。翰數之曰：「汝何言於先帝，云胡人不可爲節度使〔三〕？又吾爲宣武節度使，且國舅也，汝在中書，乃帖我；又先帝留我守汴州，令我處宮中，汝以爲不可，又譖我及解里於先帝，云解里好掠人財，我好掠人子女。我必殺汝！」命鎖之，礪抗聲曰：「此皆國家大體，吾實言之。欲殺即殺，奚以鎖爲？」麻荅以大臣不可專殺，力救止之，翰乃釋之。是夕，礪憤恚而卒。

趙延壽

趙延壽，相州人也。父德鈞，唐爲盧龍節度使。

石敬瑭叛，與契丹會擊張敬達，潞王令德鈞將幽州兵由飛狐出契丹軍後。德鈞密與契丹通，許以厚賂，云：「若立己爲帝，即請以見兵南平洛陽，與契丹爲兄弟國」。契丹以晉安未下，欲許德鈞之請。晉高祖亟使桑維翰入説太宗，太宗從之，指帳前石謂德鈞使者曰：「我已許石郎，此石爛，方可改也。」會太宗至潞州，德鈞父子迎謁於高河。太宗問德鈞曰：「汝在幽州所置銀鞍契丹直何在？」德鈞指示之，太宗命盡殺之於西郊，凡三千人。遂鎖德鈞、延壽，送歸其國。德鈞見述律太后，悉以所齎寶貨并籍其田宅獻之，太后問曰：「汝近者何爲往太原？」德鈞曰：「奉唐主之命。」太后指天曰：「汝從吾兒求爲天子，何妄語耶？」又自指其心曰：「此不可欺也。」又曰：「吾兒將行，吾戒之云：『趙大王若引兵北向渝關，亟須引兵歸，太原不可救也。』汝欲爲天子，何不先擊退吾兒，徐圖亦未晚。汝爲人臣，既負其主，不能擊敵，又欲乘亂邀利，所爲如此，何面目復求生乎？」德鈞俛首不能對。又問：「器玩在此，田宅何在？」德鈞曰：「在幽州。」問：「今屬誰〔四〕？」德鈞曰：「屬太后。」太后曰：「然則又何獻焉？」德鈞益慙，自是鬱鬱不多食，逾年而死。

德鈞既卒，太宗釋延壽而用之。其後會同改元，參用番漢，以延壽爲樞密使，尋兼政事令。

太宗遣使如洛陽，取延壽妻唐國長公主以歸。

會同六年，以延壽爲盧龍節度使。

是時，晉少帝初立，搆怨契丹。延壽欲代晉帝中國，屢説太宗擊晉，太宗頗然之，乃集山後及盧龍兵，合五萬人，使將之，委之經略中國，曰：「得之，當立汝爲帝。」又嘗指延壽謂晉人曰：「此汝主也。」延壽信之，由是爲契丹盡力。

會同八年，延壽與其弟延照將兵五萬南征〔五〕，逼貝州，陷之，吴巒死，所殺且萬人。太宗逼澶州，屯元城，延壽屯南樂。以延壽爲魏博節度使，封燕王〔六〕。

會同十一年，延壽進言於太宗，陳橋降卒得免死者二三十萬人。先是，晉軍降契丹，太宗悉收其鎧仗數百萬，貯恒州，驅馬數萬歸其國，遣杜重威將其衆從，已而南，及河，太宗以晉兵之衆，恐其爲變，欲悉以胡騎擁而納之河流，或諫曰：「晉兵在他所者尚多，彼聞降者盡死，必皆拒命爲患，不若且撫之，徐思其策。」太宗乃使重威以其衆屯陳橋。會久雪，官無所給〔七〕，士卒凍餒，咸怨重威，相聚而泣。重威每出，道旁人皆罵之。太宗猶欲誅晉兵，延壽言於太宗曰：「皇帝親冒矢石，以取晉國，欲自有之乎，將爲它人取乎？」太宗變色曰：「朕舉國南征，五年不解甲，僅能得之，豈爲它人乎？」延壽曰：「晉國南有唐，西有蜀，常爲仇敵，皇帝亦知之乎？」曰：「知之。」延壽曰：「晉國東自沂、密，西及秦、鳳，延袤數千里，邊於吴、蜀，常以兵戍之。南方暑濕，上國之人不能居也。它日車駕北歸，以晉國如此之大，無兵守之，吴、蜀必相與乘虚入寇，如此，豈非爲它人取之乎？」太宗曰：「朕不知也，然則奈何？」延壽曰：「陳橋降卒可分以戍南邊，則吴、蜀不能爲患矣！」太宗曰：「朕昔在上黨，失於斷割，悉以唐兵授晉，既而返爲仇讎，北向與吾戰，辛勤累年，僅能勝之。今幸入吾手，不因此時悉除之，豈可復留以爲後患乎？」延壽曰：「曏留晉兵於河南，不質其妻子，故有此憂；今若悉徙其家於恒、定、雲、朔之間，每歲分番使戍南邊，何憂其爲變哉？此上策也。」太宗悦曰：「善，惟大王所以處之。」由是陳橋兵始得免，分遣還營。

天禄元年，太宗初許延壽代晉，後負約，恨之，謂人曰：「我不復入龍沙矣。」

太宗崩，延壽僞稱受太宗遺詔，權知南朝軍國事，永康王兀欲鎖之。後二年，延壽卒於契丹。

論曰：契丹之興，當朝柄國，率其種人，名曰番漢雜用，然漢人無幾矣，而名之彰彰尤著者，莫如延徽諸人。方延徽屈身牧圉，微述律后一言，終其身夕陽牛背間耳。城郭宫室，誰其畫之？威服諸番，誰其翼之？太祖之興，延徽有力焉。礪與延壽自南歸北，委質太宗朝，痛番臣之横肆，救陳橋之降卒，謂非忠誠天性不可；而一困於麻荅之强，一失於睥睨之誤〔八〕，豈不重可嗟歟！

校勘記

〔一〕延徽逃奔晉王　「晉王」，通鑑卷二百六十九作「晉陽」。

〔二〕太宗顧通事高彦英　通鑑卷二百八十一書此事作「契丹主顧通事高彦英」。高彦英，同上引通鑑卷二百八十六、卷二百八十七、舊五代史高祖紀、張礪傳、新五代史四夷附録契丹傳均作高唐英，而遼史張礪傳同作高彦英。國志卷十九「番將除授職名」之「彰德節度使高唐英」，疑即其人焉。

〔三〕云胡人不可爲節度使　通鑑卷二百八十七此句作「胡人不可以爲節度使」，元本脱「可」字，席本删「以」字，今從後者。

〔四〕問今屬誰　「問」字原脱，據席本補。

〔五〕延壽與其弟延照將兵五萬南征　通鑑卷二百八十一、卷二百八十三均見延照之名，又皆以爲思温之子。遼史趙延壽傳稱延壽「本姓劉，恒山人」。國志言延壽弟延照，恐誤。

〔六〕封燕王　通鑑卷二百八十三作「封魏王」。

〔七〕官無所給　「所」字據通鑑卷二百八十六補。

〔八〕一失於睥睨之誤　「睨」原作「晲」，據席本及文義改。

契丹國志卷之十七

列傳

蕭翰

蕭翰，本國人，述律太后之兄子也，其妹復爲太宗后〔一〕。翰始以蕭爲姓，自爾契丹后族皆稱蕭氏。翰最殘忍，工騎射。太宗與張敬達交鋒，翰等自東北起，衝唐兵爲二，唐兵大敗，步兵死者萬人。

太宗南入大梁，以天時向暑，難久留，欲留親信一人爲節度使。百官請迎太后，太宗曰：「太后族大如古柏根，不可移也。」又欲盡以晉百官自隨，恐搖人心，乃詔有職事者從行，餘留大梁。復以汴州爲宣武軍，翰爲節度使。

滋德宮有宮人五十餘人，翰欲取之，宦者張環不與，翰破鎖奪宮人，執環燒鐵灼之，腹爛而死。

初，翰聞北漢高祖擁兵而南，欲北歸，恐中國無主，必大亂，己不得從容而去。時唐明宗子許王從益與王淑妃在洛陽，翰遣高謨翰迎之，矯稱太宗命，以從益知南朝軍國事，召己赴恒州。從益、淑妃匿於徽陵下宫，不得已而出，至大梁，翰立以爲帝，帥諸酋長拜之。立百官，留燕兵千人爲從益宿衛，翰乃辭行。翰至恒州，以兵圍張礪之第〔二〕。麻荅以大臣不可專殺，乃止。

麻荅

麻荅，太宗之從弟也。會同九年，契丹攻黎陽，麻荅先驅，晉博州刺史周儒以城降。未幾，周儒引麻荅自馬家口濟河，營於東岸，攻鄆州北津。

又陷德州，擒刺史尹居璠。

太宗南入大梁，以麻荅爲安國節度使，又以爲中京留守。

至恒州，崔廷勳見麻荅，趨走拜，起，跪而獻酒，麻荅踞而受之。

麻荅貪殘猾忍〔三〕，民間有珍貨美女，必奪而取之。又捕村民，誣以爲盜，披面抉目斷腕，焚炙而殺之，欲以威衆。常以其具自隨，左右前後懸人肝膽手足，飲食起居於其間，語笑自若。出入或被黄衣，用乘輿，服御物，曰：「兹事漢人以爲不可，吾國無忌也。」又以宰相員不足，乃牒馮道判史館，李崧判弘文館〔四〕，和凝判集賢，劉煦判中書，其僭妄如此。然契丹或犯法，無所容貸，故市肆不擾。常恐漢人亡去〔五〕，謂門者曰：「漢有窺門者，即斷其首來〔六〕。」

麻荅遣使督運於洺州，洺州防禦使薛懷讓聞漢高祖入大梁，殺其使者，舉州降。高祖遣兵萬人會懷讓，攻劉鐸於邢州，不克。鐸請兵於麻荅，遣其將楊安及前義武節度使李殷將千騎攻懷讓於洺州〔七〕。懷讓嬰城自守，安等縱兵大掠於邢、洺之境。契丹所留守不滿一千〔八〕，麻荅令所司給萬四千人食，收其餘以自入。麻荅常疑漢兵，且以爲無用，稍稍廢省，又損其食以飼胡兵，衆心怨憤。漢兵謀攻麻荅，然畏契丹尚强，猶豫未決；會楊袞、楊安等軍出，契丹留恒州者僅八百人，何福進等遂決計。未幾，召馮道、李崧會葬太宗，漢兵突入府中，焚衙門，與契丹戰。會日暮，有村民數千，譟於城外，欲奪北兵寶貨婦女，北兵懼而北遁。麻荅、劉晞、崔廷勳皆奔定州，與義武節度使耶律忠合〔九〕。漢有白再榮者，拘人取財，恒州謂之白麻荅，虐可知矣。麻荅歸，世宗酖殺之。

耶律郎五

耶律郎五，即耶律忠，國主族人也。

太宗南攻石晉，郎五扈從，累有戰功。太宗入大梁，以郎五爲鎮寧節度使。郎五性殘虐，澶州人苦之。賊帥王瓊率其徒千餘人，襲據南城，北渡浮航，縱兵大掠，圍郎五於牙城。郎五聞漢平鄴都杜重威，常懼華人爲變。未幾，郎五與麻荅等焚掠定州，悉驅其人棄城北去。方廣千里，剽掠殆盡。

論曰：陰山異氣，殺伐鍾焉，運數所乘，山河改色。太宗德光，鐵馬中原；翰等諸人，分麾長騖。而谿壑難滿，剽掠窮凶，而使忠臣鬱憤恚之胸，生靈塗肝腦之血，不亦重可悲歟！

校勘記

〔一〕其妹復爲太宗后　「太宗」原作「世宗」，據席本、通鑑卷二百八十六及歐陽修新五代史四夷附録一改。

〔二〕翰至恒州以兵圍張礪之第　「至」字原闕，「第」原作「弟」，均據席本及通鑑卷二百八十七補改。

〔三〕麻荅貪残猾忍　「貪殘猾忍」，當依通鑑卷二百八十七作「貪猾殘忍」。

〔四〕乃牒馮道判史館李崧判弘文館　通鑑卷二百八十七作「乃牒馮道判弘文館，李崧判史館」。通鑑是。

〔五〕常恐漢人亡去　「亡」，通鑑卷二百八十七作「妄」。

〔六〕即斷其首來　通鑑卷二百八十七「來」上有「以」字。

〔七〕遣其將楊安及前義武節度使李殷將千騎攻懷讓於洺州　通鑑卷二百八十七「遣」上重麻荅之名，語義明。

〔八〕契丹所留守不滿一千　據通鑑卷二百八十七「守」當作「兵」，「一千」當作「二千」。

〔九〕與義武節度使耶律忠　「武」原作「成」，據通鑑卷二百八十七改。

契丹國志卷之十八

列傳

盧文進

盧文進，字大用，幽州范陽人也。文進身長七尺，偉儀容。守光與晉王搆怨，時晉王遣周德威攻幽州，文進以騎先降，拜蔚州刺史。

是時，李存矩統山後八軍，爲新州團練使。晉王時在河上，與劉鄩血戰，會新州兵。存矩募山後勁兵數千人，驍勇難制，又課民出馬，民以十牛易一馬〔一〕，怨之入骨，山後兵又憚遠行，至祁溝關，聚謀作亂。文進有女少而艷，存矩求爲側室，文進不敢違，而心常内愧，因與亂軍殺存矩。攻新州不克，遂帥其衆奔于契丹。後引契丹軍攻新州，刺史安金全不能守，棄城去。周德威援之，進攻新州，契丹衆數萬，德威不勝，大敗奔歸。文進與契丹進攻幽州，圍城且二百日，城中危困，晉王親將兵救之，方始解去。契丹以文進爲幽州節度使，又以爲盧龍節度使。

文進在新州〔二〕，歲歲以輕騎出入塞上，攻掠剽奪，無有寧歲，幽、瀛、涿、莫間常被其患。又教契丹以中國織紝工作無不備，契丹由此益强。南兵屯涿州時，餽運自瓦橋關至幽州，嚴界堠，常苦鈔奪，爲邊患者十餘年，皆文進所爲也。後奔南唐。

初，文進攻新州不克〔三〕，夜走墜塹，一躍而出，明日視之，乃郡之黑龍潭也，絶岸數丈，深不可測。又嘗有大蛇，徑至座間，引首及膝，文進取食飼之而去。由是自負往來南北，無挫衄焉。

論曰：皇運將傾，則大盜移國；狂謀未敗，則桀猾不亡。求之五代，盧文進其人歟？方其自負龍蛇之異，叛亂南北之間，見其不敗者，謂之智，考其成敗，則謂之天。餽運可掠也，惠彼戎車之膏；燕地可取也，痛哉肝腦之血。此感今懷古之士，覩此未有不爲之慨然者。

耶律隆運

耶律隆運，本漢人，姓韓名德讓。祖知古，加右僕射、中書令。父匡嗣，追封秦王。隆運性忠愿謹慤，智略過人。景宗嬰疾，后燕燕與決國事，雅重隆運，擢授東頭供奉官，充密院通事，尋轉上京皇城使，超授遼州節度使，改授同知燕京留守，又遷平州節度使，改樞密使，兼行營都部署[四]。

隆運自在景宗朝翼決庶政，帝后少年，有辟陽之幸。

景宗疾亟，隆運不俟詔，密召其親屬等十餘人並赴行帳。時諸王宗室二百餘人擁兵握政，盈布朝廷。后當朝雖久，然少姻媛助，諸皇子幼稺，内外震恐。隆運請于后，易置大臣，敕諸王各歸第，不得私相燕會，隨機應變，奪其兵權。時趙王等俱在上京，隆運奏召其妻子赴闕。景宗崩，事出倉卒，布置已定，乃集番漢臣僚，立梁王隆緒爲皇帝，時年十二，後爲聖宗[五]，仍尊后曰仁慈翊聖應天皇太后。尋以輔立功守司徒、同政事，進封楚王，賜姓耶律氏及改賜今名。未幾，拜大丞相，充契丹、漢兒樞密使，南北面諸行宫都部署，改封齊王。

隆運孜孜奉國，知無不爲，忠孝至誠，出於天性。帝以隆運輔翼功前後少比，乃賜鐵券誓文，躬自親書，齋戒焚香，於北斗星下讀之，宣示番漢諸臣。又以隆運一族附籍横帳，列於景宗廟位。契丹横帳，猶宋朝玉牒所也。

隆運自爲相以來，結懽宋朝，歲時修睦，無少間隙，帖服中外，靡有邪謀。未幾，改封晉王，授尚書令，賜以几杖，入朝不拜，上殿不趨，左右護衛特置百人〔六〕。北法，護衛惟國主有之。帝以隆運勳大，恩數優渥，見則盡敬，至父事之，秦國王每日一問起居〔七〕，至隆運所居帳二里外，已去蓋下車，徒步而進；暨其回也，列揖於帳外，隆運坐而受之。帝或至其帳，亦五十餘步下車，隆運出迎盡禮，帝亦先爲之揖；及入，内同家人禮，飲膳服食，盡一時水陸珍品。諸國争爲奇怪入貢，動駭耳目。隆運疾，帝與太后禱告山川，召番漢名醫胗視，朝夕不離左右。

及薨，帝與后、諸王、公主已下并内外臣僚制服行喪，葬禮一依承天太后故事。靈柩將發，帝自挽轜車哭送，群臣泣諫，百餘步乃止。葬乾陵側，詔影堂制度一同乾陵。又詔諸處應有景宗御容殿，皆以隆運真容置之殿内。其眷遇始終，無與比倫有如此者。

隆運兄弟九人，緣翼戴恩，超授官爵，皆封王。諸姪三十餘人，封王者五人，餘皆任節度使、部署等官。隆運薨，無子，帝特以皇姪周王宗業紹其後。宗業，本齊國王隆裕之子。始封廣王，未幾徙封周王，歷中京留守，平州、錦州節度使。宗業薨，葬乾陵側。宗業無子，帝復以周王同母弟宗範繼隆運後，歷龍化州節度使、燕京留守，封韓王。

論曰：古今天下有權臣，有重臣。權臣之權，其君危如綴旒；重臣之重，其國安如泰山。耶律隆運因緣中宮，策立明睿，鎮服内外，無有邪謀，不可謂之非權臣，亦不可謂之非重臣也。遂乃釋肺腑之戚，玉譜聯名；席茅土之封，金枝入繼。斯不謂之千載之逢而非常之遇歟！

劉六符

劉六符，平州人也。年十五，究通經史，兼綜百家之言。長而喜功名，慷慨有大志。歷事聖宗朝，爲著作郎、中允，又爲詹事、國子祭酒。興宗時，爲翰林學士、右諫議大夫、知制誥、同修國史。

契丹聚兵幽、薊〔八〕，來求關南，時宋慶曆二年也。

先是，西兵久不決，六符以宋朝爲怯。又李士彬、劉平之兵屢敗，宋朝旰食，積苦兵間。因説其主聚兵幽、涿，聲言南征，而六符及蕭英先以書來求關南十縣。其書，皆六符所撰也。書至宋朝，富弼爲回謝使。弼至没打河，六符館之，謂弼曰：「北朝皇帝堅欲割地，如何？」弼曰：「北朝若欲割地，必志在敗盟，南朝決不從，有横戈相待耳。」六符曰：「南朝若堅執，則事安得濟？」弼曰：「南朝不發兵，而遣使好辭，更議嫁女益幣，豈堅執乎？」六符引弼入見，往復辨議，興宗大感悟，乃從弼所請。

是年八月，宋朝再遣富弼賫國書、誓書至契丹清泉淀金氈館，許增以歲幣二十萬。時契丹固惜盟好，惟六符畫策揚聲聚兵幽、涿，以動宋朝。宋方困西夏之擾，名臣猛將，相繼敗衄，吕夷簡畏之。

契丹既得歲幣五十萬，勒碑紀功，擢六符樞密使、禮部侍郎、同修國史。後遷至中書政事令。子孫顯貴不絶，爲節度、觀察者十數人。

論曰：臣於慶曆年間劉六符求關南一事，每爲之三嘆焉。契丹之禍，始於石晉割幽、燕，而石晉卒有少帝之辱；蔓延於我朝，而我朝澶淵之好、慶曆之盟，極而至於宣和之戰，禍猶未歇也。何則？天下視燕爲北門，失幽、薊則天下常不安〔九〕。幽、燕視五關爲喉襟，無五關則幽、薊不可守。晉割幽、薊，併五關而棄之，此石晉不得不敗，澶淵不得不盟，慶曆之邀脅亦不得不爲慶曆也，至於宣和則極矣。六符之來，世以智計歸之，而孰知産禍之由，已有所自來哉！

校勘記

〔一〕民以十牛易一馬　「易」原作「展」，據席本、通鑑卷二百六十九及薛、歐兩五代史盧文進傳改。

〔二〕文進在新州　「新州」，通鑑卷二百七十、兩五代史盧文進傳俱作「平州」。

〔三〕文進攻新州不克　文進名下原重「進」字，據舊五代史盧文進傳輯録者引馬令南唐書删。

〔四〕改樞密使兼行營都部署　「行營都部署」，東都事略卷一百二十三附録一作「行營都統」。

〔五〕立梁王隆緒爲皇帝時年十二後爲聖宗　「隆緒」原作「宗真」，「聖宗」原作「興宗」，均據席本及本書紀年改。

〔六〕左右護衛特置百人　「衛」原誤「位」，從長編卷二十三改，下同。

〔七〕秦國王每日一問起居　「秦國王」原作「秦國二王」。長編卷二十三載此事作：聖宗「日遣其弟隆裕一問起居」。隆裕封秦國王，故「二」字乃衍文。席本作「秦、齊二王」，亦誤。

〔八〕契丹聚兵幽薊　「薊」原作「冀」，據長編卷一百三十五卷、一百三十七等及席本改。

〔九〕失幽薊則天下常不安　「薊」原亦作「冀」，據席本及文義改。

契丹國志卷之十九

列傳

馬保忠

馬保忠，營州人也。疏眉目豐下，謹重寡慾，斤斤自修，士人賢其行。自力讀書，不謁州縣，節用以給親里，大穰則賑其餘於鄉黨。太平年間，授洗馬，改著作郎、殿中丞。興宗朝爲樞密使、尚父、守太師兼政事令，封燕國公。時朝政不綱，溺志浮屠，僧至有正拜三公、三師者，官爵非人，妄有除授。保忠嘗從容進諫，帝至佛然怒之，詳見帝紀。又嘗上言：「强天下者，儒道；弱天下者，吏道。今之授官，大率吏而不儒。崇儒道，則鄉黨之行修；修德行，則冠冕之緒崇。自今其有非聖帝明王孔、孟聖賢之教者，望下明詔，痛禁絶之。」其篤意風教如此。後數年，保忠卒，賜謚曰剛簡。

論曰：官不當，則人多覬覦〔一〕；源不清，則下皆奔競。契丹自重熙之時，私謁肆行，除授無法，膜拜之徒，亦授以公孤之官，其濫極矣。保忠雖空臆無諱，然言諄聽藐，未如之何哉！

張琳

張琳，瀋州人也。爲人忠義，慷慨有大志。在道宗朝爲秘書中允。天祚立，兩爲户部使，負東京人望。女真日熾，高永昌繼叛於渤海，時天慶六年也。永昌叛，遼東五十餘州盡没，獨瀋州未下，琳痛念鄉枌，欲自討之。契丹屢敗，精兵鋭卒十無一存。琳討永昌，搏手無策，始招所謂「轉户軍」。蓋遼東渤海，乃夙所讎；若其轉户，則使從良，庶幾捐軀奮命。命下，得兵二萬餘。琳自顯州進兵，渤海止備遼河三叉口。琳遣羸卒數千，陽爲來攻，間道以精騎渡河，直趨瀋州，渤海始覺。經三十餘戰，渤海乃走保東京。其後女真援至，師自驚恐，望風而潰，失亡不可勝計。琳遁入遼州，謫授遼興軍節度使，乃平州也。

其後，授燕京副留守，與燕王淳同守燕。淳僭位改元，命琳守太師，十日一朝，平章軍國大事，實疎之也。琳竟鬱鬱而卒。

論曰：張琳丁時孔艱，則痛心於鄉國之危；遭家不造，則扼腕於燕王之立。女真之勢湯湯方割，揚灰注海，安得不淪？惜其悄悄問鼎之間，曾無死清君側之志。此姦人得以詿之，而大節不無少貶歟！

蕭奉先

蕭奉先，天祚后族也。嗣先、保先，皆其弟。奉先在道宗朝爲內侍供奉，又爲承旨，歷吏部尚書。緣恩宮掖，專尚諂諛，朋結中人，互爲黨與。至天祚朝，毬獵聲色，日蠱其心，防微不早，女真始亂。奉先是爲政事令、同平章事，又兼樞密使。

方混同江諸蕃大會之時，天祚已疑阿骨打，密謂奉先曰：「阿骨打意氣雄豪，顧視不常，當以事誅之，不然恐貽後患。」奉先曰：「阿骨打，小人何知，殺之傷向化心；設有異志，蕞爾小國，何能爲」？天祚乃止。

天慶四年，阿骨打興師屠寧江州。次年，阿骨打又至。弟嗣先，以殿前都點檢，充東北路招討使，蕭撻勃也副之，未陣而潰。既而出河店之戰，嗣先又敗。詣闕待罪，但免官而已。由此士無鬬志，望風奔潰。保先，亦奉先弟也，爲渤海留守、少師，政令嚴酷，亦以女真之亂，爲高永昌所殺〔二〕。渤海始亂。

天慶九年，女真攻陷上京，發掘陵寢，取其金銀珠玉，奉先皆抑而不奏。天祚問及陵寢事，奉先對以「初雖侵犯元宮，不敢毀壞陵寢。」其蒙蔽欺罔，類皆如此。又誣告耶律余覩欲立晉王。余覩叛，奉先曰：「余覩宗枝，非欲亡遼者，不過求立晉王耳。」天祚惑之，賜晉王死。聞者揮涕，衆心益離。奉先柄國垂二十年，以至國亡。天祚奔夾山，謂奉先曰：「誤我至此，皆汝之罪，宜亟去，不然恐汝及禍，并累我。」行未十里，左右執而殺之。

李儼

李儼，本漢地人，天祚嬖臣也。少而狡桀，倜儻不群，軒然夷倨，才濟其姦。與蕭奉先雅相厚善。初爲内侍省給事，累遷至中書供奉，積官至南面宰相，封漆水郡王。

儼資猾性巧，善諛佞人，在天祚朝秉國樞柄凡十五年。女真連年之亂，儼與奉先蒙蔽爲欺，以至於亡，天祚不悟也。儼嘗與知樞密院事牛温有隙，各進所親厚，朋黨紛然，恃奉先爲内主，温不能勝。及儼死，奉先又薦其姪處温爲相，竟至亡國。惜也，儳不逮槀街之戮云。

耶律余覩

耶律余覩，一名余覩姑，國主族人。其妻，天祚文妃之妹也。文妃生晉王，最賢，蕭奉先忌之，誣告余覩謀立晉王〔三〕。余覩奔歸女真，女真以爲西軍大監軍。久不還，常鞅鞅有異志。其軍合董也，失其金牌〔四〕，女真疑其與林牙暗合，遂質其妻子。余覩有叛心，明年九月，約燕京統軍反〔五〕。統軍之兵皆契丹人，余覩謀誅西軍之在雲中者，盡約雲中、河東、河北、燕京郡守之契丹、漢兒，令誅女真之在官在軍者。天德知軍僞許之〔六〕，遣其妻來告。時悟室爲西監軍，自雲中來燕，微聞其事而未信，與通事漢兒那也回行數百里，那也見二騎馳甚，遽問之曰：「曾見監軍否？」以不識對。問爲誰，曰「余覩下人」。那也追及悟室，曰：「適兩契丹云『余覩下人』。既在西京，何故不識監軍？北人稱雲中爲西京。恐有姦謀」。遂回馬追獲之，搜其靴中，得余覩書曰：「事已泄，宜便下手。」復馳告悟室，即回燕。統軍來謁，縛而誅之。又二日至雲中，余覩微覺，父子以遊獵爲名，遁入夏國。夏人問：「有兵幾何？」云：「親兵三二百。」遂不納。投韃靼，韃靼先受悟室之命，其首領詐出迎，具食帳中，潛以兵圍之。韃靼善射，無衣甲。余覩出敵不勝，父子皆死。凡預謀者悉誅，契丹之黠、漢兒之有聲者，皆不免。

大實

大實林牙，林牙者，乃其官名，猶中國翰林學士；大實則小名也，北地間無姓者。大實既降女真，與大酋粘罕爲雙陸戲，争道相忿，粘罕心欲殺之而口不言〔七〕，大實懼。及既歸帳，即棄其妻，攜五子宵遁。詰旦，粘罕怪其日高不來，使召之，其妻曰：「昨夕以酒忤大人，大音柁。畏罪而竄。」詢其所之，不以告。粘罕大怒，以配部落之最賤者。妻不肯屈，强之，極口嫚駡，遂射殺之。

大實深入沙子，立天祚之子梁王爲帝而相之。女真遣故遼將余覩帥兵經略，屯田于合董城〔八〕。城去上京三千里。大實游騎數十，出入軍前。余覩遣使打話，遂退。

沙子者，蓋不毛之地，皆平沙廣漠，風起揚塵，至不能辨色；或平地頃刻高數丈，絶無水泉，人多渴死。大實之走，凡三晝夜始得度，故女真不敢窮追。遼御馬數十萬，牧於磧外，女真以絶遠未之取，皆爲大實所得。今梁王、大實皆亡，餘黨猶居其地。

論曰：亡契丹者，蕭奉先、李儼亡之也，非女真也。夫國之盛衰，視其柄國之臣何如耳。天祚荒淫，委政后族，惑於奉先、儼之欺蔽，阿骨打不當信而信之，晉王不當害而害之，夾山之禍，有自來矣。舉二百餘年之基業，一朝而覆之，姦諛之誤國，其明效大驗，至此極也，悲夫！

番將除授職名

高唐英　彰德節度使。
劉晞嘗爲樞密平章事。　西京留守。
崔廷勳　大同節度使。
耿崇美　昭義節度使。
高模翰　河陽節度使。
蕭海真兀欲妻弟　幽州節度使。

漢官除授職名

韓紹芳　同平章事。
竇振　三司使。
韓紹昇　宣徽南院使。
耿元吉　户部使。
劉玄　兵部尚書、知上京留守。
劉四端　禮部尚書、參知政事、簽書樞密院事。

張克忠　守同司徒兼侍中、知樞密院事。
韓紹雍　行宮都部署兼侍中。

潘聿撚兀欲姊壻　横海節度使。
楊舝姑契丹通事　忻州節度使。
留珪兀欲弟　義成節度使。
楊兗　武定節度使。

校勘記

〔一〕則人多覬覦　「覬」原誤「僥」，從席本改。
〔二〕爲高永昌所殺　「爲高永昌所」五字依席本補。
〔三〕誣告余覩謀立晉王　「謀立晉王」四字據席本及本卷蕭奉先傳等補。
〔四〕其軍合董也失其金牌　「軍」下原衍「下有」二字，據松漠紀聞删。
〔五〕約燕京統軍反　「京」原作「軍」，席本同誤，此據明鈔本及紀聞改。
〔六〕天德知軍僞許之　「之」字據紀聞補。
〔七〕粘罕心欲殺之而口不言　「粘罕」，原作「罕」，明鈔本同作「罕」，丞恩堂本及席本均作「粘罕」，從之。
〔八〕女真遣故遼將余覩帥兵經略屯田于合董城　「將」字從紀聞補。

契丹國志卷之二十

晉　表

晉出帝降表

孫男臣重貴言：頃者，唐運告終，中原失馭，數窮否極，天缺地傾。先人有田一成，有衆一旅，兵連禍結，力屈勢孤。翁皇帝救患摧剛，興利除害，躬擐甲冑，深入寇場。犯露蒙霜，度鴈門之險；馳風擊電，行中冀之誅。黄鉞一麾，天下大定，勢凌宇宙，義感神明，功成不居，遂興晉祚，則翁皇帝有大造於石氏也。旋屬天降鞠凶，先君即世，臣遵承遺旨，纂紹前基。諒闇之初，荒迷失次，凡有軍國重事，皆委將相大臣。至於擅繼宗祧，既非稟命；輕發文字，輒敢抗尊。自啟釁端，果貽赫怒，禍至神惑，運盡天亡。十萬師徒，望風束手；億兆黎庶，延頸歸心。臣負義包羞，貪生忍恥，自貽顛覆，上累祖宗，偷度朝昏，苟存視息。翁皇帝若惠顧疇昔，稍霽雷霆，未賜靈誅，不絶先祀，則百口荷更生之德，一門啣無報之恩，雖所願焉，非敢望也。臣與太后、妻馮氏於郊野面縛俟命〔一〕。

皇太后降表

晉室皇太后新婦李氏妾言：張彦澤、傅住兒等至，伏蒙皇帝阿翁降書安撫者。妾伏念先皇帝頃在并、汾，適逢屯難，危同累卵，急若倒懸，智勇俱窮，朝夕不保。皇帝阿翁發自冀北，親抵河東，跋履山川，踰越險阻。立平巨孽，遂定中原，救石氏之覆亡，立晉朝之社稷。不幸先帝厭代，嗣子承祧，不能繼好息民，而反虧恩辜義。兵戈屢動，駟馬難追，戚實自貽，咎將誰執！今穹昊震怒，中外攜離，上將牽羊，六師解甲。妾舉宗負釁，視景偷生，惶惑之中，撫問斯至。明宣恩旨，曲示含容，慰諭丁寧，神爽飛越。豈謂已垂之命，忽蒙更生之恩，省罪責躬，九死未報。今遣孫男延煦、延寶奉表，請罪陳謝以聞。

澶淵誓書

宋真宗誓書

維景德元年，歲次甲辰，十二月庚辰朔，七日丙戌，大宋皇帝謹致誓書于契丹皇帝闕下[二]：共遵誠信，虔守歡盟[三]，以風土之宜，助軍旅之費[四]，每歲以絹二十萬匹，銀一十萬兩，更不差使臣專往北朝，只令三司差人搬送至雄州交割。沿邊州、軍，各守疆界，兩地人户，不得交侵。或有盜賊逋逃，彼此無令停匿。至於壠畝稼穡，南北勿縱搔擾[五]。所有兩朝城池，並可依舊存守[六]，淘濠完葺，一切如常，即不得創築城隍，開掘河道[七]。誓書之外，各無所求[八]。必務協同，庶存悠久[九]。自此保安黎獻，謹守封陲，質于天地神祇，告于宗廟社稷，子孫共守，傳之無窮，有渝此盟，不克享國。昭昭天鑑，當共殛之[一〇]。遠具披陳，專俟報復，不宣。

契丹聖宗誓書

維統和二十二年，歲次甲辰，十二月庚辰朔，十二日辛卯，大契丹皇帝謹致書于大宋皇帝闕下〔二〕：共議戢兵，復論通好，兼承惠顧，特示誓書：「以風土之宜〔三〕，助軍旅之費，每歲以絹二十萬匹、銀一十萬兩，更不差使臣專往北朝，只令三司差人搬送至雄州交割。沿邊州、軍，各守疆界，兩地人户，不得交侵。或有盜賊逋逃，彼此無令停匿。至於壠畝稼穡，南北勿縱搔擾。所有兩朝城池，並可依舊存守，淘濠完葺，一切如常，即不得創築城隍，開掘河道。誓書之外，各無所求，必務協同，庶存悠久。自此保安黎獻，謹守封陲，質于天地神祇，告于宗廟社稷，子孫共守，傳之無窮，有渝此盟，不克享國。昭昭天鑑，當共殛之。」某雖不才，敢遵此約，謹告于天地〔三〕，誓之子孫，苟渝此盟，神明是殛。專具諮述，不宣。

關南誓書

契丹興宗致書

維契丹重熙十年，歲次壬午，二月，弟大契丹皇帝謹致書于兄大宋皇帝闕下：粵自世修歡契，時遣使軺，封圻殊兩國之名，方册紀一家之美。蓋欲洽於綿遠[一四]，固將有以披陳。切緣瓦橋關南，是石晉所割，迄至柴氏，以代郭周，興一時之狂謀[一五]，掠十縣之故壤，人神共怒，廟社不延。至於貴國祖先，肇創基業，尋與敝境，繼爲善鄰。暨乎太宗紹登寶位，於有征之地，才定并、汾；以無名之師，直抵燕、薊。羽石精鋭，禦而獲退，遂致移鎮，國强兵富。南、北王府并内外諸軍，彌年有戍境之勞，繼日備渝盟之事，始終反覆，前後諳詳。嘗切審専命將臣，往平河右，炎涼屢易，勝負未聞。兼李元昊於北朝久已稱藩，累曾尚主，克保君臣之道，實爲甥舅之親，設罪合致討[一六]，亦宜垂報。邇者郭稹待至，杜防又回，雖具音題，而但虞詐諜，已舉殘民之伐，曾無忌器之嫌。營築長堤，填塞隘路，開决塘水，添置邊軍，既潛稔於猜嫌，慮難敦於信睦。倘或思久好，共遺疑懷，曷若以晉陽舊附之區，關南元割之縣，俱歸當國，用康黎人。如此，則益深兄弟之懷，長守子孫之計。緬維英晤，深達悃悰，適届春陽〔一七〕，善綏沖裕。

宋朝回契丹書

維慶曆二年，歲次壬午，四月，大宋皇帝謹致書于契丹皇帝闕下：昔我烈考章聖皇帝保有基圖，惠養黎庶，與大契丹昭聖皇帝弭兵講好〔一八〕，通聘著盟。肆余纂承，共遵謨訓，邊民安堵垂四十年〔一九〕。兹者專致使臣，特貽緘問，且以瓦橋舊地，晉陽故封，援石氏之割城〔二〇〕，述周朝之復境，係于異代，安及本朝？粤自景德之初，始敦鄰寶之信〔二一〕，凡諸細故，咸不寘懷。况太宗皇帝親駕并郊，匪圖燕壤，當時貴國亟發援兵，既交石嶺之鋒，遂舉薊門之役，義非反覆，理有因緣。元昊賜姓稱藩，稟朔受禄，忽謀狂僭，俶擾邊陲，曏議討除，已嘗聞達。杜防、郭稹傳導備詳，及此西征，豈云無報？聘軺旁午，屢聞嫉惡之談；慶問交馳，未諭聯親之故。忽窺異論，良用憫然，謂將軫於在原，反致譏於忌器。復云營築堤埭，開決陂塘，昨緣霖潦之餘，失爲慫溢之患〔二二〕，既非疏導，當稍繕防〔二三〕，豈蘊猜嫌，以虧信睦。至於備塞隘路，閲集兵夫〔二四〕，蓋邊臣謹職之常，乃鄉兵充籍之舊〔二五〕，在於貴境，寧撤戍兵？一皆示以坦夷，兩何形於疑阻？顧惟歡契，方保悠長，遽興請地之言，殊匪載書之約，信辭至悉，靈鑑孔昭。兩地不得相侵，緣邊各守疆界，誓書之外〔二六〕，一無所求，期在久要，弗違先志。諒惟聰達，應切感思，甫屬清和，妙臻戩穀。

契丹回宋誓書

維重熙十一年，歲次壬午〔二七〕，八月壬申朔，二十九日庚子，弟大契丹皇帝謹致書于兄大宋皇帝闕下〔二八〕：來書云，謹按景德元年十二月七日章聖皇帝與昭聖皇帝誓曰：「共遵誠信〔二九〕，虔守歡盟，以風土之儀物，備軍旅之費用，每歲以絹二十萬匹，銀一十萬兩，更不差使臣專往北朝，只令三司差人搬送至雄州交割。沿邊州、軍，各守疆界；兩地人户，不得交侵。或有盜賊逃逋，彼此勿令停匿，至於壟畝稼穡，南北勿縱搔擾。所有兩朝城池，并各依舊存守，修壕葺塞〔三〇〕，一切如常，即不得創築城隍，開決河道。誓書之外，一無所求，各務協心，庶同悠久。自此保安黎庶，謹守封疆，質于天地神祇，告于宗廟社稷，子孫共守，傳之無窮，有渝此盟，不克享祀，昭昭天鑑，共當殛之。」昭聖皇帝復答云：「孤雖不才，敢遵此約，謹當告于天地，誓之子孫。神明具知。」嗚呼，此盟可改，後嗣何述！切以兩朝修睦，三紀于此，邊鄙用寧，干戈載偃，追懷先約，炳若日月〔三一〕。今綿禩已深，敦好如故，關南縣邑，本朝傳守，懼難依從，別納金幣之儀，用代賦税之物，每年增絹一十萬匹，銀一十萬兩，搬至雄州白溝交割〔三二〕。兩界溏淀，已前開畎者，並依舊例〔三三〕，自今已後，不得添展，其見堤堰水口〔三四〕，逐時決洩壅塞，量差兵夫，取便修疊疏導，非時霖潦，別至大段漲溢，並不在關報之限。南朝河北沿邊州、軍〔三五〕，北朝自古北口以南沿邊軍民，除見管數目，依常教閲，無故不得大段添屯兵馬〔三六〕。如有事故添屯，即令逐州、軍移牒關報，兩界所屬之處，其自來乘例更替，及本路移易，并不在關報之限〔三七〕。兩界逃走作過諸色人，並依先朝誓書外，更不得似目前停留容縱〔三八〕。恭惟二聖威靈在天，顧兹纂承，各當遵奉，共循大體，無介小嫌。且夫守約爲信，善鄰爲義，二者缺一，罔以守國。皇天厚地，實聞此盟，文藏宗廟，副在有司，餘並依景德、統和兩朝誓書。顧惟不德，必敦大信，苟有食言，必如前誓。

議割地界書

契丹道宗遣泛使林牙興復軍節度使蕭禧如宋，言代北對境有侵地，請遣使同分畫[三九]。其後宋割棄地五百里，以分水嶺爲界，時宋神宗熙寧七年也。

大遼求地界書

維咸雍十年，歲次甲寅，三月，大遼皇帝謹致書于大宋皇帝闕下：切以累朝而下，講好以來，互守成規，務敦夙契。雖境分二國，克保於驩和[四〇]；而義若一家，共思於悠永。事如間於違越[四一]，理須至於敷陳。其蔚、應、朔三州土田，一帶疆土[四二]，祗自早歲曾遣使人止於舊封，俾安鋪舍，庶南北永標於定限，往來悉絶於姦徒。洎覽舉申，輒有侵擾於全屬，當朝地分，或營修戍壘，或存止居舍[四三]，皆是守邊之冗員，不顧睦鄰之大體，妄圖功賞，深越封陲。今屬省巡，遂令按視，備究端實，諒難寢停。至縷細之緣由，分白之事理，已具聞達，盡令折移[四四]，既未見從，故宜伸報。據侵入當界事理[四五]，所起鋪堠之處，各差官員，同共檢照，早令毀撤。却於久來元定地界再安置外[四六]，其餘邊境更有生創事端，委差去使臣到日，一就理會。如此則豈惟疆場之内，不見侵逾；兼於信誓之間，且無違爽。茲實穩便〔四七〕，顒俟准依。

宋朝回書

維熙寧七年，歲次甲寅，三月〔四八〕，大宋皇帝謹致書於大遼皇帝闕下：辱迂使指，來貺函封，歷陳二國之和，有若一家之義，固知鄰寶〔四九〕，深執信符。獨論邊鄙之臣，嘗越封陲之守，欲令移徙〔五〇〕，以復舊常。切惟兩朝撫有萬宇，豈重尺土之利，而輕累世之歡。況經界之間，勢形可指；方州之内，圖籍俱存。當遣官司，各加覆視。倘事由夙昔，固難狥從；或誠有侵逾，何吝改正？而又每戒疆吏，令遵誓言，所諭創生之事端，亦皆境堠之細故，已令還使，具達本因。細料英聰〔五一〕，洞垂照悉。

校勘記

〔一〕臣與太后妻馮氏於郊野面縛俟命　「面縛俟命」，舊五代史卷八十五作「面縛俟罪次」。

〔二〕大宋皇帝謹致誓書于契丹皇帝闕下　長編卷五十八載此誓書「契丹」上有「大」字。

〔三〕虔守歡盟　「守」，長編卷五十八載此誓書作「奉」。

〔四〕以風土之宜助軍旅之費　此句下文遼聖宗澶淵誓書同，而重熙十一年契丹回宋誓書則作「以風土之儀物，備軍旅之費用」，「儀」字是。

〔五〕南北勿縱搔擾　「搔擾」，長編卷五十八作「驚騷」。下同。

〔六〕所有兩朝城池並可依舊存守　此句下文遼聖宗澶淵誓書同，而重熙十一年契丹回宋誓書則作「所有兩朝城池，並各依舊存守」。「各」字義長。

〔七〕開掘河道　下文遼聖宗澶淵誓書同，而重熙十一年契丹回宋誓書作「開決河道」，「掘」字義長。

〔八〕各無所求　下文遼聖宗澶淵誓書同，而重熙十一年契丹回宋誓書作「一無所求」。

〔九〕必務協同庶存悠久　下文遼聖宗澶淵誓書同，而重熙十一年契丹回宋誓書作「各務協心，庶同悠久」。

〔一〇〕當共殛之　「共」原作「其」，據席本及長編卷五十八改。「其」字誤，下同。

〔一一〕大契丹皇帝謹致書于大宋皇帝闕下　長編卷五十八「書」上有「誓」字，此脱。

〔一二〕以風土之宜　長編卷五十八「以」前有「云」字。

〔一三〕某雖不才敢遵此約謹告于天地　長編卷五十八「某」作「孤」，「謹」下有「當」字。

〔一四〕蓋欲洽於綿遠　「遠」，長編卷一百三十五作「永」。

〔一五〕興一時之狂謀　「時」，長編卷一百三十五作「旦」。

〔一六〕設罪合致討　「致討」，長編卷一百三十五作「加誅」。

〔一七〕適届春陽　「届」，席本及長編卷一百三十五俱作「居」。

〔一八〕與大契丹昭聖皇帝弭兵講好　「大」字原闕，據長編卷一百三十五補。

〔一九〕邊民安堵垂四十年　「安」原作「按」，據席本及長編卷一百三十五改。

〔二〇〕晉陽故封援石氏之割城　「故」原作「古」，據長編卷一百三十五改，同卷「城」作「域」。

〔二一〕始敦鄰寶之信　「寶」原作「堡」，據長編卷一百三十五改。

〔二二〕失爲慫溢之患　「失」，長編卷一百三十五作「大」，義長。

〔二三〕當稍繕防　「繕」原作「善」，據長編卷一百三十五改。

〔二四〕閱集兵夫　「集」原作「習」，據長編卷一百三十五改。

〔二五〕乃鄉兵充籍之舊　「乃」，長編卷一百三十五作「及」。

〔二六〕誓書之外　「誓」，席本及長編卷一百三十五作「二」。

〔二七〕歲次壬午　「壬午」原作「癸未」，誤，據長編卷一百三十七改。

〔二八〕弟大契丹皇帝謹致書于兄大宋皇帝闕下　「契」上「大」字原闕，據長編卷一百三十七補。

〔二九〕共遵誠信　「信」原作「紀」，從席本及長編卷一百三十七改。

〔三〇〕修壕葺塞　長編卷一百三十七作「淘壕完葺」。上文宋真宗澶淵誓書亦作「淘壕完葺」，同于長編。

〔三一〕炳若日月　席本及長編卷一百三十七作「炳若日星」。

〔三二〕每年增絹一十萬匹銀一十萬兩搬至雄州白溝交割　長編卷一百三十於「銀一十萬兩」下多「前來銀絹」四字。

〔三三〕並依舊例　「例」，長編卷一百三十七作「外」。

〔三四〕其見堤堰水口　「見」字原闕，據長編卷一百三十七補。

〔三五〕南朝河北沿邊州軍　「州軍」二字原闕，據長編卷一百三十七補。

〔三六〕無故不得大段添屯兵馬　「屯」原作「進」，據長編卷一百三十七改。下句「如有事故添屯」可證。

〔三七〕并不在關報之限　「并」字原闕，據長編卷一百三十七補。

〔三八〕更不得似目前停留容縱　「似」原作「以」，依長編卷一百三十七改；「目」原作「自」，依席本改，長編作「日」。

〔三九〕言代北對境有侵地請遣使同分畫　「侵」原作「割」，據東都事略卷一百二十三改。

「同」字原脱，亦據事略同卷補。

〔四〇〕克保於驩和　「驩和」原誤作「難知」，據長編卷一百五十一改。

〔四一〕事如間於違越　「間」原作「聞」，據長編卷一百五十一改。

〔四二〕一帶疆土　長編卷一百五十一「土」作「里」。

〔四三〕或營修戍壘或存止居舍　「戍」原誤「伐」，據長編卷一百五十一改。又長編同卷「舍」乃作「民」。

〔四四〕盡令折移　「令」，長編卷一百五十一作「合」，義長。

〔四五〕據侵入當界事理　長編卷一百五十一「事」作「地」，義長。

〔四六〕却於久來元定地界再安置外　長編卷一百五十一「地界」作「界至」。

〔四七〕兹實穩便　「穩便」，長編卷一百五十一作「便穩」。

〔四八〕三月　「三」字原闕，從席本補。

〔四九〕固知鄰寶　「寶」原作「保」，據長編卷一百五十一改，又參證上文宋朝回契丹書「始敦鄰寶之信」句。

〔五〇〕欲令移徙　「徙」原作「陟」，據席本及長編卷一百五十一改。

〔五一〕細料英聰　「聰」原作「聽」，從長編卷一百五十一改。

契丹國志卷之二十一

南北朝饋獻禮物

契丹賀宋朝生日禮物

宋朝皇帝生日，北朝所獻：刻絲花羅御樣透背御衣七襲或五襲，七件紫青貂鼠翻披或銀鼠鵝項鴨頭納子，塗金銀裝箱，金龍水晶帶，銀匣副之〔一〕，錦緣帛皺皮韡，金玦束皂白熟皮韡𩌦〔二〕，細錦透背清平内製御樣、合線摟機綾共三百匹〔三〕，塗金銀龍鳳鞍勒、紅羅匣金線繡方韉二具，白楮皮黑銀鞍勒、氈韉二具，緑褐楮皮鞍勒、海豹皮韉二具〔四〕，白楮皮裹筋鞭一條〔五〕，紅羅金銀線繡雲龍紅錦器仗一副，黄樺皮纏楮皮弓一，紅錦袋皂雕翎𥴦角骲頭箭十，青黄鵰翎箭十八〔六〕，法漬法麯麪麴酒二十壺，蜜晒山菓十束欞椀〔七〕，蜜漬山菓十束欞，疋列山梨柿四束欞，榛栗、松子、郁李子〔八〕、黑郁李子、麪棗、楞梨、堂梨二十箱〔九〕，麪秔麋梨粆十椀，蕪荑白鹽十椀，青鹽十椀〔一〇〕，牛、羊、野猪、魚、鹿腊二十二箱，御馬六匹，散馬二百匹。

正旦，御衣三襲，鞍勒馬二匹，散馬一百匹。國母又致御衣綴珠貂裘、細錦刻絲透背、合線御綾羅綺紗縠御樣，果實、雜粆、腊肉凡百品，水晶鞍勒，新羅酒，青白鹽〔一一〕。國主或致戎器賓鐵刀，鷙禽曰海東青之類。

承天節，又遣庖人持本國異味，前一日就禁中造食以進御云。

宋朝賀契丹生辰禮物

契丹帝生日，南宋遺金酒食茶器三十七件，衣五襲，金玉帶二條，烏皮、白皮鞾二量〔一二〕，紅牙笙笛，觱栗，拍板，鞍勒馬二匹，纓複鞭副之，金花銀器三十件，銀器二十件，錦綺透背、雜色羅紗綾縠絹二千匹，雜綵二千匹，法酒三十壺，的乳茶十斤，岳麓茶五斤，鹽蜜菓三十罐，乾菓三十籠。其國母生日，約此數焉。

正旦，則遺以金花銀器、白銀器各三十件〔一三〕，雜色羅紗綾縠絹二千匹，雜綵二千匹。

宋朝勞契丹人使物件

契丹每歲國使入南宋境，宋遣常參官、内職各一人，假少卿、監、諸司使以上接伴。内諸司供帳，分爲三番，内臣主之。至白溝驛賜設，至貝州賜茶、藥各一銀合，至大名府又賜設〔一四〕，及畿境，遣開封府判官勞之〔一五〕，又命臺省官、諸司使館伴迓於班荆館，至都亭驛各賜金花、銀灌器、錦衾褥。朝見日，賜大使金塗銀冠、皂羅氈冠、衣八件、金猷鞢帶、烏皮鞾、銀器二百兩、綵帛二百匹；副使皂紗折上巾、衣七件、金帶、象笏、烏皮鞾、銀器一百兩、綵帛二百匹、鞍勒馬各一匹。其從人，上節十八人，各練鵲錦襖及衣四件、銀器二十兩〔一六〕、綵帛三十匹；中節二十人，各寶照錦襖及衣三件、銀器十兩、綵帛二十匹；下節八十五人，各紫綺襖及衣四件〔一七〕、銀器十兩、綵帛二十匹，並加金塗銀帶。上節、中節又加綵鞖〔一八〕。就館，賜生餼，大使秔、粟各十石，麵二十石，羊五十、法酒、糯米酒各十壺，副使秔、粟各七石，麵十五石、羊三十、法酒、糯米酒各十壺。

承天節各別賜衣一襲。

遇立春，各賜金塗銀鏤幡勝、春盤。又命節帥就玉津園伴射弓，賜來使銀飾箭筒、弓一、箭二十；其中的，又賜窄袍、衣五件，金束帶、鞍勒馬。

在館遇節序，則遣臣賜設。

辭日，長春殿賜酒五行，賜大使盤裘暈錦窄袍及衣六件〔一九〕、銀器二百兩〔二〇〕、綵帛一百匹〔二一〕。副使紫花羅窄袍及衣六件、銀器一百兩〔二二〕、綵帛一百匹，並加金束帶、雜色羅、錦、綾、絹百匹。從人各加紫綾花絁錦袍及銀器、綵帛。

將發，又賜銀瓶、合盆、紗羅、注椀等〔二三〕。又令近臣餞于班荊館，開封府推官餞于郊外，接伴大使、副使復爲送伴〔二四〕，緣路累賜設。

外國貢進禮物

新羅國貢進物件

金器二百兩　金抱肚一條五十兩　金鈔鑼五十兩　金鞍轡馬一匹五十兩

紫花綿紬一百匹　白綿紬五百匹　細布一千匹　麁布五千匹　銅器一千斤

法清酒醋共一百瓶　腦元茶十斤　藤造器物五十事　成形人參不定數　無

灰木刀擺十箇　細紙墨不定數目

本國不論年歲，惟以八節貢獻，人使各帶正官，惟稱陪臣。

橫進物件

粳米五百石　糯米五百石　織成五彩御衣金不定數

契丹每次回賜物件

犀玉腰帶二條　細衣二襲　金塗鞍轡馬二匹　素鞍轡馬五匹　散馬二十匹　弓箭器仗二副　細綿綺羅綾二百匹　衣著絹一千匹　羊二百口　酒菓子不定數

並命刺史已上官充使，一行六十人，直送入本國。

契丹賜奉使物件

金塗銀帶二條　衣二襲　錦綺三十疋　色絹一百匹　鞍轡馬二匹　散馬五匹　弓箭器一副　酒菓不定數

上節從人　白銀帶一條　衣一襲　絹二十匹　馬一匹

下節從人　衣一襲　絹十匹　紫綾大衫一領

西夏國貢進物件

細馬二十匹　麄馬二百匹　駞一百頭　錦綺三百匹　織成錦被褥五合

蓯蓉、砠石、井鹽各一千斤　沙狐皮一千張　兔鶻五隻　犬子十隻

本國不論年歲，惟以八節貢獻。

契丹回賜除羊外，餘並與新羅國同，惟玉帶改爲金帶，勞賜人使亦同。

諸小國貢進物件

高昌國　龜兹國　于闐國　大食國　小食國　甘州　沙州　涼州

已上諸國三年一次遣使，約四百餘人，至契丹貢獻。

玉　珠　犀　乳香　琥珀　瑪瑙器　賓鐵兵器　斜合黑皮　褐黑絲　門得絲　怕里呵　碙砂　褐里絲

已上皆細毛織成，以二丈爲匹。

契丹回賜，至少亦不下四十萬貫。

校勘記

〔一〕銀匣副之　「匣」，長編卷六十一載此禮物單作「押」。下同。

〔二〕金玦束皂白熟皮韉韀　「束」原作「京」，從長編卷六十一改。

〔三〕合線摟機綾共三百匹　「摟」，席本及長編卷六十一均作「縷」。

〔四〕海豹皮韉二具　「二具」原脱，據承恩堂本、席本及長編卷六十一補。

〔五〕白楮皮裹筋鞭一條　「一條」，長編卷六十一作「二條」，承恩堂本及席本同作「一條」。

〔六〕青黄鵰翎箭十八　原缺此七字，據長編卷六十一補。

〔七〕蜜晒山菓十束欞椀　「晒」字原闕，據長編卷六十一補。「束」，長編同卷作「棟」，下同。

〔八〕郁李子　「子」字原闕，據明鈔本及長編卷六十一補。

〔九〕堂梨二十箱　「堂」，承恩堂本、席本及長編卷六十一均作「棠」。

〔一〇〕青鹽十椀　「椀」，長編卷六十一作「箱」。

〔一一〕青白鹽　「白」字原闕，據長編卷六十一補。

〔二〕白皮韉二量　「韉」字原脱，據席本及長編卷六十一補。

〔三〕則遺以金花銀器白銀器各三十件　「三十件」，長編卷六十一作「二十件」。

〔四〕至大名府又賜設　「設」字原闕，據長編卷六十補。

〔五〕遣開封府判官勞之　「府」字原闕，據明鈔本及長編卷六十補。

〔六〕銀器二十兩　「二十兩」，長編卷六十作「三十兩」。

〔七〕各紫綺襖及衣四件　「及」字原闕，從長編卷六十補。

〔八〕上節中節又加綵韉　「綵」原作「絲」，據長編卷六十改。

〔九〕賜大使盤裘暈錦窄袍及衣六件　「六件」，長編卷六十作「七件」。

〔一〇〕銀器二百兩　長編卷六十作「銀器三百兩」。

〔一一〕綵帛一百匹　長編卷六十作「綵帛二百匹」。

〔一二〕銀器一百兩　長編卷六十作「銀器二百兩」。

〔一三〕又賜銀瓶合盆紗羅注椀等　「注椀」二字原脱，據長編卷六十補。

〔一四〕接伴大使副使復爲送伴　長編卷六十僅作「接伴副使復爲送伴」。

契丹國志卷之二十二

州縣載記

契丹自太祖、太宗初興，戰争四十餘年，吞併諸番，割據燕、雲，南北開疆五千里，東西四千里，共二百餘州。

建五京五處

燕京三司　西京轉運　中京度支　上京鹽鐵　東京户部錢鐵司

大藩府六處

南大王府　北大王府　乙室王府　黄龍府　興中府　奚王府

錢帛司三處

長春路〔一〕　遼西路　平州

節鎮三十三處

奉聖州　雲内州　長春州　龍化州　海北州　貴德府　蔚州　應州　朔

州　錦州〔二〕乾州　顯州　霫州　遼州　咸州　瀋州　蘇州〔三〕復州　慶州
祖州　川州　成州　萊州〔四〕懿州　宜州　坤州　平州　辰州　興州
同州　信州　饒州　建州

建觀察防禦團練使八處

武安州　永州　泰州　高州　利州　寧江州　歸州　廣州

刺史州七十餘處〔五〕

德州　黔州　潭州　惠州　榆州　營州　灤州　勝州　温州　巖州　歸
化州　榆州〔六〕松州〔七〕恩州　山州　武德州　通州　韓州　烏州　靖州
寧邊州　賓州　祥州　新州　衛州　降聖州　燕州　海州　渌州　銀州　遼
西州　鐵州　開州　保州　蘋州〔八〕北安州　嵒州　嘉州　集州　連州　弘
東州　演州　肅州　威州　古州〔九〕仙潤州〔一〇〕文州　蘭州　慎州　拱州　安
州　渝州　河州　雙州　宋州　涿州　易州　檀州　順州　薊州　雍州　東
州　海州　東勝州〔一一〕景州　許州　招州　康州　錦州　來州　儒州　雲
州　平州

遼東邊遠不記州十餘縣二百餘外見記五處

金肅　河清　曷董〔一二〕　五花　振武

諸藩臣投下州二十三處

徽州　濠州　驩州　衛州　荆州　閭州〔一三〕　隨州　和州　澄州　全州

義州　遂昌州　豫州　員州　福州　滎州　唐州　粟州　黑州　河州　茂州

麓州　宗州

控制諸國

沙漠府控制沙漠之北〔一四〕。

置西北路都招討府〔一五〕、奥隗部族衙〔一六〕、驢駒河統軍司、倒撻嶺衙，鎮撫韃靼、蒙骨、廸烈諸軍。

雲中路控制夏國。

置西南面都招討府、西京兵馬都部署司、金肅、河清軍、五花城、南北大王府、乙室王府、山金司。

燕山路備禦南宋。

置燕京都總管府、節制馬步軍控鶴指揮使〔一七〕、都統軍司、牛欄監軍寨、石門詳穩司、南北皮室司、猛拽剌司，並隸總管府。

中、上京路控制奚境。

置諸軍都虞候司、奚王府大詳穩司、大國舅司、大常袞司、五院司、六院司、沓温司。

遼東路控扼高麗。

置東京兵馬都部署司、契丹、奚、漢、渤海四軍都指揮使、保州統軍司、湯河詳穩司〔一八〕、金吾營、杓窊司〔一九〕。

長春路鎮撫女真、室韋。

置黄龍府兵馬都部署司〔二〇〕、咸州兵馬詳穩司、東北路都統軍司。

論曰：契丹之興，其盛如此，其亡也忽焉，惜哉！

四至鄰國地里遠近

東南至新羅國。西以鴨渌江東八里黄土嶺爲界，至保州一十一里。

次東南至五節度熟女真部族。共一萬餘户，皆雜處山林，尤精弋獵。有屋舍，居舍門皆於山牆下闢之。耕鑿與渤海人同，無出租賦，或遇北主征伐，各量户下差充兵馬，兵回，各逐便歸本處。所産人參、白附子、天南星、茯苓、松子、猪苓、白布等物。並係契丹樞密院所管，差契丹或渤海人充節度管押。其地南北七百餘里，東西四百餘里，西北至東京五百餘里。

又次東南至熟女真國。不屬契丹所管。其地東西八百餘里，南北一千餘里。居民皆雜處山林，耕養屋宇，與熟女真五節度同。然無君長首領統押，精於騎射，今古以來，無有盗賊詞訟之事，任意遷徙，多者百家，少者三兩家而已。不與契丹争戰，或居民等自意相率賫以金、帛、布、黄蠟、天南星、人參、白附子、松子、蜜等諸物，入貢北番；或只於邊上買賣，訖，却歸本國。契丹國商賈人等就入其國買賣，亦無所礙，契丹亦不以爲防備。西至東京二百餘里。

東北至生女真國。西南至熟女真國界，東至新羅國，東北不知其極。居民屋宇、耕養、言語、衣裝與熟女真國並同，亦無君長所管。精於騎射，前後屢與契丹爲邊患，契丹亦設防備。南北二千餘里，沿邊創築城堡，搬運糧草，差撥兵甲，屯守征討，三十年來，深爲患耳。南界西南至東京六百里。

又東北至屋惹國、阿里眉國、破骨魯國等國。每國各一萬餘户。西南至生女真國界。衣裝、耕種、屋宇、言語與女真人異〔二一〕。契丹樞密院差契丹或渤海人充逐國節度使管押，然不出征賦兵馬，每年惟貢進大馬、蛤珠、青鼠皮、貂鼠皮、膠魚皮、蜜蠟之物，及與北番人任便往來買賣。西至上京四千餘里。

正東北至鐵离國。南至阿里眉等國界。居民言語、衣裝、屋宇、耕養稍通阿里眉等國〔二二〕，無君長，皆雜處山林。不屬契丹統押，亦不與契丹爭戰，復不貢進，惟以大馬、蛤珠、鷹鶻、青鼠、貂鼠等皮、膠魚皮等物與契丹交易。西南至上京五千餘里。

次東北至靺羯國〔二三〕。東北與鐵离國爲界，無君長統押，微有耕種。春夏居屋室中，秋冬則穿地爲洞，深可數丈而居之，以避其寒。不貢進契丹，亦不爭戰，惟以細鷹鶻、鹿、細白布、青鼠皮、銀鼠皮、大馬、膠魚皮等與契丹交易〔二四〕。西南至上京五千里。

又次北至鐵离、喜失牽國。言語、衣裝、屋舍與靺羯稍同。無君長管押，不貢進契丹，亦不爭戰，惟以羊、馬、牛、駞、皮、毛之物與契丹交易。西南至上京四千餘里。

正北至蒙古里國。無君長所管，亦無耕種，以弋獵爲業，不常其居，每四季出行，惟逐水草，所食惟肉酪而已。不與契丹争戰，惟以牛、羊、駞、馬、皮、毳之物與契丹爲交易。南至上京四千餘里。

又次北至于厥國。無君長首領管押，凡事並與蒙古里國同。甲寅歲，曾率衆入契丹國界爲盜，聖宗命駙馬都尉蕭徒欲統兵，大破其國。邇後，更不復爲盜，惟以牛、羊、駞、馬、皮、毳之物與契丹爲交易。東南至上京五千餘里。

又次北西至鼊古里國。又西北，又次北近西至達打國。各無君長，每部族多者三二百家，少者五七十家，以部族内最富豪者爲首領。不常厥居，逐水草，以弋獵爲業。其婦人皆精於騎射。常與契丹争戰，前後契丹屢爲國人所敗，契丹主命親近爲西北路兵馬都統，率番部兵馬十餘萬防討，亦制禦不下。自契丹建國已來，惟此二國爲害，無奈何，番兵困之。契丹常爲所攻，如暫安静，以牛、羊、駞、馬、皮、毳爲交易，不過半年，又却爲盜。東南至上京六千餘里。

西近北至生吐蕃國，又西至党項、突厥等國。皆不爲契丹國害，亦不進貢往來，蓋以熟土渾、突厥、党項等部族所隔。東南至雲州三千里。

正西與昊賊以黄河爲界。

西南至麟州、府州界。

又次南近西定州北平山爲界。
又南至霸州城北界河。
又次南至遂城北鮑河爲界。
又南近東至滄州北海。
又南至安肅軍自澗河爲界。
又南近東至登州北海。
又南至雄州北拒馬河爲界。
又南至海。

四京本末

上京　太宗建

上京臨潢府，乃大部落之地。離來州數十里即行海岸，俯挹滄溟，與天同碧，窮極目力，不知所際〔二五〕。有訥都烏河。番語山爲「胡都」，水爲「烏」。其東北三十里，即長泊也。涉沙磧過白馬淀，渡土河，亦云撞撞水，聚沙成墩，少人煙，多林木，其河邊平處，國主曾於此處過冬。又至木葉山三十里許，有居人瓦屋及僧舍〔二六〕。

中京　承天太后建

中京之地，奚國王牙帳所居。奚本曰庫莫奚，其先東部胡宇文之別種也。竄居松漠之間，俗甚不潔，而善射獵，好爲寇抄。其後種類漸多，分爲五部：一曰辱紇，二曰莫賀弗，三曰契个，四曰木昆，五曰室得。每部一千餘人，爲其帥，隨逐水草。中京東過小河，唱叫出道北奚王避暑莊，有亭臺。由古北口至中京北，皆奚境。奚本與契丹等，後爲契丹所併。所在分奚、契丹、漢人、渤海雜處之。奚有六節度、都省統領。言語、風俗與契丹不同。善耕種，步射，入山採獵，其行如飛。契丹圖志云〔二七〕：奚地居上、東、燕三京之中，土肥人曠，西臨馬盂山六十里，其山南北一千里，東西八百里，連亘燕京西山，遂以其地建城，號曰中京。

南京　太宗建

南京本幽州地，乃古冀州之域。舜以冀州南北廣遠，分置幽州，以其地在北方。幽，陰也。東有朝鮮、遼東，北有樓煩、白檀，西有雲中、九原，南有滹沱、易水。唐置范陽節度，臨制奚、契丹。自晉割棄，建爲南京，又爲燕京析津府，户口三十萬。大内壯麗，城北有市，陸海百貨，聚于其中；僧居佛寺，冠于北方。錦繡組綺，精絶天下。膏腴蔬蓏、果實、稻粱之類，靡不畢出，而桑、柘、麻、麥、羊、豕、雉、兔，不問可知。水甘土厚，人多兹藝，秀者學讀書，次則習騎射，耐勞苦。石晉未割棄已前，其中番漢雜闘，勝負不相當；既築城後，遠望數十里間，宛然如帶，回環繚繞，形勢雄傑，真用武之國也〔二八〕。

東京　太宗建

東京，本渤海王所都之地。在唐時，爲黑水、靺鞨二種依附高麗者。黑水部與高麗接，勝兵數千，多驍武，古肅慎氏地也，與靺鞨相鄰，東夷中爲强國。所居多依山水，地卑濕，築土如堤，鑿穴以居。其國西北與契丹接。太祖之興，始擊之，立其子東丹王鎮其地，後曰東京。

校勘記

〔一〕長春路　原作「平春路」，據會編卷二十一引亡遼録改。亡遼録云「三路錢帛司：長春、遼西、平州」。長春州置錢帛司又見于遼史興宗紀三與食貨志上。

〔二〕錦州　原作「綿州」，據會編卷二十一引亡遼録改。亡遼録載錦州爲遼四十三節鎮州之一。錦州乃節度州，又見遼史地理志三。

〔三〕蘇州　原作「薊州」，據會編卷二十一引亡遼録改。亡遼録載蘇州爲節鎮州，而薊州乃刺史州。遼史地理志二、三同。

〔四〕菜州　會編卷二十一引亡遼録作「業州」。

〔五〕刺史州七十餘處　會編卷二十一引亡遼録雖曰「刺史州七十」，但所録僅六十三，其中見于國志者：德、黔、榆、營、灤、勝、温（一本作隰）、巖（一本作嚴）、歸化、恩、山、武德、通、韓、烏、靖、寧邊、祥、新、衛、降聖、燕、海、渌、銀、遼西、鐵、保、蘋（又作瀕）、北安、嘉、集、連、演、肅（一本作蕭）、文、蘭、拱、安、河、涿、易、檀、順、薊、雍、東勝、景、招、康（一本作廣）等五十州，餘當考。

〔六〕榆州　此與上之榆州復出。

〔七〕松州　或即會編卷二十一引亡遼録之松山州。

〔八〕蘋州　會編卷二十一引亡遼録作「瀕州」。

〔九〕古州　席本引一本作「石州」，與會編卷二十一引亡遼録同。古州，見畢恭遼東志等書。

〔一〇〕仙潤州　當即會編卷二十一引亡遼録之遷潤州。

〔一一〕東勝州　「東」字原闕，從席本補。

〔一二〕曷董　「董」，原誤「童」，從會編卷二十一引亡遼録改。

〔一三〕閶州　原誤作「閙州」，從會編卷二十一引亡遼録改。

〔一四〕沙漠府控制沙漠之北　「府」字原闕，從席本補。

〔一五〕置西北路都招討府　「北」字據會編卷二十一引亡遼録增。

〔一六〕奥隗部族衙　據會編卷二十一引亡遼録，「奥隗」下復有「烏隗」二字。案：「奥隗」又作「奥隈」、「奥畏」等，而「烏隗」又作「烏隈」等，均見遼史。

〔一七〕節制馬步軍控鶴指揮使　會編卷二十一引亡遼録「節制」作「侍衛」。

〔一八〕湯河詳穩司　「湯」原作「陽」，據會編卷二十一引亡遼録改。湯河詳穩司，亦曰南女直湯河司。

〔一九〕杓窊司　原倒作「窊杓司」，從席本及會編卷二十一引亡遼録改。遼史卷百十六國語解：「杓窊，鷙鳥總稱」。案：即鷹鸇之謂。

〔二〇〕置黄龍府兵馬都部署司　「司」字原闕，從席本、大典本、明鈔本及會編卷二十一引亡遼録增。

〔二一〕衣裝耕種屋宇言語與女真人異　「言語」二字原在「女真人」下，據席本意轉。

〔二二〕居民言語衣裝屋宇耕養稍通阿里眉等國　「眉」字原闕，用大典、明鈔、席氏三本補。

〔二三〕次東北至鞊羯國　「羯」，席本作「鞨」，當是。

〔二四〕惟以細鷹鶻鹿細白布青鼠皮銀鼠皮大馬膠魚皮等與契丹交易　明鈔本「細鷹鶻」作「細鴉鶻」，亦通。

〔二五〕離來州數十里即行海岸至不知所際　此本之會編卷二十引許亢宗宣和乙巳奉使行程録，惟「數十里」彼作「三十里」爲異耳。

〔二六〕有訥都烏河至有居人瓦屋及僧舍　此從長編卷九十七所收宋綬出使録鈔來，但多删削。録作：「自中京……北六十里至㲉𤖐河館。過惠州……七十里至榆林館。館前有小河，屈曲北流。自此入山，少人居。七十里至訥都烏館，蕃語謂山爲『訥都』，水爲『烏』。七十里至香山子館。前倚土山，臨小河。其東北三十里即長泊也。涉沙磧，過白馬淀。九十里至水泊館。度土河，亦云撞水（馬端臨文獻通考〔下稱通考〕載此文重「撞」字，與國志引者同）。聚沙成墩，少人烟，多林木。其河邊平處，國主曾於此過冬。凡八十里至張司空館。七十里至木葉館。離中京皆無館舍，但宿穹帳，欲至木葉三十里許，始有居人、瓦屋及僧舍。……」

〔二七〕契丹圖志云　案：宋史藝文志三史部地理類有契丹國土記、契丹疆宇圖一卷、契丹地理圖一卷，並不知作者名，未悉何者與此契丹圖志相當。

〔二八〕乃古冀州之域至真用武之國也　此節全本許亢宗行程録。但「勝負不相當」一句乃作「勝負相當」。

契丹國志卷之二十三

族姓原始

契丹部族，本無姓氏，惟各以所居地名呼之，婚嫁不拘地里。至阿保機變家爲國之後，始以王族號爲「横帳」，仍以所居之地名曰世里著姓。世里者，上京東二百里地名也。今有世里没里，以漢語譯之，謂之耶律氏。復賜后族姓蕭氏。番法，王族惟與后族通婚，更不限以尊卑；其王族、后族二部落之家，若不奉北主之命，皆不得與諸部族之人通婚；或諸部族彼此相婚嫁〔一〕，不拘此限。漢人等亦同此。故北番惟耶律、蕭氏二姓也。

國土風俗

契丹國在庫莫奚東，唐所謂黑水靺鞨者，今其地也。有七十二部落，不相統制，好爲寇盗。父母死而悲哭者，以爲不壯，但以其屍置於山樹上，經三年後，乃收其骨而焚之。因酹酒而祝曰：「冬月時，向陽食；夏月時，向陰食〔二〕；我若射獵時，使我多得猪鹿。」其無禮頑囂，於諸夷最甚。其風俗與奚、靺鞨頗同。至阿保機，稍并服諸小國，而多用漢人。漢人教之以隸書之半增損之，作文字數千，以代刻木之約。又制婚嫁，置官號，稱皇帝。漢時爲匈奴所破，保鮮卑山。魏青龍中，部酋爲王雄所殺，衆遂逃潢水之南，黄龍之北。至元魏，自號曰契丹。在唐開元、天寶間，使朝獻者無慮二十。故事：以范陽節度爲押奚、契丹使，至唐末，契丹始盛。

併合部落

初契丹有八部，族之大者曰大賀氏。後分爲八部，部之長號「大人」，而常推一人爲王，建旗鼓，以統八部。每三年則以次相代，或其部有災疾而畜牧衰，則八部聚議，以旗鼓立其次而代之。被代者以爲元約如此，不敢争。及阿保機，乃曰「中國之主無代立者」。由是阿保機益以威制諸國，不肯代。其立九年，諸部共責誚之。阿保機不得已，傳其旗鼓，而謂諸部曰：「吾立九年，所得漢人多矣。吾欲別自爲一部以治漢城，可乎？」諸部將許之。漢城在炭山東南灤河上，有鹽鐵之利，乃後魏滑鹽縣也。其地可植五穀，阿保機率漢人耕種，爲治城郭邑屋廛市如幽州制，漢人安之，不復思歸。阿保機知衆可用，用其妻述律策，使人告諸部大人曰：「我有鹽池之利〔三〕，諸部所食。然諸部知食鹽之利，而不知鹽有主人，可乎？當來犒我。」諸部以爲然，共以牛酒會鹽池。阿保機伏兵其旁，酒酣伏發，盡殺諸部大人，復併爲一國，東北諸夷皆畏服之。

兵馬制度

晉末，契丹主投下兵，謂之「大帳」，有皮室兵約三萬人騎，皆精甲也，爲其爪牙。國母述律氏投下，謂之「屬珊」，有衆二萬。是先，戎主阿保機牙將半已老矣，每南來時，量分借得三五千騎，述律常留數百兵，爲部族根本。其諸大首領太子偉王、永康、南北王、于越、麻荅、五押等，大者千餘騎，次者數百人，皆私甲也。別族則有奚、霫，勝兵亦千餘，人少馬多。又有渤海首領大舍利高模翰兵〔四〕，步騎萬餘人，並髡髮左衽，竊爲契丹之飾。復有近界韃靼、于厥里、室韋、女真、党項，亦被脅屬，每部不過千餘騎。其三部落吐渾、沙陀，洎幽州管內鴈門以北十餘軍、州部落漢兵，合三萬餘衆〔五〕，此是石晉割賂契丹之地。番漢諸族，其數可見矣。每契丹南侵，其衆不啻十萬。國主入界之時，步騎車帳不從阡陌，東西一概而行。大帳前及東西面，差大首領三人，各率萬騎，支散游奕，百十里外，交相覘邏，謂之「欄子馬」。戎主吹角爲號，衆即頓舍〔六〕，環遶穹廬，以近及遠。折木稍屈之，爲弓子鋪，不設槍營塹柵之備。每軍行，聽鼓三伐，不問昏晝，一匝便行〔七〕。未逢大敵，不乘戰馬，俟近敵師，即競乘之所，以新羈戰馬，蹄有餘力。其用軍之術，成列而不戰，俟退而乘之，多伏兵，斷糧道，冒夜舉火，上風曳柴，饋餉自齎，退敗無恥，散而復聚，寒而益堅，此其所長也。

建官制度

賤他姓，貴耶律、蕭氏二姓。其官有契丹樞密院及行宫都總管司〔八〕，謂之北面，以其在牙帳之北，以主蕃事；又有漢人樞密院、中書省、行宫都總管司〔九〕，謂之南面，以其在牙帳之南，以主漢事。其惕隱，宗正寺也〔一〇〕。夷離畢，參知政事也。林牙，翰林學士也。夷離巾，刺史也。内外官多倣中國者。其下佐吏，則有敞史、木古思奴古、都奴古、徒奴古。分領兵馬，則有統軍、侍衛、控鶴司，南王、北王、奚王府五帳分、提失哥東西都省太師兵。又有國舅、鈐轄、遥輦、常袞諸司，南北皮室、二十部族節度，頻必里、九克、漢人、渤海、女真五節度，五冶大師一百、六百、九百家奚。凡民年十五以上，五十以下，皆籍爲兵。將舉兵，必殺灰牛、白馬，祠天地日及木葉山神〔一一〕。鑄金魚符，調發兵馬。其捉馬及傳命〔一二〕，有銀牌二百。軍所舍，有遠探欄子馬，以夜聽人馬之聲。每其主立，聚所得人户、馬牛、金帛及其下所獻生口〔一三〕，或犯罪没入者，别爲行宫領之，建州縣，置官屬。既死，則設大穹廬，鑄金爲像，朔、望、節、辰、忌日輒致祭〔一四〕，築臺高丈餘，以盆焚食，謂之「燒飯」。

宫室制度

十宫各有民户，出兵馬，阿保機曰洪義宫，德光曰永興宫，兀欲曰積慶宫，述律曰延昌宫，明記曰章敏宫，突欲曰長寧宫，燕燕曰崇德宫，隆緒曰興聖宫，隆慶曰敦睦宫，隆運日文忠王府〔一五〕。又有四樓，在上京者曰西樓，木葉山曰南樓，龍化州曰東樓，唐州曰北樓。凡受册，積柴升其上，大會蕃夷其下，已，乃燔柴告天，而漢人不得預。有諢子部百人，夜以五十人番直，四鼓將盡，歌於帳前，號曰「聒帳」。每謁木葉山，即射柳枝，諢子唱番歌前導，彈胡琴和之，已事而罷。

衣服制度

國母與蕃官皆胡服〔一六〕，國主與漢官即漢服。蕃官戴氈冠，上以金華爲飾，或以珠玉翠毛〔一七〕，蓋漢、魏時遼人步摇冠之遺象也。額後垂金花織成夾帶，中貯髮一總。服紫窄袍，加義襴，繫鞊鞢帶〔一八〕，以黄紅色條裹革爲之，用金、玉、水晶、碧石綴飾。又有紗冠，制如烏紗帽，無簷，不擫雙耳，額前綴金花，上結紫帶，帶末綴珠〔一九〕。或紫皂幅巾，紫窄袍，束帶。大夫或緑巾〔二〇〕，緑花窄袍，中單多紅緑色。貴者被貂裘，貂以紫黑色爲貴〔二一〕，青色爲次，又有銀鼠，尤潔白；賤者被貂毛、羊、鼠、沙狐裘。弓以皮爲弦，箭削樺爲簳，韉勒輕快〔二二〕，便於馳走。以貂鼠或鵝項、鴨頭爲扞腰。宋真宗景德中，太常博士王曙、户部員外郎李維往賀國主生辰，還，言國主見漢使彊服衣冠，事已，即幅巾雜蕃騎出射獵矣。

漁獵時候

每歲正月上旬，出行射獵，凡六十日。然後並撻魯河鑿冰釣魚，冰泮，即縱鷹鶻以捕鵝鴈。夏居炭山，或上陘避暑。七月上旬，復入山射鹿，夜半，令獵人吹角傚鹿鳴，既集而射之。宋真宗時，晁迥往賀生辰，還，言始至長泊，泊多野鵝、鴨，國主射獵，領帳下騎，擊扁鼓遶泊，驚鵝、鴨飛起，乃縱海東青擊之，或親射焉。國主皆佩金玉錐，號殺鵝殺鴨錐。每初獲，即拔毛插之，以鼓爲坐，遂縱飲，最以此爲樂。又好以銅及石爲槌，以擊兔。每秋則衣褐裘，呼鹿射之。夏月以布易氈帳，籍草圍棊、雙陸，或深澗張鷹。

試士科制

太祖龍興朔漠之區，倥偬干戈，未有科目。數世後，承平日久，始有開闢。制限以三歲，有鄉、府、省三試之設。鄉中曰鄉薦，府中曰府解，省中曰及第。時有秀才未願起者，州縣必根刷遣之。程文分兩科，曰詩賦，曰經義，魁各分焉。三歲一試進士，貢院以二寸紙書及第者姓名給之，號「喜帖」。明日舉按而出，樂作，及門，擊鼓十二面，以法雷震。殿試，臨期取旨，又將第一人特贈一官〔三〕，授奉直大夫、翰林應奉文字。第二人、第三人止授從事郎，餘並授從事郎。聖宗時，止以詞賦、法律取士，詞賦爲正科，法律爲雜科。若夫任子之令，不論文武並奏，廕亦有員數。

校勘記

〔一〕或諸部族彼此相婚嫁　原無「此」字，用席本、明鈔本補。

〔二〕夏月時向陰食　此六字據席本及新五代史四夷附録一補。

〔三〕我有鹽池之利　「池」原作「地」，據席本、新五代史四夷附録一及通鑑卷二百六十六改。

〔四〕又有渤海首領大舍利高模翰兵　「翰」原作「漢」，據本書前文及長編卷二十七載宋琪奏疏之文、宋會要蕃夷一並參考宋史宋琪傳改。高模翰即高松，遼史卷七十六有傳。金史高禎傳載禎五世祖牟翰仕遼，官至太師。牟翰亦即模翰。

〔五〕合三萬餘衆　「三萬」，長編卷二十七宋琪疏文、宋會要蕃夷一及宋史宋琪傳均作「二萬」。

〔六〕衆即頓舍　「舍」，長編卷二十七宋琪奏疏作「合」，而此同于宋史宋琪傳，皆可通。

〔七〕一匝便行　「匝」原作「布」，據長編卷二十七宋琪疏文並參考宋史宋琪傳改。

〔八〕及行宫都總管司　長編卷一百十無「管」字，當脱。

〔九〕行宫都總管司　長編卷一百十亦無「管」字。

〔一〇〕其惕隱宗正寺也　「宗正寺」，長編卷一百十作「宗室」。案：遼史百官志一謂：「惕隱，亦曰梯里已。」國語解：「惕隱，典族屬官。即宗正職也。」百官志一又謂：「大惕隱司。……太祖有國，首設此官，其後百官擇人，必先宗姓。」

〔一一〕必殺灰牛白馬祠天地日及木葉山神　「日」字原脱，從長編卷一百十補。

〔一二〕其捉馬及傳命　「捉」原作「促」，從席本及長編卷一百十改。

〔一三〕聚所得人户馬牛金帛及其下所獻生口　「得」，長編卷一百十及席校引一本作「剽」。

〔一四〕朔望節辰忌日輒致祭　「朔望節辰忌日」，長編卷一百十作「朔望節忌辰日」，不順，遼史地理志一亦作「朔望節辰忌日」。

〔一五〕十宫各有民户至隆運曰文忠王府　案：洪義宫，余靖武溪集同，遼史卷三十一「洪」作「弘」。遼史同卷「述律曰延昌宫」作「穆宗曰延昌宫」；章敏宫，「敏」字作「愍」；「突欲曰長寧宫」作「應天皇后曰長寧宫」。又「興宗曰延慶宫，道宗曰太和宫，天祚曰永昌宫」，均國志所不載。

〔一六〕國母與蕃官皆胡服　原無「皆」字，從席本及長編卷九十七宋綬出使録補。

〔一七〕或以珠玉翠毛　此同長編卷九十七宋綬出使録，而席本「以」作「加」，則同於遼史儀衛志二。

〔一八〕加義襴繫鞊韘帶　原脱「襴」字，從席本及長編卷九十七宋綬出使録補。

〔一九〕上結紫帶帶末綴珠　所重「帶」字，據席本及長編卷九十七宋綬出使録補。然遼史儀衛志二亦不重「帶」字。

〔二〇〕大夫或緑巾　「大夫」原作「丈夫」，據長編卷九十七宋綬出使録改；「緑巾」原作「緑中單」，據席本及上引宋綬出使録改。

〔二一〕貂以紫黑色爲貴　原闕「貂」字，據席本及前引宋綬出使録補。

〔二二〕鞲勒輕快　「快」，長編卷九十七宋綬出使録作「簡」，而宋會要蕃夷二誤「駛」。

〔二三〕又將第一人特贈一官　「第」字原脱，從席本及文義補。

契丹國志卷之二十四

王沂公行程録

初，奉使者止達幽州，後至中京，又至上京，或西涼淀、北安州、炭山、長泊。

自雄州白溝驛度河，四十里至新城縣，古督亢亭之地。又七十里至涿州[一]。北度涿水、范水、劉李河，六十里至良鄉縣。度盧溝河[二]，六十里至幽州，號燕京。子城就羅郭西南爲之，正南曰啟夏門，內有元和殿、洪政殿，東門曰宣和。城中坊門皆有樓。有閔忠寺，本唐太宗爲征遼陣亡將士所造；又有開泰寺，魏王耶律漢寧造，皆邀朝士遊觀。城南門外有于越王廨[三]，爲宴集之所。門外永平館，舊名碣石館，請和後易之。南即桑乾河。

出北門，過古長城、延芳淀[四]，四十里至孫侯館，改爲望京館，稍移故處。望楮谷山、五龍池，過温餘河、大夏城坡，坡西北即涼淀避暑之地[五]。五十里至順州。東北過白嶼河[六]，北望銀冶山，又有黄羅螺盤[七]、牛闌山，七十里至檀州。自北漸入山〔八〕，五十里至金溝館。將至館，川原平廣，謂之金溝淀，國主嘗於此過冬。自此入山，詰曲登陟〔九〕，無復里堠，但以馬行記日景而約其里數。過朝鯉河，亦名七度河，九十里至古北口。兩旁峻崖，中有路，僅容車軌；口北有鋪，彀弓連繩，本范陽防扼奚、契丹之所，最爲隘束。然幽州東趨營、平州，路甚平坦〔一〇〕，自頃犯邊，多由斯出。又度德勝嶺〔一一〕，盤道數層，俗名思鄉嶺，八十里至新館。過雕窠嶺〔一二〕、偏槍嶺，四十里至卧如來館，蓋山中有卧佛像故也。過烏灤河，東有灤州，因河爲名。又過墨斗嶺，亦名渡雲嶺〔一三〕，長二十里許。又過芹菜嶺，七十里至柳河館，河在館旁。西北有鐵冶，多渤海人所居，就河漉沙石，鍊得成鐵〔一四〕。渤海俗，每歲時聚會作樂，先命善歌舞者數輩前行，士女相隨，更相唱和，回旋宛轉，號曰「踏鎚」。所居室〔一五〕，皆就山牆開門。過松亭嶺，甚險峻，七十里至打造部落館。惟有番户百餘〔一六〕，編荆爲籬，鍛鐵爲軍器〔一七〕。東南行，五十里至牛山館。八十里至鹿兒峽館。過蝦蟆嶺，九十里至鐵漿館。過石子嶺，自此漸出山〔一八〕，七十里至富谷館〔一九〕，居民多造車者，云渤海人。正東望馬雲山〔二〇〕，山多禽獸、林木，國主多於此打圍。八十里至通天館。二十里至中京大定府，城垣庳小，方圓纔四里許〔二一〕。門但重屋，無築闍之制。南門曰朱夏，門内夾道步廊，多坊門。又有市樓四：曰天方、大衢、通闤、望闕。次至大同館，其北門曰陽德、閶闔〔二二〕。城内西南隅岡上有寺。城南有園圃，宴射之所。

自過古北口，即蕃境。居人草庵板屋，亦務耕種，但無桑柘；所種皆從隴上，蓋虞吹沙所壅。山中長松鬱然，深谷中多燒炭爲業。時見畜牧，牛、馬、橐駞，尤多青羊、黄豕，亦有挈車帳，逐水草射獵。食止麋粥、粆糒。

富鄭公行程録〔二三〕

富鄭公之使北朝也，自中京正北八十里至臨都館。又四十里至官窰館。又七十里至松山館。又七十里至崇信館。又九十里至廣寧館。又五十里至姚家寨館。又五十里至咸寧館。又三十里度潢水石橋，旁有饒州，蓋唐朝嘗於契丹置饒樂州也，今渤海人居之。又五十里至保和館。度黑河，七十里至宣化館。又五十里至長泰館，西二十里許有佛寺民舍〔二四〕，云即祖州，亦有祖山，山中有阿保機廟。又四十里至上京臨潢府。自過崇信館，即契丹舊境，蓋其南皆奚地也。入西門，門曰金德，内有臨潢館。子城東門曰順陽，入門北行至景福門，又至承天門，内有昭德、宣政二殿，皆東向，其氈廬亦皆東向。臨潢西北二百餘里，號涼淀，在漫頭山南，避暑之處，多豐草，掘丈餘，即堅冰云。

余尚書北語詩

余靖尚書使契丹，爲北語詩，契丹愛之。再往，益親。余詩云：「夜筵設罷侈盛也。臣拜洗〔二五〕，受賜也。兩朝厥荷通好也。情幹勒〔二六〕。厚重也。微臣稚魯拜舞也。祝若統〔二七〕，福佑也。聖壽鐵擺嵩高也。俱可忒〔二八〕。無極也。」國主舉大杯，謂余曰：「能道此，余爲卿飲。」復舉之，國主大笑，遂爲釂觴〔二九〕。

刁奉使北語詩

刁約使契丹，爲北語詩云：「押燕移離畢，移離畢，官名，如中國執政。看房賀跋支，賀跋支，如執政防閤〔三〇〕。餞行三匹裂，匹裂，似小木罌，以木爲之，加黄漆。密賜十貔貍。形如鼠而大，穴居，食穀粱，嗜肉。北朝爲珍膳，味如豚肉而脆。」

校勘記

〔一〕又七十里至涿州　原脱「七」字，據席本及宋會要蕃夷二、通考契丹中所載王曾行程録補。長編卷七十九王曾此録之文亦闕「七」字。

〔二〕度盧溝河　上引長編之王曾録及遼史地理志四同此，而上引通考及會要之王曾録均作「度盧孤河」。

〔三〕城南門外有于越王廨　上引會要之王曾録及遼史地理志四同此，上引長編及通考之王曾録「外」作「内」。

〔四〕延芳淀　案：延芳淀在燕京南，今北京南海子側有延芳村，即其遺址。此當屬衍文而誤繫于此。

〔五〕過温餘河大夏城坡坡西北即涼淀避暑之地　此同席本及上引會要之王曾録，上引長編及通考之王曾録「大夏城坡」作「大夏坡」。又上引會要之王曾録「坡西北即涼淀避暑之地」作「西北即西京爲避暑之地」，席本及上引長編、通考之王曾録同此。

〔六〕東北過白嶼河　「白」原誤「曰」，據席本及上引長編、會要、通考之王曾録改。白嶼河又作白絮河、白遂河，今但稱白河。

〔七〕又有黄羅螺盤　黄羅螺盤，即古之螺山，今之紅螺山。此處文字似有訛誤。

〔八〕自北漸入山　「北」，同上引長編、會要及通考之王曾録，而席本注「一作『此』」。

〔九〕詰曲登陟　「陟」原作「涉」，據上引長編、會要及通考之王曾録改，席本同作「涉」。「詰」，長編及會要之王曾録同，席本及通考之王曾録作「屈」。

〔一〇〕路甚平坦　「路」字據席本校語及上引長編、會要、通考之王曾録補。

〔一一〕又度德勝嶺　「德勝嶺」，曾公亮武經總要引王曾録作「德勝口」，遼史聖宗紀五及耶律斜軫傳有得勝口之名。

〔一二〕過雕窠嶺　元史河渠志一引王曾録無雕窠嶺之名。案：雕窠嶺在山西高平縣西北，由江猪嶺路入。見通鑑卷二百九十一後周太祖顯德元年三月壬辰及丁酉兩日下胡三省注。此亦他書之羼混者。

〔一三〕又過墨斗嶺亦名渡雲嶺　遼史地理志三引王曾録無「亦名」二字。參照宋人使遼諸録，知墨斗嶺、渡雲嶺爲二山。地理志是。

〔一四〕就河漉沙石鍊得成鐵　同上引長編、會要及通考之王曾録皆無「成」字，似屬衍文。

〔一五〕所居室　上引會要之王曾録作「所居屋室」，長編及通考之王曾録作「所居屋」。

〔一六〕惟有番户百餘　「惟」原作「雖」，據席本改。上引长編、會要及通考之王曾録均無此字。

〔一七〕鍛鐵爲軍器　上引長編、會要及通考之王曾録皆作「鍛鐵爲兵器」。

〔一八〕自此漸出山　「出」原作「入」，其誤與上引長編之王曾録同。但會要及通考之王曾録作「出」，據改。案：劉敞出山詩自注：「自檀州東北入山，到鐵漿館出山，凡八程。」（見公是集。）

〔一九〕七十里至富谷館　「富」原誤「當」，從席本校語及上引長編、會要、通考之王曾録改。

〔二〇〕正東望馬雲山　「雲」字原脱，據席本及上引長編、會要、通考之王曾録補。

〔二一〕城垣庳小方圓纔四里許　「庳」，原作「大」，明鈔本同。但席本及上引長編、會要、通考之王曾録均作「庳」。長編卷六十八及會要蕃夷二所載宋摶使遼行程録，言中京「城壘卑小」。然路振乘軺録記中京外城「幅員三十里」，内城「幅員約七里」。此處疑有脱簡。

〔二二〕又有市樓四至其北門曰陽德閶闔　此段從「有」至「門」凡二十一字原闕（明鈔本亦闕），據席本及上引長編、會要、通考之王曾録補。「天方、大衢」，會要、王曾録作「天市、天衢」。

〔二三〕富鄭公行程録　案：此宋真宗大中祥符九年九月薛映、張士遜使遼所上語録之文（見長編卷八十八）。富弼雖數度使遼，皆在仁宗朝。遼史地理志一稱此行程録爲薛映所記，是。此題名弼撰，實誤。

〔二四〕西二十里許有佛寺民舍　「舍」原作「社」，據席本校語及上引長編之薛映、張士遜語録改。

〔二五〕夜筵設罷侈盛也臣拜洗　「設罷」，劉攽中山詩話作「設邏」，江少虞皇朝事實類苑（下稱類苑）卷三十九作「没邏」；「侈盛」，同上引詩話作「厚盛」。

〔二六〕兩朝厥通好也荷情斡勒　「斡勒」，同上引類苑作「斡勒」，詩話作「感勒。」

〔二七〕微臣稚魯拜舞也祝若統　「稚」，同上引類苑作「雅」。

〔二八〕聖壽鐵擺嵩高也俱可忒　同上引類苑「可」字下有注：「口勿反」。

〔二九〕國主舉大杯謂余曰至遂爲釂觴　此句同上引類苑作「虜主舉大盃，謂余：『卿能道此，我爲卿飲。』余復言之，虜主大笑，遂爲釂觴」。承恩堂本「余爲卿飲」作「余爲卿飲」，席本同作「余爲卿飲」。

〔三〇〕如執政防閤　曾慥類説卷五十六所收古今詩話「防」作「房」，是。

契丹國志卷之二十五

胡嶠陷北記

同州郃陽縣令胡嶠，居契丹七年，周廣順三年，亡歸中國，略能道其所見。云：「自幽州西北入居庸關。明日，又西北入石門關，關路崖狹，一夫可以當百，此中國控扼契丹之險也。又三日，至可汗州，南望五臺山，其一峰最高者，東臺也。又三日，至新武州，西北行五十里有雞鳴山，云唐太宗北伐聞雞鳴于此，因以名山。明日，入永定關北，此唐故關也。又四日，至歸化州。又三日，登天嶺，嶺東西連亘，有路北下，四顧冥然，黄雲白草，不可窮極。契丹謂嶠曰：『此辭鄉嶺也，可一南望而爲永訣。』同行者皆慟哭，往往絶而復蘇。又行三四日，至黑榆林。時七月，寒如深冬。又明日，入斜谷，谷長五十里，高崖峻谷，仰不見日而寒尤甚。已出谷，得平地，氣稍温。又行二日，渡湟水。又明日，渡黑水。又二日，至湯城淀，地氣最温，契丹若大寒〔一〕，則就温於此。其水泉清泠，草軟如茸，可藉以寢，而多異花，記其二種：一曰旱金，大如掌，金色爍人；一曰青囊，如中國金燈，而色類藍，可愛。又二日至儀坤州，渡麝香河。自幽州至此無里堠，其所向不知爲南北。又二日，至赤崖。蕭翰與世宗兀欲相及，遂及述律后，太祖之后。戰於沙河〔二〕，述律兵敗而北，兀欲追至獨樹渡，遂囚述律于撲馬山。又行三日，遂至上京，所謂西樓也。西樓有邑屋市肆，交易無錢而用布。有綾、錦諸工作，宦者〔三〕、翰林、伎術、教坊、角觝、秀才、僧尼、道士等，皆中國人，而并、汾、幽、薊之人尤多。自上京東去四十里，至真珠寨，始食菜。明日東行，地勢漸高，西望平地松林，鬱然數十里。遂入平川〔四〕，多草木，始食西瓜，云契丹破回紇得此種，以牛糞覆棚而種，大如中國冬瓜而味甘。又東行，至褭潭，始有柳，而水草豐美；有息雞草尤美而本大，馬食不過十本而飽。自褭潭入大山，行十餘日而出，過一大林，長二三里，皆蕪荑，枝葉有芒刺如箭羽。其地皆無草。兀欲時卓帳于此，會諸部人葬太宗。自此西南行，日六十里，行七日，至大山門，兩高山相去一里，而長松、豐草、珍禽、異獸、野卉〔五〕，有屋室碑石，曰：『陵所也。』兀欲入祭，諸部大人惟執祭器者得入，入而門闔。明日開門，曰『拋盞』，禮畢。問其禮，皆秘不肯言」。嶠所目見囚述律，葬太宗等事，與中國所記差異。

已而翰得罪被鎖，嶠與部曲東之福州。福州，翰所治也。嶠等東行，過一山名十三山，云此西南去幽州二千里。又東行數日，過衛州，有居人三十餘家，蓋契丹所虜中國衛州人築城而居之。嶠至福州，而契丹多憐嶠，教其逃歸，嶠因得其諸國種類遠近。云：「距契丹國東至于海，有鐵甸，其族野居皮帳，而人剛勇。其地少草木，水鹹濁，色如血，澄之久而後可飲。又東女真，善射，多牛、鹿、野狗。其人無定居，行以牛負物，遇雨則張革爲屋。常作鹿鳴，呼鹿而射之，食其生肉。能釀糜爲酒，醉則縛之而睡，醒而後解，不然則殺人。又東南渤海，又東遼國，皆與契丹略同。其南海曲，有魚鹽之利。又南奚，與契丹略同，而人好殺戮。又南至于榆關矣。西南至儒州，皆故漢地。西則突厥、回紇。西北至嫗厥律，其人長大，髦頭，酋長全其髮，盛以紫囊。地苦寒，水出大魚，契丹仰食。又多黑、白、黄貂鼠皮，北方諸國皆仰足。其人最勇，鄰國不敢侵。又其西轄戛，又其北單于突厥，皆與嫗厥律略同。又北黑車子，善作車帳，其人知孝義，地貧無所産。云契丹之先，常役回紇，後背之，走黑車子，始學作車帳。又北牛蹄突厥，人身牛足。其地尤寒，水曰瓠𤬳河，夏秋冰厚二尺，春冬冰徹底，常燒器銷冰，乃得飲。東北至韈刧子，其人髦首，披布爲衣，不鞍而騎，大弓長箭，尤善射，遇人輒殺而生食其肉，契丹等國皆畏之。契丹五騎遇一韈刧子，則皆散走。其國三面皆室韋，一曰室韋，二曰黄頭室韋，三曰獸室韋。其地多銅、鐵、金、銀，其人工巧，銅、鐵諸器皆精好，善織毛錦。地尤寒，馬溺至地成冰堆。又北狗國，人身狗首，長毛不衣，手搏猛獸，語爲犬嘷，其妻皆人，能漢語，生男爲狗，女爲人，自相婚嫁，穴居食生，而妻女人食。云嘗有中國人至其國，其妻憐之，使逃歸，與其筯十餘隻，教其每走十餘里遺一筯，狗夫追之，見其家物，必銜而歸，則不能追矣。」其説如此。又曰：「契丹嘗選百里馬二十匹，遣十人齎乾麨北行，窮其所見。其人自黑車子，歷牛蹄國以北，行一年，經四十三城，居人多以木皮爲屋。其語言無譯者，不知其國地、山川、部族名號。其地氣遇平地則温和，山林則寒冽。至三十三城，得一人，能鐵甸語，其言頗可解，云地名頡利烏于邪堰。云『自此以北，龍蛇、猛獸、魑魅群行，不可往矣』。其人乃還，此北荒之極也。」

契丹謂嶠曰：「夷狄之人豈能勝中國？然晉所以敗者，主暗而臣不忠。」因具道諸國事，曰：「子歸悉以語漢人，使漢人努力事其主，無爲夷狄所虜，吾國非人境也。」嶠歸，録以爲記云。

張舜民使北記

殺狐林

契丹主太宗怒晉出帝不稟北命，擅登大寶，自將兵南下，執出帝并母、后、大臣北歸。於鄴西愁死崗得疾，至欒城殺狐林而崩〔六〕。其崗者〔七〕，本陳思王不爲文帝所容，於此悲吟，號愁思崗，訛爲「愁死」〔八〕。殺狐林者，村民林中射殺一狐，因以名之。

兜玄國

契丹上京曾有人忽見二青衣駕赤犢出耳中〔九〕，別有天地，花木繁茂，云兜玄國也。

割馬肝

張舜民使契丹，是時耶律永興、姚跋迴二人接伴〔一〇〕，舜民因問：「北馬有割去肝者，遂無病能行，果否？」答云：「有之。其法飲以醇酒，於腋間破之，取去少肉，然亦十喪八九。」

雕窠生獵犬

舜民又問：「北地雕窠中生獵犬，果否？」答云：「亦有之，然極難得。今駕前有二隻，其性頗異，每獵而獲，十倍於常犬。」

吹葉成曲

胡人吹葉成曲，以番歌相和，音韻甚和。

銀牌

銀牌形如方響，刻蕃書「宜速」二字，使者執牌馳馬，日行數百里，牌所至，如國主親到，需索更易，無敢違者。

佛妝

北婦以黄物塗面如金，謂之「佛妝」。

以車渡河

過盧溝河，伴使云：「恐乘轎危，莫若車渡極安，且可速濟」南人不曉其法。

校勘記

〔一〕契丹若大寒　「若」原作「苦」，「大」原作「太」，均據新五代史四夷附録二改。

〔二〕戰于沙河　通鑑卷二百八十七後漢天福十二年六月紀事胡三省注：「胡嶠入遼録曰：『兀欲及述律戰于沙河石橋。』蓋沙河之橋也，南則姚家洲，北則宣化館，至西樓。」三省所稱之入遼録，又爲入遼記，即此陷北記，正稱陷虜記。沙河石橋，或只曰石橋，又曰潢河横渡。姚家洲即薛映、張士遜語録所記之姚家寨館，他書又謂之會星館。宣化館，亦見薛書。

〔三〕宦者　「宦」原作「官」，用上引四夷附録二改。席本及文獻通考卷三百四十五契丹上引此書亦誤「宦」爲「官」。

〔四〕遂入平川　「川」原作「州」，用上引四夷附録二改。

〔五〕珍禽異獸野卉　同上引四夷附録二無「異獸」二字。

〔六〕至欒城殺狐林而崩　「欒城」原作「鑾城」，據通鑑卷二百八十七改。

〔七〕其嵎者　「其」字據曾慥類説卷十二所載紀異記之文補。席本乃作「其愁死嵎者」。

〔八〕訛爲愁死　「訛」原作「託」，亦據上引紀異記之文及席本改。

〔九〕契丹上京曾有人忽見二青衣駕赤犢出耳中　「耳」，類説卷十一幽怪録記此事作「市」。

〔一〇〕是時耶律永興姚跋迴二人接伴　類説卷十三所收張舜民使遼録「跋迴」作「跋回」。

契丹國志卷之二十六

諸蕃記

奚國

太祖初興，擊奚滅之，復立奚王，而使契丹監其兵，後爲中京。詳見前志。

古肅慎國

古肅慎城，方五里，在渤海國三十里〔一〕，遺堞尚在。

室韋國

室或爲「失」，蓋契丹之類，其南者爲契丹，在北者號爲室韋。路出和龍北千餘里，入契丹國〔二〕。與奚、契丹同。夏則城居，冬逐水草，有南室韋、北室韋。其俗，丈夫皆披髮，婦人皆盤髮，衣服與契丹同，乘牛車，以蘧蒢爲屋，如氈車狀。度水，則束薪爲栰，或有以皮爲舟者。馬則織草爲韉，結繩爲轡。氣候多寒，田收甚薄〔三〕。惟麞鹿射獵爲務〔四〕，食肉衣皮，鑿冰沒水中，而網取魚鼈。地多積雪，懼陷阬穽，騎木而行〔五〕。太祖併諸番三十六國，室韋在其中。

新羅國

新羅在高麗東南〔六〕，本漢時樂浪地。其言語、名物有似中國人，名「國」爲「邦」，「弓」爲「弧」〔七〕，「賊」爲「寇」，「行酒」爲「行觴」，相呼皆爲「徒」。文字、甲兵同於中國。選人壯健者悉入軍。每月旦相賀，王設宴會，班賚群官。有大事，則聚官詳議定之。田甚良沃，水陸兼種。服色尚素，婦人辮髮繞頭，以雜綵及珠爲飾。婚嫁唯酒食而已，輕重隨貧富。新羅國王誦，自契丹承天皇后初臨朝入貢。其後王誦爲部下所殺，立其弟詢。契丹以王詢不進貢，興兵北討，十年方罷兵，新羅依舊朝貢。

高昌國

高昌都交河城，漢車師前王庭也。四面多大山，晉以其地爲高昌郡。地石磧，氣候温暖，厥土良沃，麥一歲再熟，宜蠶。有草名羊刺，其上生蜜而味甚佳。引水溉田。出赤鹽，其味甚美。俗事天神，兼信佛法。其官有八長史，有五將軍，又有侍郎、校郎、主簿、從事，階位相次。契丹時，三年一次朝貢，進獻玉、珠、乳香、斜合、黑皮、褐里絲等。亦有互市，其國主親與北主評價。

女真國

女真，世居混同江之東山，乃鴨渌水之源〔八〕。東瀕海，南鄰高麗，西接渤海，北近室韋。其地乃肅慎故區也。地方數千里〔九〕，户口十餘萬，無大君長，立首領，分主部落。地饒山林，田宜麻穀，土産人參、蜜蠟、北珠、生金、細布、松實、白附子，禽有鷹、鸇、海東青之類，獸多牛、馬、麋、鹿、野狗、白彘、青鼠、貂鼠。後爲契丹所制，擇其酋長世襲。又於長春路置東北統軍司，黄龍府置兵馬都部署司，咸州置詳穩司，分隸之，役屬於契丹。其後常遣銀牌天使至女真，每夕必欲薦枕者，其國舊輸中、下户作止宿處，以未出適女待之。後求海東青使者絡繹，持大國使命，惟擇美好婦人，不問其有夫及閥閲高者，女真浸忿遂叛。

黄頭女真

黄頭女真，皆山居，號合蘇館女真。合蘇館，河西亦有之。有八館，在黄河東，與金粟城、五花城隔河相近〔一〇〕。其人戇樸勇鷙，不能别死生，契丹每出戰〔一一〕，皆被以重札，令前驅。髭髪皆黄，目睛多緑，亦黄而白多。

嗢熱國

嗢熱者，國最小，不知其始所居。後爲太祖徙置黄龍府南百餘里，曰賓州，州近混同江，即古之粟末河，黑水也。部落雜處，以其族類之長爲千户，統之契丹。女真貴游子弟及富家兒〔一二〕，月夕被酒，則相率攜樽馳馬，戲飲其地。婦女聞其至，多聚觀之，間令侍坐，與之酒則飲，亦有起舞歌謳以侑觴者。邂逅相契，調謔往反，即載以歸，婦之父母知亦不爲之顧。留數歲有子，始具茶食酒數車歸寧，謂之「拜門」，因執子壻之禮。其俗謂男女自媒，勝於納幣而婚者。飲食皆以木器，好寘蠱，他人欲其不驗者，云三彈指於器上則其毒自解，亦間有遇毒而斃者。族多姓李〔一三〕。

渤海國

渤海國，去燕京東北千五百里，以石累城脚，東並海。其王舊以大爲姓，右姓曰高、張、楊、竇、烏、李，不過數種，部曲、奴婢無姓者，皆從其主。婦人皆悍妬，大抵與他姓相結爲十姊妹〔一四〕，迭幾察其夫，不容側室及他游，聞則必謀寘毒，死其所愛。一夫有所犯而妻不之覺者，衆人則群聚而詬之〔一五〕，争以忌嫉相夸。男子多智謀，驍勇出他國右，至有「三人渤海當一虎」之語。自天祚之亂，金人陷城，慮其難制，轉徙他所，其人大怨〔一六〕。富室安居逾二百年，往往爲園池，植牡丹，多至三二百本，有數十榦叢生者，皆燕地所無，纔以十數千或五千賤貿而去。其居故地者，仍歸契丹〔一七〕，舊爲東京，置留守，有蘇、扶等州〔一八〕，蘇與宋登州、青州相直，每大風順，隱隱聞鷄犬聲。

校勘記

〔一〕在渤海國三十里　紀聞作「在渤海國都外三十里」。席本「三十里」上妄增「東」字。

〔二〕路出和龍北千餘里入契丹國　案：此語實出魏書失韋傳與北史室韋傳，席本改契丹國爲室韋國，非是。

〔三〕田收甚薄　「甚」原誤「其」，據席本改。

〔四〕惟麞鹿射獵爲務　此并北史室韋傳：「饒麞鹿，射獵爲務」而成句，席本改作「惟射獵麞鹿爲務，」非原文也。

〔五〕騎木而行　案此亦本自上引室韋傳，席本改「騎」爲「倚」，誤。

〔六〕新羅在高麗東南　「東南」原作「國東」。案：北史新羅傳：「地在高麗東南」。隋書新羅傳：「在高麗東南」。今據二書改「國東」爲「東南」。

〔七〕弓爲弧　「弓」原誤「宮」，據北史、梁書兩新羅傳改

〔八〕女真世居混同江之東山乃鴨淥水之源　「之東」下當遺「長白」二字。會編卷三載：女真「世居混同江之東長白山，鴨淥水之源」。可證。

〔九〕地方數千里　會編卷三作「地方千餘里」。

〔一〇〕合蘇館河西亦有之至五花城隔河相近　在紀聞，此屬注文，今混作正文，當析出。

〔一一〕契丹每出戰　按：「每出戰」云云，紀聞所記原爲金人之事，國志改爲契丹之事，原

義盡失。

〔一二〕以其族類之長爲千户統之契丹女真貴游子弟及富家兒　「千户」原作「十户」，據席本及紀聞改：「女真」二字原脱，從紀聞補。

〔一三〕族多姓李　當依紀聞作「族多李姓」。

〔一四〕大抵與他姓相結爲十姊妹　「爲」字據紀聞補。

〔一五〕衆人則群聚而詬之　「衆」，紀聞作「九」。

〔一六〕慮其難制轉徙他所其人大怨　案：此句紀聞作「金人慮其難制，頻年轉戍山東，每徙不過數百家，至辛酉歲，盡驅以從，其人大怨」云。「徙」原作「徒」，亦據改。

〔一七〕其居故地者仍歸契丹　「歸」字原無，據席本補。紀聞此句作「其居故地者，今仍契丹」。

〔一八〕有蘇扶等州　「扶」下原有「復」字衍文，今據紀聞删。案：復州即扶州。會編卷三撮抄紀聞之文，亦只稱「有蘇、扶等州」。

契丹國志卷之二十七

歲時雜記

正旦

正月一日，國主以糯米飯、白羊髓相和爲團，如拳大，於逐帳内各散四十九箇，候五更三點，國主等各於本帳内牕中擲米團在帳外，如得雙數，當夜動蕃樂，飲宴；如得隻數，更不作樂，便令師巫十二人，外邊遶帳撼鈴執箭唱叫，於帳内諸火爐内爆鹽，并燒地拍鼠，謂之「驚鬼」。本帳人第七日方出。乃禳度之法。北呼此謂之「妳捏離」，漢人譯云，「妳」是「丁」，「捏離」是「日」。

立春

立春日，婦人進春書，以青繒爲幟，刻龍象銜之，或爲蝦蟆。

人日

人日，京都人食煎餅於庭中，俗云「薫天」，未知所從出也。

中和

二月一日，大族姓蕭者，並請耶律姓者，於本家筵席。北節爲「轄里尀」〔一〕，漢人譯云「轄里」是「請」，「尀」是「時」。

上巳

三月三日，國人以木雕爲兔，分兩朋走馬射之。先中者勝，其負朋下馬，跪奉勝朋人酒，勝朋於馬上接盃飲之。北呼此節爲「淘裏化」，漢人譯云「淘裏」是「兔」，「化」是「射」。

佛誕日

四月八日〔二〕，京府及諸州，各用木雕悉達太子一尊，城上舁行，放僧尼、道士、庶民行城一日爲樂。

端五

五月五日午時，採艾葉與綿相和，絮衣七事，國主著之，蕃漢臣僚各賜艾衣三事。國主及臣僚飲宴，渤海廚子進艾糕，各點大黃湯下。北呼此節爲「討賽離」。又以雜絲結合歡索，纏于臂膊，婦人進長命縷，宛轉皆爲人象，帶之。

朝節

夏至日，婦人進扇及粉脂囊。

三伏

六月十八日，大族耶律姓並請蕭姓者，亦名「瞎里𣇱」〔三〕。

中元

七月十三日夜，國主離行宮，向西三十里卓帳宿。先於彼處造酒食，至十四日，應隨從諸軍並隨部落動番樂，設宴至暮，國主却歸行宮，謂之「迎節」。十五日動漢樂，大宴。十六日早，却往西方，令隨行軍兵大喊三聲，謂之「送節」。此節爲「賽離捨」，漢人譯云「賽離」是「月」，「捨」是「好」。謂「月好」也〔四〕。

中秋

八月八日，國主殺白犬於寢帳前七步，埋其頭，露其嘴。後七日，移寢帳於埋狗頭上〔五〕。北呼此節爲「捏褐妳」，漢人譯云「捏褐」是「狗」，「妳」是「頭」。

重九

九月九日，國主打團斗射虎〔六〕，少者輸重九一筵席。射罷，於地高處卓帳，與番漢臣登高，飲菊花酒。出兔肝切生，以鹿舌醬拌食之。北呼此節爲「必里遲離」，漢人譯云「九月九日也」〔七〕。又以茱萸研酒，灑門户間辟惡。亦有入鹽少許而飲之者。又云男摘二九粒，女一九粒，以酒咽者，大能辟惡。

小春

十月内，五京進紙造小衣甲并槍刀器械各一萬副。十五日一時推垛，國主與押番臣寮望木葉山葬太祖處。奠酒拜，用番字書狀一紙，同焚燒奏木葉山神，云「寄庫」。北呼此時爲「戴辞」，漢人譯云「戴」是「燒」，「辞」是「甲」。

冬至

冬至日，國人殺白羊、白馬、白鴈，各取其生血和酒，國主北望拜黑山，奠祭山神。言契丹死，魂爲黑山神所管。又彼人傳云：凡死人，悉屬此山神所管，富民亦然。契丹黑山，如中國之岱宗。云北人死，魂皆歸此山。每歲五京進人、馬、紙物各萬餘事，祭山而焚之。其禮甚嚴，非祭不敢近山。

臘月

臘月，國主帶甲戎裝，應番漢臣諸司使已上並戎裝，五更三點坐朝，動樂飲酒罷，各等第賜御甲、羊馬。北呼爲「粆離旺」，漢人譯云「粆離」是「戰」，「旺」是「時」。是「戰時」也。

治盜

正月十三日，放國人做賊三日，如盜及十貫以上，依法行遣。北呼爲「鶻里叵」，漢人譯云「鶻里」是「偷」〔八〕，「叵」是「時」。

行軍

契丹行軍不擇日，用艾和馬糞，於白羊琵琶骨上炙，炙破便出行，不破即不出。

午日

契丹出軍，每遇午日起程，如不用兵，亦須排辦，望西大喊七聲〔九〕，言午是北朝大王之日。

旋風

契丹人見旋風，合眼，用鞭望空打四十九下，口道「坤不刻」七聲。

舍利

契丹富豪民要裹頭巾者，納牛、駞十頭〔一〇〕，馬百匹，并給契丹名目，謂之「舍利」。

跪拜〔二〕

男女拜皆同，其一足跪，一足着地，以手動爲節，數止於三。彼言「捏骨地」者，即「跪」也。

長白山

長白山，在泠山東南千餘里，蓋白衣觀音所居。其山禽獸皆白，人不敢入，恐穢其間，以致蛇虺之害。黑水發源於此，舊云粟末河，太宗破晉，改爲混同江。其俗刳木爲舟，長可八尺，形如梭，曰「梭船」，上施一槳，止以捕魚；至渡車，則方舟或三舟。

澤蒲

西樓有蒲，瀕水叢生，一榦葉如柳，長不盈尋丈，用以作箭，不矯揉而堅，左氏所謂「董澤之蒲」是也。

回鶻豆

回鶻豆，高二尺許，直榦，有葉無旁枝，角長二寸，每角止兩豆，一根才六七角，色黄，味如粟。

螃蟹

渤海螃蟹，紅色，大如椀，螯巨而厚，其跪如中國蟹螯。石鱟，鮀魚之屬，皆有之。

校勘記

〔一〕北節爲轄里歖　「北節爲」，席本作「北呼此節爲」，武珪燕北雜記（下稱雜記）作「番呼此節爲」。又「轄」字，雜記作「瞎」。

〔二〕四月八日　案：經論中佛誕日有二，長阿含經、薩婆多論等謂二月八日佛出生；瑞應經、灌佛經等謂十方諸佛皆用四月八日生。國志取後者，遼史禮志六取前者。

〔三〕亦名瞎里歖　此作「瞎」，與雜記同，席本仍作「轄」。

〔四〕七月十三日夜至謂月好也　雜記稱：「七月十三日至十五日迎節、送節、哭節，大番呼爲賽離捨」。原注：「『賽離』是『月』，『捨』是『好』。」

〔五〕移寢帳於埋狗頭上　雜記「狗頭」下有「地」字。

〔六〕國主打團斗射虎　雜記「團斗」作「圃斗」。

〔七〕北呼此節爲必里遲離漢人譯云九月九日也　雜記「必里遲離」作「一十賽」，並注明：「『一十』是『九』，『賽』是『九』。」

〔八〕北呼爲鶻里曰漢人譯云鶻里是偷　兩處「鶻里」，雜記並作「鶻呂」。

〔九〕亦須排辨望西大喊七聲　「排辨」，雜記作「排陣」，而説郛明鈔重排本之雜記仍作「排辨」。

〔一〇〕納牛駞十頭　「十頭」，雜記作「七十頭」，當是。但遼史國語解釋「舍利」一詞，亦云「納牛、駝十頭」，其誤由來久矣。

〔一一〕跪拜　此則與以下「長白山」、「澤蒲」、「回鶻豆」、「螃蟹」四則，並從紀聞鈔來，均女真禮俗、物産，而與契丹無涉。

附録一　叙跋

契丹國志提要

契丹國志二十七卷浙江鮑士恭家藏本。宋葉隆禮撰。隆禮號漁林，嘉興人，淳祐七年進士，由建康府通判，歷官秘書丞，奉詔撰次遼事爲此書，凡帝紀十二卷，列傳七卷，晉降表、宋、遼誓書、議書一卷，南北朝及諸國饋貢禮物數一卷，雜載、地理及典章制度二卷，行程録及諸雜記四卷。錢曾讀書敏求記稱其書法謹嚴，筆力詳贍，有良史風；而蘇天爵三史質疑則謂隆禮不及見國史，其説多得於傳聞，譏其失實甚多。今觀其書，大抵取前人紀載原文，分條採摘，排比成編。穆宗以前紀、傳，則本之資治通鑑；穆宗以後紀、傳，則本之李燾長編等書。其胡嶠陷北記，則本之歐史四夷附録；諸番記及達錫、伊都等傳，則本之洪皓松漠記聞；雜記，則本之武圭燕北雜記。案圭書今不傳，其言略見曾慥類説。皆全襲其詞，無所更改，間有節録，亦多失當。如通鑑載太祖始立爲王事，上云「恃强不受代」，故下云「七部求如約」，今此書删去「不受代」之文，則所謂「如約」者，果何事乎？又長編載聖宗南侵事云：「天雄軍聞契丹至，闔城惶遽。契丹潛師城南，設伏狄相廟，遂南攻德清。王欽若遣將追擊，伏起，天雄兵不能進退。」其事甚明。今此書於「闔城惶遽」下，即接「伏起」云云，而盡删其「潛師」「設伏」之文，則所伏者果誰之兵乎？又松漠記聞載「黄頭女真，金人每當出戰，皆令前驅」。蓋洪皓所親見，其爲金人事甚明。今此書乃徑改「金人」爲「契丹」，採入遼志，則益爲顛倒事實矣。又帝紀中凡日食、星變諸事，皆取長編所記，案年臚載。然遼、宋歷法不齊，朔閏往往互異。如聖宗開泰九年，遼二月置閏，宋十二月置閏，宋之七月，在遼當爲八月，而此書仍依宋法，書「七月朔，日食」。此類亦俱失考。蓋隆禮生南渡後，距遼亡已久，北土載籍，江左亦罕流傳，僅據宋人所修史傳及諸説部鈔撮而成，故本末不能悉具。蘇天爵所論，深中其失，錢曾蓋未詳核也。特諸家目録所載，若遼庭須知、使遼圖鈔、北遼遺事、契丹疆宇圖、契丹事迹諸書，隆禮時尚未盡佚，故所録亦頗有可據。如道宗壽隆紀年，此書實作壽昌，與遼世所遺碑刻之文並合，可以證遼史之誤。又天祚紀所載與金攻戰，及兵馬、漁獵諸事，較遼史紀、志爲詳，存之亦可備參考。

惟其體例參差，書法顛舛，忽而内宋，則或稱遼帝，或稱國主；忽而内遼，則以宋帝年號，分注遼帝年號之下，既自相矛盾。至楊承勳劫父叛君，蔑倫傷教，而取胡安國之謬説，以爲變不失正，尤爲無所别裁。又書爲奉宋孝宗敕所撰，而所引胡安國説，乃稱安國之謚，於君前臣名之義，亦復有乖。今並仰遵聖訓，改正其譌，用以昭千古之大公，垂史册之定論焉。四庫全書總目提要十一史部六。

契丹國志提要補正

胡玉縉

契丹國志二十七卷。「忽而内宋，則或稱遼帝，或稱國主；忽而内遼，則以宋帝年號分注遼帝年號之下，既自相矛盾。」

案：卷首載乾隆四十六年諭云：「甚至大書遼帝紀元於上，而以宋祖建隆等年號分注於下，尤爲紕繆。」竊謂書既名契丹國志，則以遼紀年即公羊「地從主人」之例。提要於此處，但議其矛盾，不斥其紕繆，頗見斟酌。四庫全書總目提要補正上册卷十七。

契丹國志提要辨證

余嘉錫

「契丹國志二十七卷，宋葉隆禮撰。隆禮號漁林，嘉興人，淳祐七年進士，由建康府通判，歷官秘書丞，奉詔撰次遼事爲此書」，「所録頗有可據」，「存之亦可備參考。惟其體例參差，書法顛舛，忽而内宋，則或稱遼帝，或稱國主；忽而内遼，則以宋帝年號分注遼帝年號之下，既自相矛盾。」「又書爲宋孝宗敕所撰，而所引胡安國説，乃稱安國之謚，於君前臣名之義，亦復有乖。」

嘉錫案：隆禮之别號、籍貫，科目，契丹國志皆不載。厲鶚宋詩紀事卷六十六從至元嘉禾志采取隆禮煙雨樓詩一首，其小傳云：「葉隆禮號漁林，嘉興人，淳祐七年進士，官建康府西廳通判，改國子監簿。」提要所叙，全本於此。隆禮進書表云：「臣奉敕命，謹採摭遺聞，删剔繁冗，緝爲契丹國志以進。」末題「淳熙七年三月日秘書丞臣葉隆禮上表」。淳熙者，孝宗年號，故提要云：「歷官秘書丞，書爲奉孝宗敕所撰也。」閣本提要亦云隆禮于孝宗時奉詔撰次遼君臣事蹟爲此書。不思淳祐乃理宗年號，由淳祐七年上數至淳熙七年，凡六十八年。使此書果爲淳祐進士葉隆禮者所撰，安有釋褐登朝，迴翔館閣，又歷六十餘載，年將大耋，方登進士第之理乎？厲鶚嘗撰遼史拾遺，引用契丹國志至夥，於隆禮表末署銜，不容不見，而小傳中竟不言官秘書丞，蓋因時代先後不合，疑其非一人耳。案至元嘉禾志卷十五宋登科題名，淳祐七年張淵微榜有葉隆禮。又卷十六碑碣類有進士題名序一篇，此嘉興府之題名。自稱前進士葉隆禮，末題咸淳改元九月吉日書。又卷三十一題咏類此卷皆屬嘉興縣。煙雨樓詩，有葉隆禮漁林一首。景定建康志卷二十四西廳通判題名云：「葉隆禮，承奉郎，淳祐十年十月到任，至十二年二月改除國子監簿離任。」以上皆厲氏小傳所本，可見其無一字無來歷也。考周密浩然齋雅談卷上曰：「葉隆禮士則，謫居袁州，袁之士友醵酒以招之。蜀士張汴朝宗作樂語一聯云：『掃地焚香，有蘇州之雅淡；仰天拊缶，無楊氏之怨傷。』士則大稱之。」萬姓統譜卷三十九云：「張汴，字朝宗，度宗時文天祥起兵，辟爲參謀，空坑兵敗，爲亂兵所殺。」明朱存理珊瑚木難卷四趙子固梅竹詩後有跋一篇，末題「咸淳丁卯五月晦日隆禮書于春詠堂」，其下有小字注曰「葉士則」。知士則爲隆禮之字，可補厲氏所未及。丁卯爲咸淳三年，上溯淳熙七年，凡八十八年，隆禮必不能爲淳熙時秘書丞亦明矣。千頃堂書目卷三著録此書，注爲元人，則隆禮蓋已入元，必非孝宗時人也。若謂孝宗時別有一葉隆禮，則除進書表年月一行外，毫無顯據。考之中興館閣正續録，上起建炎初元，下終淳熙五年，不獨秘書丞中無葉隆禮姓名，即遍檢館閣群官，亦未嘗有是人也。續録起於淳熙五年，其目録後有跋云：「中興館閣録淳熙四年成書，其後附録者，多訛舛缺略。嘉定三年十月重行編次，是正訛舛，其缺略者增補之，名曰館閣續録。逐卷之末，不題卷數，貴在他日可以旋入，繼今每於歲杪分委省官，取歲中合載事，略加删潤，刊於卷末。」據舊鈔本。嘉定三年，上距淳熙五年，纔三十有二年，時代既近，考訂自易，既經重行增補，不當猶有缺略，以後則每届歲終，隨時增入，尤不當遺漏姓名。是進書表末所署年月官職，皆可疑也。或謂今本館閣録爲四庫館臣從永樂大典内輯出，安保其無所脱誤，則又不然。余嘗假得友人于思泊省吾所藏舊鈔本，其先歷爲章壽康、葉德輝所藏，有楊守敬及葉氏手跋。其續録中，有錢大昕手鈔數卷，黄丕烈逐卷以宋刻本校過，正録未校。點畫小異，纖悉必具。宋本亦頗有闕葉，然官聯中秘書丞題名，實完好無闕，亦無葉隆禮姓名，是隆禮固未嘗爲是官也。或者秘書丞題名，止于咸淳三年，隆禮之拜官，尚在其後，表末淳熙七年乃咸淳七年之誤，則不可知耳。夫隆禮之書，既係奉敕撰集，且嘗表奏進御，則立言之間，當倍極恭慎，乃其書法，竟或内遼而外宋，宜非當時臣子之所敢爲,疑是後人所僞撰,假隆禮之名以行,猶之大金國志託名宇文懋昭耳。懋昭始末雖不可考,亦必實有其人。其書陳氏書録解題及宋史藝文志皆不著録。元袁桷清容集卷四十一有修遼金宋史搜訪遺書條例狀一篇,所列遺書,凡一百四十餘種,尚無此書。可見元初未行於世,至蘇天爵滋溪文稿卷二十五三史質疑始云:「葉隆禮、宇文懋昭爲遼金國志,皆不及見國史,其説多得之傳聞。」知其書當出於中葉以後矣。黄丕烈有元刻本,見士禮居藏書題跋記卷二。縱屬僞作,亦出自元人之手,未嘗不可備參考也。又考咸淳臨安志卷四十九郡守表云,理宗開慶元年己未,葉隆禮,台州人,十一月一日「以朝散郎直秘閣、兩浙運判除軍器少監,兼知。謂兼知臨安府事。閏十一月二日磨勘,轉朝奉大夫,景定元年庚申正月一日,除軍器監,兼職仍舊。二月六日,隆禮除直寶文閣,知紹興府。」又卷五十兩浙轉運題名云:「葉隆禮,開慶元年十月爲運判,十一月知臨安府。」寶慶會稽續志卷二安撫題名即知府題名,以南宋知紹興府者,例兼安撫使也。云:「葉隆禮,景定元年二月,以朝奉大夫除直文閣知,十六日到任,四月二十六日交割,以次官離任。」以次官,謂下文所載後任官。此與撰契丹國志者同時同姓名,似即一人,惟一作秀州嘉興人,一作台州人,爲不同。疑臨安志本作秀州人,以點畫殘缺,誤寫爲「台」

耳。姑附於此，容俟再考。四庫提要辨證卷五。

三史質疑節録

蘇天爵

葉隆禮、宇文懋昭爲遼、金國志，皆不及見國史，其説多得于傳聞。蓋遼末金初，稗官小説中間，失實甚多，至如建元、改號、傳次、征伐及將相名字往往杜撰，絶不可信。如張師顔南遷録尤爲紕繆。滋溪文稿卷二十五。

焚椒録

王士禛

契丹國志后妃傳道宗蕭皇后本傳云「性恬寡欲。魯王宗元之亂，道宗同獵，未知音耗，后勒兵鎮帖中外，甚有聲稱。崩，葬祖州」云云而已。焚椒録所紀耶律乙辛、張孝傑輩讒搆賜死之事，紀無一字及之。又録稱「后爲南院樞密使惠之少女」，而志云「贈同平章事顯烈「烈」原作「然」，據契丹國志改。之女」。志言「勒兵」，似嫻武略者，而録言「幼能誦詩，旁及經子」。録中所載射虎、應制諸詩及迴心院詞皆極工，而無一語及武事。且本紀道宗在位四十七年，改元者三：清寧、咸雍、壽昌，初無太康之號，而録載乙辛密奏太康元年十月據宮婢單登及教坊朱頂鶴陳首云云，已上皆牴牾不合，不可解也。按：遼史宣懿皇后雖略，而與焚椒録所紀同，蓋契丹志之疏耳。志雖載天祚文妃善歌詩，其詠史云「丞相朝來劍佩鳴，千官側目寂無聲」云，案史亦載此詩，是騷體，非律也。重輯漁洋書跋。

讀契丹國志表記

錢曾

葉隆禮契丹國志二十七卷。案：諸家藏本僅十七卷，「二」字疑衍文。題詞本有。述古目作二十卷，注「鈔」字。鈺案：瞿目有元刊本，海豐吴氏有藝芸精舍影鈔元本，皆二十七卷。士禮居藏十七卷，乃殘元本。述古目二十卷，係脱「七」字。阮本未誤。〔補〕黄録採遺云：「宋秘書丞嘉興葉隆禮撰，述契丹自阿保機初興，迄於天祚，凡二百餘載之事，略仿紀傳體，前有遼國始興本末、九主年譜，末附宋臣紀録、諸蕃國雜記、歲時雜記等類，於淳熙七年表上。」隆禮書法謹嚴，筆力詳贍，洵有良史之風。鈺案：四庫提要云：「隆禮生南渡後，距遼亡已久，北土載籍，江左亦罕流傳，僅據宋人所修史傳及諸説部鈔撮而成，故本末不能悉具。蘇天爵三史質疑所論，深中其失，錢曾蓋未詳核也。」具載兩國誓書及南北通使禮物，蓋深有概於「海上之盟」，使讀者尋其意於言外耳。棄祖宗之宿好，結虎狼之新歡，孰當捍刊本、阮本作「扞」，〔補〕題詞本作「捍」。蔽？青城之禍，詳其流毒，實有隱痛焉。存遼以障金，此則隆禮之志也。至降阮本作「夷」，〔補〕刊本亦作「夷」。契丹爲國，不史而志之，其尊本朝也至矣。〔補〕題詞本「至矣」下有「數百年來罕有知其心事者」十一字，朱筆抹去。予特表而出之。漁洋書跋云：「契丹國志二十七卷，宋淳熙七年秘書丞葉隆禮奉詔撰進，其書帝紀十二卷，后妃、諸王、外戚傳三卷，列傳四卷，石晉降表、宋澶淵盟書、關南誓書、議割地界書共一卷，南北朝饋獻禮物、外國貢獻一卷，四京、州縣沿革一卷，風俗、官制、科舉等一卷，王沂公、富鄭公行程録一卷，張舜民使北記等一卷，諸番雜記、歲時雜記一卷，簡淨可觀。」章鈺錢遵王讀書敏求記校證卷二之上。

契丹國志跋

杭世駿

契丹國志二十七卷，淳熙七年秘書丞葉隆禮表進。其劉六符、耶律余覩諸傳及諸番雜記全襲洪氏松漠紀聞，晉出帝降表暨東丹王傳又割五代史以成文。其與他書異者，惟王沂公、富鄭公行程録，文獻通考雖載其目，而其書已亡，得此爲不墜於地。至胡嶠陷北記，五代史、遼史間一稱引之，此觸載其全，爲可寶也。道古堂文集卷二十六。

契丹國志跋

程晉芳

右契丹國志二十七卷，宋淳熙七年秘書丞葉隆禮表進。前有世系圖、晉獻契丹全燕圖、契丹地理圖、帝紀十二卷、傳七卷，自二十卷至二十七卷皆雜記晉宋往來儀事及本國諸國風土歲時。遼别史今存者少，此最足供考校，如歐公五代史附録自注謂「契丹年號，諸家所記，舛謬不一」，唯據遼太宗立晉高祖册文稱「天顯九年」爲證。考志實在天顯十年十一月，足以正歐史之譌也。卷二附載記異録遼主德光得異夢，占之云：「當爲中國立天王」，司馬氏考異亦未之及。遼史有大同元年即會同十一年，此書無大同元年，而有會同十一年，其十一年下有注甚詳，校對各史皆合，是又足證遼史之誤，不知當時何故有「大同」二字，豈命名之未用耶？辛楣學士曾作文辨之，尚未引及此書也。建官制度門中所載，如敞史、木古思努（古）、都努古、徒努（古），皆遼史百官志所不載。衣服如義襴紫黏韈，亦儀衛志所遺。錢氏敏求記但舉其用意之大端，而其可采者未之及，趙志忠之陰山雜録今不可得，則此書宜可貴矣。至元嘉禾志云「隆禮號漁林，嘉興人」，蓋失其字矣。又謂是「淳祐七年進士，官建康府西廳通判，改國子監簿」。按淳熙乃孝宗之十二年甲午第三改元年號，七年則爲庚子，孝宗之十八年也。淳祐乃理宗之十七年辛丑第五改元號，七年則爲丁未，理宗之二十三年，上距淳熙七年且六十七年，烏有淳祐七年進士轉于七十年前獻書者乎？或淳熙誤作淳祐，然亦無是年成進士即官秘書丞之理。凡此皆有可疑，古書于今往往有難解處，惜不得多本以證之也。勉行堂文集卷五。

掃葉山房校刊本契丹國志序

席世臣

契丹國志二十七卷，宋秘書丞葉隆禮奉敕撰。隆禮以南人而紀北事，囿於見聞，尚多闕略，然其叙次筆法，有良史才。原夫遼之立國，四京分建，控制諸蕃，何其强也！乃太祖、太宗之雄略開基，聖宗、興宗、道宗之輯民保境，一荒淫之天祚敗之而無餘，叙述之際，垂鑑深矣！至於宋、遼之交，尤多微意，若澶淵誓書、關南誓書、地界之議、禮物之數，皆詳載無遺。蓋宋徽宗之約金攻遼，釁起於趙良嗣，禍成於童貫、蔡攸，權其曲直，責有所歸。隆禮不敢顯言之，故備陳舊典，以戒前車。所謂據事直書而其義自見，蓋亦史氏之法也。此書近有坊刻，頗多訛戾之處，世臣以中秘本校正之，視坊本爲完善云。南沙席世臣識。契丹國志掃葉山房校刊本卷首。

題元刻本契丹國志

黄丕烈

契丹國志十七卷。元刻本。

契丹國志，余向藏鈔本，其上方有小字標明書中眼目，衆皆以爲此必有所據。及觀書華陽顧氏，見元刻本，方信鈔本所自出，果元本也。昨歲春間，鮑渌飲以元刻見歸，末尾卷多缺，急向顧氏借録，孰知顧本自十五卷已下皆缺乎。遂就其見存之卷，校補缺字而還之。至於鈔本與元刻本又多不同，未必影寫，擬補缺字，未敢深信也。丁卯（一七四七年）正月十有九日，復翁。

歲在辛未（一七五一年）仲夏，書友有以契丹國志鈔本求售者，余見其裝潢，識是述古堂物，且與元刻款式同，因留閲。其所攜本適爲下册，遂請西賓陸東蘿鈔補余書之缺，亦一快事也。小暑後一日雨窗，復翁識。國家圖書館藏元刻本契丹國志黄丕烈題書。

題舊鈔本契丹國志二則

黄丕烈

余向藏契丹國志，有曹彬侯手鈔本，繼又得鮑渌飲所歸元刻本，末亦多缺失，賴曹本補之。歲乙亥（一七五五年），有人指名相索，遂轉歸之，深惜從前未校其異於曹本也。近有書友攜舊鈔本來，行款與曹本異，疑出元本，因憶試飲堂顧氏有殘元本在，遂借歸取勘，行款與書賈本同，特鈔時未必影寫耳。余抱殘守缺，喜爲古書補亡，乃丐諸顧氏，以家刻易得，復借諸書賈，倩友傳録，照鈔本行款，補於元刻本後。雖未必盡如元刻，然差勝於不知妄作者矣。惟是原鈔不能無誤，傳録亦復多訛，十六至十九録誤者，寫手自改，二十卷後余手校，即校正補脱，不復剜改，恐時久脱落也。丁丑（一七五七年）十一月二十有二日，復翁記。

契丹國志，近時掃葉山房始有刻本，前此如元刻外，無他刻，故自來藏書家皆儲鈔本，余何幸而兩收元刻？雖俱未完善，然屢得舊鈔補之，差勝不知妄作矣。年來力不從心，典籍大半散逸，然積習未除，抱殘守缺，時一留心，殊自笑書魔之猶在也。嘉慶己卯孟秋白露前一日識於縣橋小隱，黄丕烈。蕘圃藏書題識二。

藏契丹國志記

瞿　鏞

契丹國志二十七卷，元刊本。宋葉隆禮撰，前有經進契丹國志表，末題淳熙七年三月日秘書丞葉隆禮上表。又契丹初興本末、契丹世系圖、契國九主年譜、契丹地理圖、晉獻契丹全燕之圖。卷末有黄蕘圃二跋，其一云：「契丹國志，余向藏鈔本，其上方有小字標明書中眼目，以爲必有所據。及觀顧氏元刻本，方信鈔本所自出，果元本也。昨歲春間，鮑渌飲以元刻見歸，尾卷多缺，急向顧氏借録，孰知顧本自十五卷下皆缺乎，遂就見存之卷，校補缺字而還之。丁卯正月十九日，復翁。」其二云：「辛未夏，書友以契丹國志鈔本求售，識是述古堂物，與元刻本款式同，因請西賓陸東蘿鈔補余書之缺，亦一快事也。暑後一日，復翁識。」鐵琴銅劍樓藏書目卷九。

讀契丹國志跋記

周中孚

契丹國志二十七卷，寫本。宋葉隆禮奉敕撰。隆禮，嘉興人，淳祐七年進士，官至秘書丞。四庫全書著録，倪氏補遼金元志亦載之。是編記遼一代二百餘年君臣事蹟，凡帝紀十二卷，列傳七卷，晉降表、宋遼澶淵、關南誓書、議割地界書一卷，南北饋獻禮物、外國進貢禮物、契丹回賜物件一卷，地理一卷，制度一卷，王沂公、富鄭公兩行程録，余尚書、刁奉使兩北語詩一卷，張舜民使北記、胡嶠陷北記一卷，諸番國雜記一卷，歲時雜記一卷。大抵取司馬通鑑、李氏長編、歐史四夷附録、洪皓松漠紀聞、武圭燕北雜記諸書，排纂成書，無所改易。間有删節，頗多失當。然王沂公、富鄭公之書，通考雖載其目，而其書已亡，得此爲不墜于地。胡嶠陷北記，五代史、遼史間一稱引之，此獨載其全文，爲可寶也。惟書中忽内宋外遼，忽内遼外宋，茫無體例。且奉詔撰著，而稱王曾、富弼、余靖、刁約之謚與官，所引胡安國説，亦稱其謚，其説尤多紕繆。武英殿刊本已遵高宗純皇帝諭旨改正，今掃葉山房本悉從殿本付梓。此猶當日原本，前有契丹國初興本末、契丹國九主年譜，併淳熙七年漁林進表。説海及歷代小史均取是書節録一卷，題曰遼志，尤無取焉。鄭堂讀書記卷十八。

契丹國志識記三則

章鈺

據藝芸精舍校本，每半葉十一行，行二十二字，疑出原式，唐翰題書衣題語謂「從元刊本影出」，或當有據，今藏海豐吴氏，乙卯（一八五五年）三月備校，五日訖事。章鈺。

四庫提要云：「仰遵聖訓，改正胡安國謬説。」又黄蕘圃跋元刻本云：「其上方有小字標明書中眼目」。是掃葉源出閣本，故不存胡説。汪鈔校本與黄跋符合，鷗菴定爲從元本出，昭然無可疑，海豐吴氏又藏舊鈔大金國志一部，行格與契丹國志上方小字標目亦同，知二書必有同刻之本也。

跋石蓮閣藝芸精舍影元本稿

此書漁洋書跋、讀書敏求記均未標明何本，惟士禮居藏十七卷，乃殘元本也。今通行掃葉山房刻本，系出四庫，不但删去胡安國説及上方小字標目，文中觸目字樣，均經館臣改過，與鈺前見孔葒谷抄校邵二雲手輯舊五代史原本相同。此本尚存真面目，故可秘珍。乙卯（一八五五年）四月，借校一過，因記。國家圖書館藏章鈺識記清影本契丹國志。

契丹國志題識

劉履芬

隆禮書法謹嚴，筆力詳贍，洵有良史之風。具載兩國誓書及南北通使禮物，蓋深有慨于「海上之盟」，使讀者尋其意于言外耳。棄祖宗之宿好，結虎狼之新歡，自撤籬樊，孰當扞蔽？青城之禍，詳其流毒，實有隱痛焉。存遼以障金，此則隆禮之志也。至夷契丹爲國，不史而志之，其尊本朝也至矣。予特表而出之。遵王識。

同治甲戌（一八七四年）仲冬三十日抄竟。曹君手録自第十卷止，餘皆鄔所抄，誤字頗多，尚待刊正。江山劉履芬記于吴門。

甲申（一八八四年）冬日托鄔聖約兄抄竟是本，并録遵王跋語于此，取其議論醇正也。曹炎。國家圖書館藏劉履芬題識清鈔本契丹國志。

善本契丹國志録

羅振常

契丹國志十七卷，宋葉隆禮撰，舊鈔本。十二行，行二十一字，汲古閣舊藏，有毛斧季印、璜川吴氏藏書印。善本書所見録卷二。

契丹國志跋記

王文進

契丹國志二十七卷，宋葉隆禮撰，清汪士鐘影鈔元本半葉十一行，行二十二字，眉上附評語。

唐鷦安手跋曰：「此汪氏從元刊本影出，誤字以朱筆校改，丁卯八月十日得于吴通和公廨，因記。」

章氏手跋曰：「此書漁洋書跋、讀書敏求記均未標明何本，惟士禮居藏十七卷，乃殘元本也。今通行掃葉山房刻本，系出四庫，不但删去胡安國説及上方小字標目，凡文中觸目字樣，均經館臣改過，與鈺前見孔葒谷鈔校邵二雲手輯舊五代史原本相同，此本尚存真面目，故可珍秘。乙卯四月，長洲章鈺借校一過，因記。」

有曾藏汪閬源家、鷦安秘籍、海豐吴重熹、章式之讀書記印。文禄堂訪書記卷二。

契丹國志

馮家昇

契丹國志二十七卷，南宋孝宗淳熙七年三月，秘書丞葉隆禮奉詔撰。帝紀十二卷，列傳七卷，晉、宋、遼三國表書一卷，各國饋貢禮物一卷，地理一卷，雜制一卷，行程録及諸雜記二卷，諸番雜記一卷，歲時雜記一卷。宋人所著唯一之遼史也。蘇天爵三史質疑（滋溪文稿卷二五，頁六上）評之曰：

> 葉隆禮、宇文懋昭爲遼、金國志，皆不及見國史，其説多得於傳聞。蓋遼末金初，稗官小説，中間失實甚多。……

然其所載有與今遼史相合者，亦有較今遼史翔實者，故所録不盡爲傳聞，蓋亦有所據也。蘇天爵雖譏其失實，而歐陽玄等尚多録之。

余嘗以契丹國志校讀遼史，則天祚天慶二年以後，所採契丹國志者甚多。或此事中間夾一段某事，或一大段中間，不繫干支。以與國志相較，不但意義相同，而字句語氣亦無異者。至如列傳中張礪等傳，一一與國志相合。

（一）天祚紀（意義相同，字句相同，語氣相同。）按：所引録遼史與契丹國志對照天祚紀二十例，此從略。此特就其明顯而易辨者，列一表。實則天祚紀自天慶二年以後，凡與金有關之事，完全由國志逐段摘入。蓋大任遼史，修於最重忌避之章宗朝，於天祚紀不能暢所欲言而最略，故元人除以大任書爲底本外，復採自國志也。

（二）列傳按：所引録遼史與契丹國志對照列傳五例，此從略。總之天祚一朝紀傳，採自國志者十之七八。特國志繁而詳，遼史則經删潤，簡而略也。遼史源流考。

契丹國志

楊家駱

契丹國志二十七卷，宋葉隆禮撰。是書凡帝紀十二卷、列傳七卷、雜記舊事者八卷。大致掇拾傳聞，不能有所考證。掃葉山房刊本，陸香國依元刊校正本，昭文張氏有元刊本。四庫大辭典。

契丹國志通檢序

中法漢學研究所　通檢組

契丹國志二十七卷，宋葉隆禮撰。隆禮號漁林，嘉興人。少舉進士，由建康府通判歷官秘書丞，兩浙制撫。此書卷首有氏進契丹國志表，末署「淳熙七年三月日秘書丞臣葉隆禮上表」。竊按：隆禮擢進士於宋理宗淳祐七年（公元後一二四七年），以理揆之，中秘進書當在及第之後，不應成於六十七年前之孝宗淳熙七年（公元後一一八〇年）。又按：隆禮之知臨安、紹興，臨安志及會稽續志均謂在理宗景定元年（公元後一二六〇年）〔一〕，上去淳熙七年已八十載，若此書誠爲承應孝宗敕命所撰，則氏之年齡必逾百歲，是又非事實所允許。復次，此書襲用洪皓松漠紀聞本文達數十事，洪書亦成於孝宗之世，葉氏草創在前，不應徵引後出之作，表中「淳熙」當爲「淳祐」之訛，前賢論列，皆未及此，故特拈而出之。

此書編制，略如下述：卷首爲契丹國志表、契丹世系之圖、契丹地理之圖、契丹國初興本末及契丹九主年譜，卷一至十二爲帝紀，計卷一太祖紀，卷二及三太宗紀，卷四世宗紀，卷五穆宗紀，卷六景宗紀，卷七聖宗紀，卷八興宗紀，卷九道宗紀，卷十至十二天祚皇帝紀。卷十三至十九爲列傳，卷十三之后妃傳收太祖述律皇后、太宗蕭皇后、世宗甄皇后、穆宗蕭皇后、景宗蕭皇后、聖宗蕭皇后、興宗蕭皇后、道宗蕭皇后、海濱王蕭皇后及海濱王文妃等后妃十人。卷十四之諸王傳收東丹王、恭順皇帝、孝文皇太弟、齊國王隆裕、魯王宗元、晉王宗懿、燕王洪道及梁王信寧等八人。卷十五之外戚傳收述律魯速、蕭延思、劉珂、蕭守興、蕭孝穆及蕭奥只等六人。卷十六至十九雜收文武、姦逆，不復抉別，計卷十六，收韓延徽、張礪及趙延壽等三人。卷十七收蕭翰、麻荅及耶律郎五等三人。卷十八收盧文進、耶律隆運及劉六符等三人。卷十九收馬保忠、張琳、蕭奉先、李儼、耶律余覩及大實等六人，復附蕃將除授職名及漢官除授職名二條於後。卷二十著録文案，計晉表二：晉出帝降表及晉李太后降表。澶淵誓書二：宋真宗誓書及契丹聖宗誓書。關南誓書三：契丹致宋書、宋回契丹書及契丹回宋誓書。議割地界書二：契丹求地界書及宋回契丹書。卷二十一至二十三爲各種制度，計卷二十一，收南北朝饋獻禮物及外國貢進禮物；前者專指宋、遼兩國之往還而言，有契丹賀宋朝生日禮物、宋朝賀契丹生辰禮物及宋朝勞契丹人事物件三條；後者分記契丹與諸國之往還，有新羅國貢進物件、横進物件、契丹回賜物件、契丹賜奉使物件、西夏國貢進物件、諸小國貢進物件及契丹回賜物件等七條。卷二十二收州縣載記、控制諸國、四至鄰國地理及四京本末等四條。卷二十三收族姓原始、國土風俗、併合部落、兵馬制度、建官制度、宫室制度、衣服制度、漁獵時候及試士科制等九條。卷二十四及二十五裒集游方，計卷二十四，收宋王曾之王沂公行程録〔二〕及富弼之富鄭公行程録〔三〕；末附余靖之余尚書北語詩及刁約之刁奉使北語詩。卷二十五收胡嶠陷北記〔四〕

及張舜民使北記〔五〕。卷二十六爲諸蕃記〔六〕，計收奚國、古肅慎國、室韋國、新羅國、高昌國、女真國、黄頭女真、嗢熱者國及渤海國等九國。卷二十七爲歲時雜記〔七〕，計收正旦、立春、人日、中和、上巳、佛誕日、端午、朝節、三伏、中元、中秋、重九、小春、冬至、臘月、治盜、行軍、午日、旋風、舍利、跪拜、長白山、澤蒲、回鶻豆及螃蟹等二十五條，則皆有關于風土禮俗之資料也。

至於論列此書之短長優劣，前人所見，頗不一致。元蘇天爵直斥其失，不稍寬貸〔八〕。清錢曾則謂爲「書法謹嚴，筆力詳贍，洵有良史之風」〔九〕。至於紀昀則瑕瑜並舉，力求公允〔一〇〕。實則此書本爲鈔撮而成，「臣奉敕命，謹採據遺聞，删繁剔冗，緝爲契丹國志」，作者固未自諱也。雖然，隆禮所據載籍，其見存者如資治通鑑、續資治通鑑長編、三朝北盟會編、新五代史及松漠紀聞諸書固無論矣，而若燕北雜記、遼庭須知、使遼圖抄、遼遺事、契丹疆宇圖及契丹事迹等書則均久佚於世，吉光片羽，因斯以存，其有裨於遼代歷史之研究，不可掩也。此書版本所知見者，計有元刊本〔一一〕，影抄元本〔一二〕，鈔本〔一三〕，清乾隆五十八年承恩堂刊本，清嘉慶二年南沙席氏掃葉山房刻四朝别史本，民國二十二年北平文殿閣排印國學文庫本〔一四〕。席氏刻本係出四庫，不惟删去胡安國説及上方小字標目，即文中觸目字樣亦經館臣改易；然而舊本珍籍，人間尠見，此本則幾人手一編，故據以爲本通檢之編纂焉〔一五〕。至於説郛、古今逸史、歷代小史暨古今説海所收此書，捃摭斷爛，無足參也〔一六〕。

校勘記

〔一〕吴廷燮南宋制撫年表卷上引。
〔二〕宋史卷二百四藝文三作契丹志。
〔三〕宋史卷二百三藝文二作奉使别録。
〔四〕宋史卷二百三藝文二作陷遼記；卷二百四藝文三作陷虜記。
〔五〕宋史卷二百三藝文二作使邊録。
〔六〕見宋洪皓松漠紀聞。
〔七〕見宋武圭燕北雜記（曾慥類説引）。
〔八〕見元蘇天爵三史質疑。
〔九〕錢曾讀書敏求記卷二。
〔一〇〕紀昀四庫全書總目提要卷五十。
〔一一〕瞿鏞鐵琴銅劍樓藏書目録卷九。上海商務印書館四部叢刊擬目收入，未出。

〔二〕王文進文禄堂訪書記卷二史部契丹國志條。
〔三〕趙萬里北平圖書館善本書目卷二。
〔四〕據掃葉山房刊本排印。
〔五〕本通檢由本所通檢組主任吴曉鈴君編纂，鄧詩熙君及王娒婷君助成。
〔六〕諸書均僅收初興本末及制度、禮俗部份。契丹國志通檢卷首。

藏明鈔本契丹國志題識

周叔弢

契丹國志二十七卷。宋葉隆禮撰。清初葉萬鈔本，存七（一至七）。明公事紙鈔本，士禮居舊藏，行楷秀逸，審是葉萬君手迹。案孫慶曾上善堂書目載葉氏手鈔景元契丹國志二册并校，當另是一書。蓋元本眉上有小注，此本無之，行款亦不相同，元本每半葉十二行，每行廿一字。或者葉氏先鈔此册，偶因事阻，後見元刻，遂閣置不復鈔完耶？然斷圭零璧，固自可貴，宜士禮居亦珍視之。羅君子敬頃從上海寄是册來，蓋未識葉氏手迹，只以士禮居所藏而索重值，余既以六十圓收之，爰題其端，以念來者。癸酉正月初二，弢翁記。弢翁藏書題識（北京圖書館文獻第三輯，一九八〇年十月）。

附録二　評論

葉隆禮和契丹國志

李錫厚

契丹國志在元修遼史之外，是現在僅存的一部紀傳體遼史。然而它的作者、成書年代及史料價值等問題，均有争議。本文擬就這些問題談談個人一得之見，以期專家、讀者們教正。

一

四庫提要史部別史類對本書有這樣的介紹：

契丹國志二十七卷，宋葉隆禮撰。隆禮號漁林，嘉興人，淳祐七年進士，由建康府通判歷官秘書丞，奉詔撰次遼事爲此書。

如依提要所論，此書當是隆禮奉理宗之命編纂的。因爲淳祐（一二四一——一二五二年）是理宗年號。先進士及第，而後作官再奉詔編書，事情自然應當是這樣的。然而，上引提要結尾處却云：「又書爲奉孝宗敕所撰」。這顯然前後自相矛盾。

葉隆禮在宋史中無傳。厲鶚宋詩紀事卷六十六從至元嘉禾志中採取隆禮烟雨樓和朱南傑韻一首，詩前有小傳云：

隆禮號漁林，嘉興人，淳祐七年進士，官建康府西廳通判，改國子監簿。

提要所記隆禮別號、籍貫及進士及第年代，蓋本于此。唯「歷官秘書丞，奉詔撰次遼事爲此書」則是據書前的「進書表」所書，于是也就出現了自相矛盾的問題。

余嘉錫先生四庫提要辨證卷五，對宋詩紀事中的葉隆禮小傳所依據的宋人記載，考證甚詳，并云厲氏爲隆禮所作小傳「無一字無來歷也」。既然如此，所謂「進書表」之真僞，就大可懷疑了。「進書表」末署「淳熙七年三月日秘書丞臣葉隆禮上表」。這也即提要所云「歷官秘書丞」及「書爲奉孝宗敕所撰」的依據。既然淳熙七年（一一八〇年）隆禮已爲秘書丞，又何待六十七年後（淳祐七年）始進士及第呢？余嘉錫先生既以肯定厲氏小傳「無一字無來歷」，却又在同書同卷中説：「表末淳熙七年，乃咸淳七年之誤，則不可知耳。」查契丹國志乾隆五十八年承恩堂刊本及掃葉山房本所載「進書表」年號均作「淳熙」，而且提要既云「書爲奉孝宗敕所撰」，這説明當年四庫館臣所見諸善本所書年號亦復如是。因此，所謂「淳熙」系「咸淳」之誤説，恐難成立，而最大的可能性，就是這個「進書表」本爲他人作僞之産物。

余嘉錫先生考證葉隆禮事迹已詳，現僅補充兩點。吴廷燮編的南宋制撫年表「兩浙西路安撫使馬步軍都總管知杭州臨安府或鎮江府，領臨安、平江、鎮江、嘉興四府、安吉、常、嚴三州、江陽一軍」條云：開慶元年（一二五九年）「十一月十一日葉隆禮以兩浙轉運判官兼知，景定元年，葉隆禮」。同書「兩浙東路安撫使馬步軍都總管知越州紹興府，領紹興、慶元、臨安三府婺、台、衢、處四州」條下又云：「景定元年，葉隆禮。臨安志：三月六日自臨安改知紹興；會稽續志四月十六日任，代夢祥。」開慶元年之次年即改元景定，皆系理宗在位期間，此間隆禮歷官，當視爲與厲氏小傳相合。

總之，葉隆禮確系南宋末年人，而且其事約略可以考見。其書不見于陳振孫書録題解及宋史藝文志著録，上引四庫提要辨證且云：「（元）袁桷清容集卷四十一有修遼金宋史搜訪遺書條列事狀一篇，所列遺書凡一百四十餘種，尚無此書，可見元初未行于世。」但蘇天爵滋溪文稿卷二十五三史質疑中已論及此書，詳見後。千頃堂書目卷三亦著録此書，且注爲元人葉隆禮所撰。隆禮自淳祐七年進士及第，下逮南宋滅亡——祥興二年（一二七九年）才三十二年，如果隆禮中進士時爲二十幾歲，至此時，也不過五十餘，因此入元之後撰次此書是完全可能的。然而余嘉錫先生却根本懷疑此書爲隆禮所撰，他在上引四庫提要辨證卷五中説：

夫隆禮之書，既系奉敕撰集，且嘗表奏進御，則立言之間當倍極恭慎，乃其書法竟或内遼而外宋，宜非當時臣子之所敢爲，疑是後人所僞撰，假隆禮之名以行。

其實「進書表」純系作僞産物，已如上述，因此，所謂「嘗表奏進御」之事，亦系子虚烏有。而且隆禮編纂此書是在入元以後——至少是入元後始公諸于世，因此「内遼而外宋」，固已無妨。

前人有不考此書撰次時間，僅據「進書表」所屬年月，即對作者之宗旨妄加推測者。如錢曾讀書敏求記卷二云：

隆禮書法謹嚴，筆力詳贍，洵有良史之風。具載兩國誓書及南北通使禮物，蓋深有慨于「海上之盟」，使讀者尋其意于言外耳。棄祖宗之宿好，結虎狼之新歡，自撤籬樊，孰當扞蔽？青城之禍，詳其流毒，實有隱痛焉。存遼以障金，此則隆禮之志也。至夷契丹爲國，不史而志之，其尊本朝也至矣。予特表而出之。

掃葉山房本契丹國志前有校刊者席世臣寫的序，亦重復錢氏的説法并進一步予以引申。序中寫道：

至于宋遼之交，尤多微意。若澶淵誓書、關南誓書、地界之議、禮物之數，皆詳載無遺。蓋宋徽宗之約金攻遼，釁起於趙良嗣，禍成于童貫、蔡攸，權其曲直，責有所歸。隆禮不敢顯言之，故備陳舊典，以戒前車。

如依「進書表」所屬，此書成于淳熙七年，這一年正值金世宗大定二十年，金正是號稱「小堯舜」的盛世，北方蒙古尚未興起，此時備陳宋徽宗約金攻遼一段歷史，如何會含有「以戒前車」之微意呢？顯然錢曾和席世臣連基本史實亦未考察，僅因考慮到孝宗淳熙年間是值南宋與蒙古結盟夾攻金朝之前，于是就對此書寫作的宗旨作了上述推測。

金末，北方新興起的蒙古國大舉南犯時，宋理宗一伙竟然忘記了當年宋金「海上之盟」的教訓，如今又與蒙古結盟，約夾攻金。據金史卷十八哀宗本紀記載：天興二年（一二三三年）八月「大元使王檝諭宋還，宋以軍護其行，青山招撫盧進得邏使言以聞，上爲之懼」。當時，獲悉宋與蒙古結盟，嚇得「驚悸無人色」的金哀宗，連忙遣使向宋朝致意云：「大元滅國四十以及西夏，夏亡及于我，我亡必及于宋。脣亡齒寒，自然之理。若與我連和，所以爲我者亦爲彼也。」道理盡管如此顯而易見，結果宋朝仍是與蒙古結盟而拒絕了金的請求。這一年裏，金哀宗被蒙古軍攻擊，由開封逃到歸德，後又逃到蔡州。最後南宋應蒙古之約出兵夾攻，終于在一二三四年攻破蔡州，金哀宗爲亂兵所殺。

金亡之後，昏憒到喪失理智程度的南宋統治集團，竟然幻想乘機恢復中原，這何異于虎口拔牙！結果終因受蒙古軍所阻，慘遭失敗。此後，南宋在江、淮之間和四川方面就一直受到蒙古軍的攻擊。所以，即便是淳祐間葉隆禮中進士并開始做官之後馬上着手撰次此書，也已是令人啼笑皆非的「海上之盟」的滑稽戲又已重演之後，此時舊事重提，即使有供統治者借鑑之意，也已是「馬後炮」了。何況成書及刊行的時間，又很可能是入元之後呢？因此，我覺得要考察葉隆禮撰寫此書的宗旨，重點不應從遼宋之交的史實求之，值得注意的倒是遼末一段。書中對蕭奉先、李儼等迎合天祚而誤國的權臣，痛加斥責。契丹國志卷十九「論曰」：

亡契丹者，蕭奉先、李儼亡之也，非女真也。夫國之盛衰，視柄國之臣何如耳。天祚荒淫，委政后族，惑于奉先、儼之欺蔽，阿骨打不當信而信之，晉王不當害而害之，夾山之禍有自來矣。舉二百餘年之基業，一朝而覆之，奸諛之誤國，其明效大驗，至此極也。悲夫！

南宋末年，權臣賈似道誤國的歷史爲葉隆禮所親歷。所以，我們如果把他針對遼朝的興亡所發表的這番議論，看作是一個國破家亡的宋朝「遺老」在痛定思痛之後發出的感慨，當不能謂無據。

二

關于契丹國志一書的史料價值，蘇天爵滋溪文稿卷二十五三史質疑（適園叢書本）持一筆抹煞的態度，他說：

葉隆禮、宇文懋昭爲遼、金國志，皆不及見國史，其說多得于傳聞。蓋遼、金末，稗官小説，中間失實甚多，至如建元、加號、傳次、征伐及將相名字往往杜撰，絶不可信。

然而，蘇天爵所論之所以不能爲人們信服，則正在于他把話説絶了。契丹國志所記遼代史事，固然不乏秕謬，但是正如四庫提要所説：此書中「諸家目録所載遼庭須知、使遼圖鈔、遼遺事、契丹疆宇圖、契丹事迹諸書，隆禮時尚未盡佚，故所録亦頗有可據」。這種評論，顯然是公允的。因此，從事遼史研究是不當忽視這部書的史料價值的。歸結起來，至少可以有這樣兩點：一是可補證遼史之缺誤，二是可考見遼史的資料來源。

上引四庫提要指出：「道宗壽隆紀年，此書實作壽昌，與遼世所遺碑刻之文併合，可以證遼史之誤。」這類事例，在書中還可以找到。如李胡，遼史本傳云：「統和中追謚欽順皇帝。」滿洲金石志卷二宣徽南院使韓椅墓志中有「壽昌恭順昭簡皇帝」不解其何許人。羅福頤先生于該墓志後附案語云：

壽昌恭順昭簡皇帝當是太祖第三子李胡，傳亦只稱「統和中追謚欽順皇帝」，脱「壽昌昭簡」之文。「恭順」作「欽順」者，蓋金人修史時避章宗父允恭諱所改，元人因襲，未遑訂正。

羅先生所論「恭順」作「欽順」之道理，固然極是。但如果追究「恭順」其人，則僅須查閲契丹國志卷十四恭順皇帝傳即可解決。傳云：「自在太子名阮，太祖第三子，母曰述律氏。」遼史卷七十二李胡傳亦云「太祖第三子，母淳欽皇后蕭氏。即述律氏。」我們對勘兩傳，完全可以認定所記爲同一人，而韓橁墓志中的「壽昌恭順昭簡皇帝」也一定是此人。

再如遼史卷四十五百官志「北面官」條關于北、南樞密院的記載是這樣的：

契丹北樞密院。掌兵機、武銓、群牧之政，凡契丹軍馬皆屬焉。以其牙帳居大内帳殿之北，故名北院。元好問所謂「北衙不理民」是也。

契丹南樞密院。掌文銓、部族、丁賦之政，凡契丹人民皆屬焉。以其牙帳居大内之南，故名南院。元好問所謂「南衙不主兵」是也。

據此則是契丹樞密院本身分作南、北兩個。此外，卷四十七百官志「南面朝官」條中另有「漢人樞密院」，「掌漢人兵馬之政，初兼尚書省」。

其實，這種分設三樞密的説法，與遼史卷八十一蕭孝忠傳的有關記載，就明顯的不一致。傳云：

其官有契丹樞密院及行宫都總管司，謂之北面，以其在牙帳之北，以主蕃事。又有漢人樞密院、中書省、行宫都總管司，謂之南面，以其在牙帳之南，以主漢事。

此條雖系全部採自長編卷一百十仁宗天聖九年六月丁丑記事，但在此問題上，契丹國志不似遼史混亂不堪，亦可見作者之識力。我們以長編、契丹國志、與遼史蕭孝忠傳相印證，即可斷定遼史百官志之分設三樞密院説是没有史實依據的。

其次，遼史由于因襲遼國史，因此，對某些史實多有回護處，由此造成的某些缺誤，我們亦可依據契丹國志予以補證。如耶律德光死後，永康王兀欲搶先自立爲帝，隨即發生了以他爲一方，以述律后和李胡爲另一方的争奪皇位的戰争，結果兀欲獲勝。遼史卷七十七耶律屋質傳詳載了戰争及議和的過程，但事後述律氏的可悲歸宿，却不見于遼史。如遼史卷五世宗本紀只云：「用屋質之謀，各罷兵趨上京。既而聞太后、李胡復有異謀，遷于祖州。」卷七十一淳欽皇后傳亦云：「遷太后于祖州。」而契丹國志卷十三太祖述律后傳則云：「兀欲幽述律太后于太祖墓側，居之没打河。」這顯然是據事直書，更近于史實。

又如興宗與其生母聖宗欽哀皇后的鬬争，遼史卷十八于重熙三年五月條，只略書：「是月，皇太后還政于上，躬守慶陵。」一似「還政」出于太后自願。卷七十一欽哀皇后傳雖然透露出這場權力鬬争的一些端倪，但亦甚隱晦。傳云：

（重熙）三年，后陰召諸弟，欲立少子重元，重元以所謀白帝。帝收太后符璽，遷于慶州七括宫。

卷百十二耶律重元傳記載與此略同。契丹國志卷十三聖宗蕭后傳記載此事，雖時間稍誤，叙述鬬争之激烈，却極爲具體、生動。該傳云：

太后之廢也，諸舅滿朝，權勢灼奕，帝懼内難，乃與殿前都點檢耶律喜孫、護位太保耶律劉三等定謀廢后。召硬寨拽剌、護位等凡五百餘人。帝立馬于行宫東之二里小山上，喜孫等直入太后宫，驅后登黄布車，幽于慶州。諸舅以次分兵捕獲，或死或徙，餘黨并誅。

此種材料，必出自親歷此事件之人的記載。我們賴此可知，這一事件，完全是興宗事先密謀好了的一次軍事政變。結果不但母后被廢，而且還將其囚禁起來了。

又如東丹王奔唐事，遼史記載亦甚簡略。而契丹國志卷十四東丹王傳則記載，東丹王奔唐，實爲兩次。第一次「爲邏者所遏」未獲成功。此爲遼史所不載。

契丹國志成書在先，修遼史時因襲此書處，歷歷可考。上引四庫提要云：「天祚紀所載與金攻戰及兵馬、漁獵諸事，較遼史紀、志爲詳，存之亦可備參考。」馮家昇先生遼史源流考曾以遼史張礪傳及契丹國志張礪傳之一段相互對照，證明乃一一相合。其實此兩傳相合處不僅是一部分，而幾乎是全部。馮先生所作之對比，見遼史證誤三種一書第三十五頁，今採馮先生略去者對比如下：

遼史張礪傳

頃之，車駕北還，至欒城崩。時礪在恒州，蕭翰與麻荅以兵圍其第。礪方卧病，出見之。翰數之曰：「汝何故于先帝言國人不可爲節度使？我以國舅之親，有征伐功，先帝留我守汴，以爲宣武軍節度使，汝獨以爲不可。又譖我與解里好掠人財物子女。今必殺汝！」趣令鎖之。礪抗聲曰：「此國家大體，安危所系，吾實言之。欲殺即殺，奚以鎖爲？」麻荅以大臣不可專殺，乃救止之。是夕，礪恚憤卒。

契丹國志張礪傳

大兵北歸，回居恒州，蕭翰、麻荅以鐵騎圍其第。礪方卧病，出見之。翰數之曰：「汝何言于先帝云北人不可爲節度使？又吾爲宣武軍節度使，且國舅也，汝在中書乃帖我。又先帝留我守汴州，令我處宫中，汝以爲不可。又譖我及解里于先帝，云解里好掠人財，我好掠人子女。我必殺汝。」命鎖之。礪抗聲曰：「此皆國家大體，吾實言之。欲殺即殺，奚以鎖爲？」麻荅以大臣不可專殺，乃救止之，翰乃釋之。是夕，礪憤恚而卒。

經對比，我們可以發現，遼史除將「大兵北歸」改爲「車駕北還」，「北人」改作「國人」外，其他幾乎一依契丹國志。麻荅在遼史七十六有傳，作耶律拔里得，而在張礪傳中亦未遑訂正，至使抄襲痕迹益爲明顯。

三

我們肯定了契丹國志的史料價值，但并不應忽視這部書的嚴重缺陷。正如上引四庫提要所云，此書大部分是「取前人記載原文，分條採摘排比成編」，所以，在使用這部書時，凡能找得到的原書，應悉取與之對勘。如本書引用最多的新五代史四夷附録、資治通鑑和續資治通鑑長編等，至今尚存。我們如不做這種考源辨誤的工作，就會爲本書所誤。如契丹國志卷八興宗紀云：

法天后，平州節度使蕭思猥之女，丞相耶律隆運之甥，有容色，聖宗愛幸特甚。事承天太后尤謹，承天以隆運故，深愛之。

這段文字採自長編卷一百十仁宗天聖九年六月記事，由于轉抄中有脱誤，結果成了張冠李戴。長編原文是這樣的：

（聖宗）其妻號齊天皇后，妾號順聖元妃。即興宗即位後的法天太后。齊天，平州節度使蕭錫珪之女，耶律隆運之甥也。有容色，隆緒愛幸特甚，事雅雅克即承天太后燕燕。尤謹。雅雅克以隆運故，深愛之。

耶律隆運之甥是齊天后而非法天后，長編記載甚明。近年出土的耿延毅墓志載遼寧師範學院學報一九七八年第三期。亦可證明長編言之有據，而契丹國志則完全搞錯了。該墓志云：「大丞相晉國王贈太傅謚文忠，乃伯舅也。齊天章德皇后乃姨兄妹也。」「大丞相」乃韓德讓，後賜名耶律隆運。此人是耿延毅的「伯舅」，亦即延毅之母爲隆運之妹。而延毅與齊天又是「姨兄妹」，亦即雙方的母親是姊妹關係，因此齊天與隆運的關係亦同于延毅與他的關係。他既然是延毅的舅父，當然亦是齊天的舅父。

此外，本書另一顯著缺點，就是重復處太多。如卷十六韓延徽傳云：

太祖召延徽語，悦之，遂以爲謀主，舉動訪焉。延徽始教太祖建牙開府，築城郭，立市里以處漢人，使各有配偶，墾藝荒田，由是漢人各安生業，逃亡者益少。契丹威服諸國，延徽有功焉。

這段文字已盡載于卷一太祖紀。契丹國志一書的作者不辨虚實，重復抄録于書中，説明他是完全相信這些記載的。這一段採自通鑑卷二百六十九後梁均王貞明二年年末紀事，只是將原文中的「契丹」改爲「太祖」而已。其實阿保機「建牙開府」，當是梁開平元年（九〇七年）的事。當時其左右雖有韓知古等漢人爲其出謀劃策，但韓延徽却尚未至契丹。據上引通鑑一段的考異云：「乾化元年守光攻易、定，王處直求救于晉，故晉王遣周德威伐之，其遣延徽結契丹蓋在此時。」乾化元年爲公元九一一年，時爲阿保機立爲可汗、稱天皇王并建牙開府之後的第四年。可見通鑑所載不盡確切，而契丹國志又把錯誤因襲了下來。

此外，上引韓延徽傳中還有與同書卷十三太祖述律后傳完全重復的。如延徽傳云：

劉守光末年衰困，盧龍巡屬皆入于晉，遣延徽求援于契丹，太祖怒其不拜，留之，使牧馬于野。延徽有智略，頗知屬文，述律太后言于太祖曰：「延徽能守節不屈，今之賢者，奈何辱以牧圉？宜禮用之。」

這一段既已載于延徽傳，又一字不差地見于述律后傳。重復如此，有何必要？

再如卷三太宗本紀云：

遼連歲入侵中國，疲于奔命，邊民塗地，人畜多死，國人厭苦之。述律太后謂帝曰：「使漢人爲遼主可乎？」曰：「不可。」太后曰：「然則汝何故欲爲漢帝？」曰：「石氏負恩，不可容。」后曰：「今汝雖得漢地，不能居也。萬一蹉跌，悔所不及。」又謂群下曰：「漢兒何得一餉眠。自古但聞漢和番，不聞番和漢。漢兒果能回意，我亦何惜與和？」

我們將這一段同太祖述律后傳相對照，幾乎完全相同，因此可知兩者來源于同一資料，只是葉隆禮在本紀中把「胡主」改成了「遼主」，把「漢主」改成了「漢帝」而已。

像這樣重出復見的例子，還可以列舉出好多。如卷一太祖本紀云：

述律后左右有桀黠者，后輒謂曰：「爲我達語于先帝。」至墓所則殺之，前後所殺者以百數。最後平州人趙思温當往，不肯行。后曰：「汝事先帝常親近，何故不行？」對曰：「親近莫如后，后行臣則繼之。」后曰：「吾非不欲從先帝于地下，顧嗣子幼弱，國家無主，不得往耳。」乃斷其一腕令置墓中，思温亦得免。

此事亦見于太祖述律后傳中，且文字一無變更。張礪自契丹南逃爲追騎所獲事，既見于卷二太宗本紀又復出于張礪傳中。諸如此類，不勝枚舉。

夢溪筆談卷十五云：「契丹書禁甚嚴，傳入中國者法皆死。」北宋人記契丹事，因文獻無徵，故多得諸傳聞，但却并非如蘇天爵所説「絶不可信」。因爲宋人出使契丹，如曹利用、富弼等，歸來後所記見聞，多是可信的。此外，自遼歸宋的漢人亦有關于契丹事迹的記載，如宋會要兵一七之一云：「慶曆元年八月，以契丹歸明人趙英爲洪州觀察推官，賜緋衣銀帶及錢五萬，更名至忠。」這個趙至忠所著虜廷雜記，當胡三省注通鑑時尚存。因此，我們可以推測，葉隆禮撰契丹國志時，所見這類書籍，定然是較現存者多得多。我們只要對葉隆禮的這部書有分析，有選擇地運用，其對遼史研究工作的價值還是不容抹煞的。

史學史研究一九八一年第四期。

附録三　參考書目

〔宋〕司馬光資治通鑑簡作通鑑。

〔元〕脱脱等遼史

〔宋〕趙志忠（或作趙至忠）虜廷雜記通鑑胡三省注引。

〔宋〕薛居正舊五代史

〔宋〕李燾續資治通鑑長編簡作長編。

張亮采補遼史交聘表

〔宋〕江休復嘉祐雜志

〔宋〕徐夢莘三朝北盟會編簡作會編。

〔清〕秦緗業等續資治通鑑長編拾補簡作拾補。

〔宋〕陳均九朝編年備要簡作備要。

〔宋〕史愿亡遼録會編節引。

〔宋〕馬擴茆齋自叙會編節引。

[宋]許採陷燕記會編節引。

[宋]沈琯南歸録會編節引。

[宋]朱勝非秀水閒居録

[宋]趙良嗣燕雲奉使録會編節引。

[宋]王稱東都事略簡作事略。

[宋]蔡絛北征紀實

[宋]洪皓松漠紀聞

[宋]范仲熊北記會編節引。

[元]脱脱等金史

[宋]童貫上賀耶律氏滅亡表會編節引。

[宋]仁宗實録長編注引，簡作實録。

[宋]歐陽修新五代史

[宋]馬令南唐書

[宋]許亢宗宣和乙巳奉使行程録會編轉載，簡作行程録。

[宋]宋綬出使録會編節引。

[元]馬端臨文獻通考簡作通考。
[宋]宋會要輯稿簡作會要。
[元]脱脱等宋史
[宋]余靖武溪集
[宋]王曾行程録長編節引。
[宋]曾公亮武經總要簡作總要。
[明]宋濂等元史
[宋]劉敞出山詩
[宋]宋摶行程録
[宋]路振乘軺録續談助、皇朝事實類苑節引。
[宋]薛映、張士遜使遼語録
[宋]劉邠中山詩話簡作詩話。
古今詩話。
[宋]胡嶠陷虜記新五代史節引。
幽怪録類説節引。

[宋]張舜民使遼録陶宗儀説郛及類説節引。

[南北朝]魏收魏書

[唐]李延壽北史

[唐]姚思廉梁書

[宋]武珪燕北雜記類説節引。

長阿含經

薩婆多論

瑞應經

灌佛經

[宋]范成大攬轡録

中國史學基本典籍叢刊　書目

穆天子傳匯校集釋
國語集解
吴越春秋輯校彙考
越絶書校釋
西漢年紀
兩漢紀
漢官六種
東觀漢記校注
校補襄陽耆舊記（附南雍州記）
十六國春秋輯補
洛陽伽藍記校箋
建康實録
荆楚歲時記
大唐創業起居注箋證（附壺關録）
貞觀政要集校（修訂本）
唐六典
蠻書校注
十國春秋
皇朝編年綱目備要
皇宋十朝綱要校正
隆平集校證
宋史全文
宋太宗皇帝實録校注
金石録校證
丁未録輯考
靖康稗史箋證
中興遺史輯校
鄂國金佗稡編續編校注
皇宋中興兩朝聖政輯校
中興兩朝編年綱目
續宋中興編年資治通鑑
續編兩朝綱目備要

宋季三朝政要箋證
宋代官箴書五種
契丹國志
西夏書校補
大金弔伐録校補
大金國志校證
聖武親征録（新校本）
元朝名臣事略
明本紀校注
皇明通紀
明季北略
明季南略
國初群雄事略
小腆紀年附考
小腆紀傳
廿二史劄記校證